우크라이나 전쟁,
제국주의 강대국들의 각축전

우크라이나 전쟁,
제국주의 강대국들의 각축전

알렉스 캘리니코스, 로잘리, 김준효, 이원웅 외 지음

책갈피

우크라이나 전쟁,
제국주의 강대국들의 각축전

지은이 알렉스 캘리니코스, 로잘리, 김준효, 이원웅 외

펴낸이 김태훈
펴낸곳 도서출판 책갈피
등록 1992년 2월 14일(제2014-000019호)
주소 서울 성동구 무학봉15길 12 2층
전화 02) 2265-6354 팩스 02) 2265-6395
이메일 bookmarx@naver.com
홈페이지 chaekgalpi.com
페이스북 facebook.com/chaekgalpi
인스타그램 instagram.com/chaekgalpi_books

첫 번째 찍은 날 2022년 5월 9일
두 번째 찍은 날 2022년 6월 20일

값 17,000원
ISBN 978-89-7966-223-8

차례

우크라이나 전쟁과 역사 연표   9

우크라이나와 주변 지도   11

머리말   12

1장   우크라이나 전쟁의 성격과 쟁점

우크라이나 전쟁, 왜 일어났고 어떻게 멈출 것인가?   18

러시아·미국·영국 사회주의자들의 토론
좌파는 이 전쟁에 어떻게 대응해야 하는가?   66

2장   우크라이나는 어떤 곳인가?

전쟁과 억압으로 점철된 역사   104

1917년 러시아 혁명, 잠깐 자유를 맛봤을 때   113

2014년 마이단 시위와 위기의 고조   120

우크라이나의 극우는 누구이고 어떻게 성장했나?   127

볼로디미르 젤렌스키는 누구인가?   131

3장 위기에서 전쟁으로

동유럽에 놓인 강대국들의 이해관계   134

고조되는 전쟁 위기   142

전쟁으로 향하는 서방과 러시아의 치킨 게임   151

러시아, 우크라이나를 침공하다   155

4장 더한층 위험해지는 세계

확전 위험을 높이는 나토   160

스웨덴·핀란드의 나토 가입, 확전 위험 키운다   164

러시아 정권 교체가 목표라고 실토한 바이든   168

우크라이나 전쟁을 둘러싼 시진핑의 모순   172

미·중·러의 복잡한 삼각 경쟁   176

더 격해지는 군비경쟁   180

중국을 겨냥한 미·영·호주의 극초음속 미사일 개발   184

5장 우크라이나 전쟁의 성격을 둘러싼 논쟁

알렉스 캘리니코스 vs 폴 메이슨
러시아만 제국주의인가   188

알렉스 캘리니코스 vs 질베르 아슈카르(1)
마르크스주의 제국주의론을 제대로 이해하기 199

알렉스 캘리니코스 vs 질베르 아슈카르(2)
사태를 구체적으로 파악하기 207

민주주의와 권위주의의 대결인가? 214

푸틴 한 사람 탓에 전쟁이 났을까? 220

우크라이나 전쟁을 계기로 살펴보는
전쟁에 대한 마르크스주의의 관점 226

6장 러시아 사회주의자들의 반전 목소리

전쟁 이후 러시아 국내 상황과 반전운동 240

우리는 푸틴의 전쟁을 반대한다 253

러시아 반전운동의 상황 257

사회적 위기로 빠져드는 러시아 260

7장 서방의 제재와 개입이 전쟁을 멈출까?

누가 제재의 대가를 치르는가? 264

비행 금지 구역 설정은 미·러 직접 충돌의 위험을 키우는 길 272

나토의 지원과 개입은 해결책이 아니다 276

서방이 '전쟁범죄'를 막을 수 있을까? 285

러시아 제재가 기후 위기 해결에 도움 될까? 291

8장 전쟁에 개입하는 한국 정부

제재 동참으로 긴장 고조에 일조하는 한국 정부   296

군수 지원은 서방 제국주의 편드는 것   299

전쟁 특수를 누리는 한국 무기 업체들   303

전쟁을 악화시킬 나토 회의 참가   308

젤렌스키의 전쟁 지원 확대 요구에 응해서는 안 된다   311

9장 우크라이나 전쟁을 어떻게 멈출 것인가?

우크라이나 전쟁을 끝내는 바람직한 방법   316

워싱턴도 모스크바도 아닌 국제사회주의   322

왜 주적은 국내에 있는가?   325

전쟁은 세계 도처에서 반란을 촉발할 수 있다   331

혁명적 좌파의 과제   335

찾아보기   350

우크라이나 전쟁과 역사 연표

* 날짜는 각 나라의 현지 시각을 기준으로 했다.

1945년 제2차세계대전 종전

1949년 나토 창설

1962년 쿠바 미사일 사태와 미·소 핵전쟁 위기

1979년 소련, 아프가니스탄 침공

1989년 베를린 장벽 붕괴, 동구권 격변

1990년 우크라이나 독립 시위
　　　　고르바초프–베이커 나토 동진 불가 합의

1991년 소련 붕괴
　　　　우크라이나, 소련에서 독립
　　　　미국, 이라크 침공(걸프전)

1994년 제1차 체첸 전쟁 발발

1998년 러시아, 채무불이행 선언

1999년 나토, 발칸반도 폭격
　　　　푸틴, 총리로 임명됨
　　　　제2차 체첸 전쟁 발발

2000년 푸틴 대통령 취임

2001년 9·11 공격
　　　　미국, '테러와의 전쟁' 시작

2003년 미국, 이라크 침공

2004년 우크라이나 오렌지 '혁명', 친서방 정부 수립

2007년 미국발 세계 금융 위기 시작

2008년 러시아, 조지아 침공

2011년 미국, '아시아 중시' 전략 본격화
　　　　미국, 이라크 철군

2013년　마이단 시위 발발

2014년　우크라이나 정부, 러시아어 퇴출 시도 시작
　　　　러시아, 우크라이나 내전 개입해 크림반도 병합
　　　　서방, 우크라이나에 무기 지원 본격화

2015년　민스크협정 체결

2019년　볼로디미르 젤렌스키 대통령 취임

2021년　러시아, 우크라이나 국경 주변에 대군 결집
　　　　미국, 아프가니스탄 철군

2022년　2월 24일　러시아, 우크라이나 침공
　　　　　　　　　러시아 주요 도시에서 수백~수천 규모의 반전 시위 일어남

　　　　2월 26일　서방 국가들, 러시아 은행들을 국제 결제망에서 배제

　　　　2월 27일　푸틴, 러시아 핵전력에 경계 태세 명령

　　　　2월 28일　한국 정부, 러시아 제재 동참 선언

　　　　3월 1일　　젤렌스키, 서방에 비행 금지 구역 설정 촉구

　　　　3월 2일　　러시아군이 우크라이나 헤르손 점령, 마리우폴 포위
　　　　　　　　　유엔 총회, 러시아 규탄 결의안 통과

　　　　3월 15일　바이든, 우크라이나에 대한 136억 달러 긴급 지원 법안에 서명

　　　　3월 18일　바이든, 시진핑에게 러시아 지원 말라 경고

　　　　3월 24일　나토 정상회담, 동유럽 방위력 강화 합의

　　　　3월 25일　러시아군, 우크라이나 동부에 집중하려 키예프 인근에서 철수

　　　　3월 26일　바이든, "푸틴, 권좌에 남아 있어서는 안 된다"

　　　　4월 1일　　부차 민간인 학살의 증거가 나타나기 시작

　　　　4월 5일　　바이든, "푸틴, 전쟁범죄 책임져야"

　　　　4월 7일　　유엔 인권이사회에서 러시아 퇴출

　　　　4월 11일　젤렌스키, 한국 국회 연설에서 무기 지원 촉구

　　　　4월 14일　푸틴, 핀란드·스웨덴 나토 가입시 발트해에 핵 배치하겠다 경고

우크라이나와 주변 지도

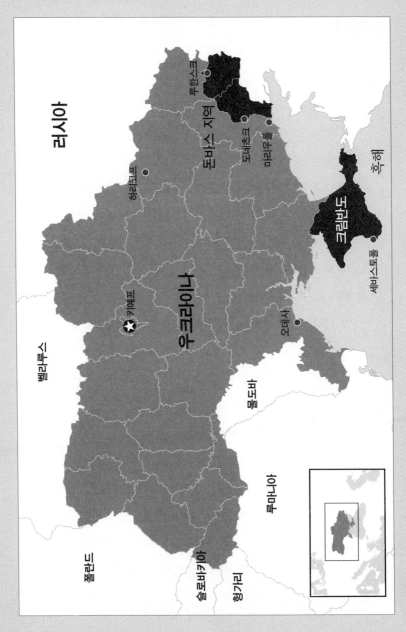

러시아

벨라루스

폴란드

슬로바키아

헝가리

몰도바

루마니아

우크라이나

돈바스 지역

루한스크

도네츠크

마리우폴

하리코프

키예프

오데사

크림반도

세바스토폴

흑해

머리말

우크라이나 전쟁은 수많은 우크라이나인의 목숨을 앗아 가고 끔찍한 파괴를 낳고 있다. 당연히 많은 사람이 이에 분노하며 러시아의 우크라이나 침공을 규탄한다.

그러나 러시아를 규탄하는 것만으로는 충분하지 않다. 우크라이나 전쟁은 옛 식민지에 대한 제국주의적 침공일 뿐 아니라 미국과 러시아가 각각 자기 동맹국들을 데리고 벌이는 제국주의 간 충돌이기도 하다. 이 전쟁은 제2차세계대전 이래 처음으로 강대국들이 직접 충돌할 가능성을 상당히 높였다. 전쟁을 저지하려면 러시아뿐 아니라 서방의 노동계급 운동도 자국 지배자들의 전쟁 노력에 맞서야 한다.

이 책은 우크라이나 전쟁을 러시아와 우크라이나 사이의 문제로 협소하게 보는 널리 퍼진 견해와는 달리 강대국 간 패권 경쟁이라는 맥락 속에 이 전쟁을 자리매김시킨다. 이 책은 전 세계가 전쟁의 소용돌이에 휘말려 들어가는 상황을 이해하고 이를 변화시키고자 마르크스주의자들이 발전시킨 제국주의론에 기초해 우크라이나 전쟁을 분석한다.

또, 우크라이나 전쟁에서 서로 적대하고 있는 여러 국가의 사회주의자들이 함께 목소리를 내고 있다는 점도 이 책의 특징이다. 러시아, 미국·영국 등 서방, 그리고 한국의 혁명적 좌파들이 우크라이나 전쟁 초기부터 긴급 토론회를 비롯한 다양한 방식의 교류를 통해 이런 목소리를 모을 수 있었다. 특히 푸틴의 엄혹한 탄압에도 반전운동에 참여해 온 러시아 혁명적 좌파의 주장은 깊은 울림을 준다.

마르크스주의 제국주의론의 발전에 공헌이 큰 세계적 석학 알렉스 캘리니코스는 우크라이나 전쟁의 성격에 관한 날카로운 분석으로 이 책의 빛을 더해 주고 있다. 특히 저명한 좌파 인사들인 폴 메이슨, 질베르 아슈카르와의 논쟁에서 캘리니코스는, 러시아에 맞서 상대적으로 진보적인 서방을 지지해야 한다거나 이 전쟁이 제국주의 전쟁이 아니라는 주장을 예리하면서도 차분하게 반박한다. 이 논쟁은 유사한 주장이 널리 퍼져 있는 한국의 독자들에게도 매우 유익할 것이다.

이 책은 우크라이나의 역사와 최근 수십 년간의 정치·경제 상황을 알기 쉽게 정리했다는 장점도 있다. 강대국 간 경쟁의 무대가 돼 온 우크라이나의 역사와 소련 붕괴 이후의 상황을 알면 이번 전쟁의 성격을 이해하는 데 더욱 도움이 된다. 이 점은 우크라이나가 낯선 한국의 독자들에게 더욱 도움이 될 것이다.

이 책은 총 9장으로 구성돼 있다. 1장에서는 우크라이나 전쟁의 배경과 성격, 전쟁에 맞서기 위해 무엇이 필요한지 등을 큰 틀에서 제시한다. 서방과 러시아 사회주의자들의 긴급 토론회는 전쟁 초기의 생생한 논의를 담고 있다.

2장과 3장은 우크라이나의 역사와 소련 붕괴 전후 상황에 관한 마르크스주의적 분석에 기반해 우크라이나 전쟁의 배경을 다룬다. 특히 3장은 이번 전쟁의 직접적 배경이 되는 위기에 초점을 맞추고 있다.

4장은 이 전쟁이 세계적으로 어떤 지정학적 파장과 모순을 낳고 있는지 보여 준다.

5장은 우크라이나 전쟁의 성격을 둘러싼 논쟁을 다룬다. 알렉스 캘리니코스와 폴 메이슨, 질베르 아슈카르 논쟁뿐 아니라 국내 좌파들 사이의 논쟁점을 다루는 글들도 포함돼 있다.

6장부터는 이번 전쟁에 어떻게 대응해야 하는지를 다룬다. 6장은 러시아 혁명적 좌파의 목소리를 담고 있다. 러시아 '사회주의 경향'이라는 단체의 활동가들인 이들은 바깥에서는 알기 어려운 러시아 상황과 분위기, 반전 시위의 분출과 난관, 서방의 제재가 러시아 사회와 운동에 미친 영향 등을 생생하게 전하고 있다.

7장은 러시아에 대한 제재 등 서방 정부들의 개입을 지지해서는 안 되는 이유를 다룬다. 이 장에 실린 글들은 경제제재나 무기 지원이 오히려 사태를 악화시킬 뿐 우크라이나인들에게 도움이 되지 않음을 보여 준다.

8장은 이런 서방의 개입에 보조를 맞추고 있는 한국 정부의 문제점을 다룬다.

9장은 서방의 개입이 아니라면 도대체 어떻게 전쟁을 저지할 수 있는지, 평화를 염원한다면 무엇을 해야 하는지 적극적 대안을 제시한다.

이 책을 쓰고 엮는데 많은 사람이 도움을 줬다. 그들의 기여가 없었다면 이 책은 나올 수 없었을 것이다. 이 자리를 빌려 감사를 전하고 싶다.

김하영 노동자연대 운영위원은 이 책의 발간을 처음 제안했고 책의 구성 등에 관해 여러 유익한 조언을 해 줬다. 〈노동자 연대〉 기고자인 김준효, 오수민, 김동욱 씨 등은 나와 번역 작업을 함께했다. 촉박한 일정 속에서도 책 구성을 의논하고 글들을 읽기 좋게 다듬는 등 수고를 아끼지 않은 책갈피 출판사 이진화, 차승일, 김태훈 씨에게도 감사한다.

이 책이 우크라이나인들의 비극을 끝내고 더 큰 전쟁의 위험을 물리칠 운동을 건설하는 데 좋은 무기가 되기를 희망한다. 1990년대 말 나토 전쟁부터 2003년 이라크 전쟁과 최근 우크라이나 전쟁까지 지정학적 불안정 시기를 살고 있는 청년들이 반제국주의 관점을 갖는 데 이 책이 얼마간이라도 도움이 된다면 더할 나위 없이 기쁠 것이다.

2022년 5월

지은이들을 대표해, 이원웅

일러두기

1. 인명과 지명 등의 외래어는 최대한 외래어 표기법에 맞춰 표기했다. 단, 우크라이나 지명 가운데 키예프(키이우)와 하리코프(하르키우)는 한국인들에게 더 익숙한 러시아어 이름으로 표기했다.

2. 《 》부호는 책과 잡지를 나타내고, 〈 〉부호는 신문, 주간지, 노래, 영화, 텔레비전 프로그램, 공연을 나타낸다. 논문은 " "로 나타냈다.

3. 본문에서 [ ]는 옮긴이나 편집자가 독자의 이해를 돕거나 문맥을 매끄럽게 하려고 덧붙인 것이다. 인용문에서 지은이가 덧붙인 것은 [― 지은이 이름]으로 표기했다.

4. 본문의 각주는 옮긴이나 편집자가 넣은 것이다. 지은이의 각주는 '― 지은이 이름'으로 표기했다.

5. 원문에서 이탤릭체로 강조한 부분은 고딕체로 나타냈다.

1장

우크라이나 전쟁의
성격과 쟁점

우크라이나 전쟁,
왜 일어났고 어떻게 멈출 것인가?

이 글을 쓰는 현재[2022년 3월 22일], 러시아의 우크라이나 침공이 결국 어떻게 끝날 것인지는 여전히 불확실하다.[1] 그러나 침공의 잔악함은 너무나 뚜렷하다. 마리우폴에서 벌어진 포위전이 가장 극명한 사례다. 우크라이나 당국에 따르면 마리우폴에서는 포격과 폭격으로 수천 명이 사망했다고 한다. 폭탄은 민간인 1300명이 피신해 있던 극장과 400명이 피신해 있던 예술 학교 건물로도 떨어졌다. 사망자 수는 여전히 확실하지 않지만 유엔은 우크라이나 전역에서 1000만 명, 즉 인구의 4분의 1이 피난민 신세가 됐다고 발표했다.[2]

신속하게 항전을 분쇄하고 우크라이나 정부를 무너뜨리는 것이 러시아군의 목표였다면, 그 목표는 달성되지 못했다. 이 글을 쓰는 현재, 침공이 한 달 가까이 이어지는 동안 러시아군 사상자는 7000명 이상인 것으로 추산된다. 당혹감에 빠진 젊은 병사들(일부는 징집병이다)이 자기가 도대체 우크라이나에서 무슨 짓을 하고 있는가 하는 회의감에 휩싸여 있다는 소식들이 들려온다. 그러나 침공이 지지부진해지면 러시아군이 갈수록 더 파괴적인 수단을 동원할 것이라는 우려도 있다. 이미 러시아는 체첸과 시리아에서 벌어진 충돌에서 그렇게 한 바 있다.

급진 좌파 사이에서는 이 충돌에 어떻게 대응해야 할지를 두고 논쟁이 벌어지고 있다. 한편에는 '진영 논리'의 유혹에 빠진 쪽이 있다. 진영 논리는 냉전 시기의 표현으로, 어떤 국가든 미국과 충돌하기만 하면 전부 진보 세력으로 그리는 사람들을 일컬었다. 미국에서 발행되는 마르크스주의 잡지 《먼슬리 리뷰》가 지금 취하는 태도가 진영 논리다. 《먼슬리 리뷰》는 4월 호 논설에서 러시아가 우크라이나를 침공한 것을 두고 "러시아가 우크라이나 내전에 진입"했다고 말하며, 러시아 대통령 푸틴의 주장과 마찬가지로, 우크라이나 정치에서 "파시스트적" 요소들이 하는 구실을 강조했다.[3] 그 논설은 지금의 충돌을 낳는 데서 나토(북대서양조약기구, NATO)가 한 구실을 옳게 비판한다. 그러나 그 비판의 주된 용도는, 마치 미국과 그 동맹국들만이 제국주의이고 러시아는 제국주의가 아닌 것처럼 보이게 하는 것이다.

한편, 정반대의 오류를 저지르는 쪽도 있다. 언론인이자 한때 트로츠키주의자였던 폴 메이슨이 그런 사례다. 메이슨은 지금의 충돌을 "세계화를 추구하고 민주적이며 예전에는 제국주의였던 미국·유럽연합EU 등의 국가들과, 권위주의적이고 반反근대적인 중국·러시아 등의 독재국가"의 대결이라고 본다.

이것은 자본주의 강대국 블록들 사이의 경쟁이지만, 민족 해방과 민주주의를 위한 저항이라는 정당한 전쟁의 면모도 여럿 포함돼 있다. 엄연히 이 충돌은 민주적이고 사회적으로 자유주의적인 자본주의 모델과 권위주의적이고 사회적으로 보수주의적인 자본주의 모델의 대결이다.⁴

미국과 유럽 강대국들이 이제는 제국주의가 아니라는 주장은 정말 놀랍다. 어쨌든, 메이슨의 주장에 따르면 우크라이나 전쟁에서 좌파는 러시아의 권위주의에 맞서는 "사회적으로 자유주의적인 자본주의"를 지지해야 한다. 이는 메이슨과 그 밖의 좌파 일부가 [영국의 유럽연합 탈퇴를 묻는] 브렉시트 국민투표에서 취한 입장의 논리적 귀결이다. 그때도 그들은 유럽연합으로 대표되는 신자유주의적 중도파를 옹호했다. 이 세력이 무너지면 권위주의 세력이 날뛸 것이라면서 말이다.

트로츠키주의 운동의 한 갈래인 제4인터내셔널의 저명인사 질베르 아슈카르는 메이슨이 편 주장의 더 정교한 버전을 내놨다. 우크라이나 전쟁을 둘러싼 논쟁에 부쳐 최근에 발표한 글에서 아슈카르는 이 전쟁을 제국주의 간 충돌로 보는 견해에 반대하며 나토의 구실을 중시하지 않았다. 아슈카르는 이 전쟁을 "전제적이고 올리가르히가 지배하는 초반동적인" 러시아에 맞선 순전한 민족 해방 투쟁이라고 보면서, 미국의 베트남전쟁에 맞서 일어난 투쟁에 견준다. 그리고 좌파가 "우크라이나 국가"에 대한 무기 지원을 지지해야 한다고 결론짓는다. [서방의 러시아] 제재에 관해서는, "제재를 지지하지도 말고, 제재 철회를 요구하지도 말아야 한다"고 주장한다.⁵

이런 입장들의 문제점은 러시아의 우크라이나 침공을 제국주의 간 경쟁 체제라는 맥락, 즉 제국주의 국가들과 그 동맹국들을 상호 경쟁으로 내모는 체제라는 맥락 속에 자리매김하지 못한다는 것이다. 물론 그런 이해가 없어도 러시아의 침략을 규탄할 수는 있지만, 그러면 핵심적으로 두 가지 결함이 생긴다. 첫째, 우크라이나의 참상을 제국주의 체제 전반에서 벌어지는 야만과 떼어 놓고 보게 된다. 그런 야만의 사례로 팔레스타인인들에 대한 억압이 계속되고 있다. 예멘에서는 내전이 벌어지고 있고 사우디아라비아 정부는 여기에 개입해서 우크라이나 침공과 한 치도 다르지 않게 흉악한 폭격을 주도하고 있다. 얼마 전까지 계속된 내전으로 시리아는 온 나라가 쑥대밭이 됐다. 2003년 미국이 주도한 이라크 침공은 50만 명 이상의 민간인 사망자를 낳았다. 둘째, 우크라이나를 제국주의 간 경쟁의 논리와 떼어 놓고 보면, 러시아의 침공을 제대로 설명할 수 없게 된다. 그러면 제국주의에 맞서 사태에 개입하려는 노력이 약화될 수밖에 없다.

이 글은 제국주의 체제가 지금까지 어떻게 변화해 왔는지 간단히 살펴보고, 그 맥락 속에서 우크라이나에서의 사태 전개, 우크라이나와 러시아·서방의 관계를 살펴볼 것이다. 그리고 좌파는 러시아의 침공을 규탄하는 동시에, 그 지역에서 충돌을 부추기고 키운 서방 강대국들의 구실도 규탄해야 한다고 주장할 것이다.

제국주의라는 맥락

제국주의는 단지 강대국의 약소국 지배가 아니라, 자본주의 국가들을 충돌로 이끄는 제국주의 간 경쟁 체제로 이해하는 것이 가장 적절하다. 제국주의는 자본주의 발전의 뚜렷한 단계로서 나타났다. 자본주의 경제를 이루는 기업들이 너무나 커져서 국민 생활에 지대한 영향을 미치기 시작하고 활동 영역이 갈수록 국경 밖으로 뻗어 나가면서 나타나는 단계다. 이런 조건에서는 국가와 자본의 상호 의존이 증대하며, 그에 따라 [자본들의] 경제적 경쟁이 국가 간 지정학적 경쟁과 융합하는 경향을 보인다. 국가가 군사력 등의 수단으로 자국의 힘을 해외에 투사하는 것은 그 나라 자본가들의 이익에 도움이 된다. 동시에 국가를 운영하는 자들이 그에 필요한 군사·산업 기반을 마련하려면 자본주의를 발전시켜야 한다.[6]

제국주의의 초기 국면은 여러 강대국들이 공식적 식민지를 세우고 비공식적 영향권을 거느리는 형태로 나타났다. 자본주의의 발전은 불균등한 과정이기에, 세력권 재편을 위한 끊임없는 대결이 벌어졌고 결국 제국주의 간 충돌로 이어졌다. 두 차례의 세계대전은 먼저 발전한 유럽 강대국들이 지배하던 기존 제국주의 질서에 독일·미국·일본 등 후발 자본주의 국가들이 압력을 가하면서 벌어진 일이었다.

제2차세계대전 종전 이후 제국주의의 양상은 크게 바뀌었다. 식민 지배를 받던 많은 나라들이 식민 지배자들을 쫓아냈고, 비록 경제적으로는 종속적인 위치에 머물더라도 형식적으로라도 독립을 쟁취했다. 한편 미국은 양차 세계대전을 거치면서 가장 강력한 경제 대국으로 부상했고 이후 수십 년 동안 그 지위를 유지했다(그림 1). 미국 지배자들은 식민지가 아니라 개방된 시장에 기초한 제국주의

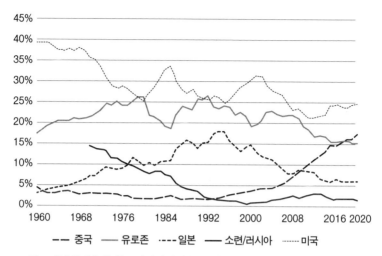

그림 1. 세계 국내총생산(GDP)에서 차지하는 몫(현재 미국 달러 기준), 1960~2020년

출처: 세계은행과 유엔

그림 2. 군비 지출(단위: 100만 달러, 2019년 환율 기준), 1949~2020년

출처: 스톡홀름국제평화연구소(SIPRI)

우크라이나 전쟁, 왜 일어났고 어떻게 멈출 것인가? **23**

질서를 세우려 했다. 미국의 대량생산 산업을 중심으로 발전한 강력한 기업들은 시장 경쟁 무대에서 매우 유리한 고지를 점할 수 있었다. 한편, 달러가 국제 금융 체제의 기축통화가 된 것도 미국에게 유리하게 작용했다. 마지막으로, 미국의 군사력은 서방세계 내의 모든 잠재적 경쟁자를 능가했다(그림 2).

냉전 동안 소련과 그 동맹국들은 자유주의적 시장 체계에서 배제됐고, 꽤나 자급자족적인 "관료적 국가자본주의"로 자국 경제를 조직했다. 이 국가들은 각자 마치 거대한 단일 기업처럼 행동하고 국가 관료가 생산을 지도했다.[7]

그 결과, 핵무기로 무장한 두 강대국 미국과 소련이 각각 이끄는 자본주의 강대국들의 두 경쟁 블록이 형성됐고, 그러면서 "경제적 경쟁과 지정학적 경쟁의 부분적 분리"가 나타났다.[8] 서방 블록에서는 미국의 정치적·군사적 지도하에서 일본과 유럽 경제가 재건됐고, 유럽 경제는 훗날 유럽연합으로 발전하게 되는 기구들을 통해 갈수록 통합돼 갔다. 서방 블록 내에서는 경제적 긴장이 첨예하게 나타날 수는 있었지만 그것이 군사적 충돌로 이어지지는 않았다.

냉전 시기에 발생한 전쟁은 대개 대리전 형태였다. 즉, 두 초강대국 중 어느 한쪽이나 둘 다가 [다른 나라에서 벌어지는] 전쟁에 직접 관여할 수는 있었을지라도, 서로가 직접 맞붙는 일은 피했다. 전반적인 세계 질서는 대체로 고정돼 있었다. "적어도 1960년대와 1970년대 데탕트 시기에는 미국이든 소련이든 전후 질서를 재검토하는 데는 관심이 없었고 스스로와 상대방을 현상 유지를 선호하는 강대국으로 기꺼이 인식했다."[9]

그러나 군사력을 보존하고 확장하려는 노력은 두 초강대국에 막대한 부담을 안겨 줬다. 서방 블록 안에서는, 제2차세계대전 종전 이후의 엄청난 군비 지출이 장기 호황을 유지하는 데 도움이 됐다. 그렇지만 "상시 군비 경제"의 부담은 균등하게 배분되지 않았고, 이는 미국이 독일과 일본 등 군비에 덜 지출하는 강대국의 도전을 받고 경제적 우위가 약화되는 데 일조했다.[10] 한편, 경제적 자원이 더 빈약하고 서방에서 발전하던 국제적 분업에 접근할 수 없었던 소련은 결국 정체했다. 스탈린주의 체제는 1989년 동유럽 대다수 나라에서 일어난 격변에 휩쓸려 내려갔고, 그 2년 후에는 소련 자체가 붕괴했다.

냉전이 끝나면서 제국주의는 새로운 발전 단계에 접어들었다. 소련이 무너지자 처음에는 서방 진영 지배자들 사이에서 도취감이 만연했다. 미국 대통령 조지 H W 부시는 이라크의 사담 후세인 정권이 이웃 나라인 쿠웨이트를 침공한 것을 빌미로 1991년에 이라크에서 미국 주도의 전쟁을 일으켰다. 그러면서 그는 "새로운 세계 질서"를 선포하고 그 질서하에서는 "인류의 보편적 염원을 실현한다는 공통의 대의로 다양한 나라들이 결집하게 될 것"이라고 했다.

거의 두 세기 동안 미국은 자유와 민주주의의 선망받는 귀감으로서 세계에 이바지했다. … 오늘날 빠르게 변화하는 세계에서 미국의 지도력은 불가결한 것이다.[11]

동구권이 무너지면서 열린 기회는 1990년대 말부터 나토와 유럽연합이 동쪽으로 팽창하며 옛 국가자본주의 국가들을 자유주의적 자본주의 질서로 편입시키기 시작하는 일로도 이어졌다. 그러나 미국이 도전받지 않는 우위를 누린 "단극 질서의 순간"은 오래가지 못했다. 이후 경제적·군사적 세력균형은 새롭고 위험한 방식으로 재편될 터였다.

그것을 극적으로 보여 준 일은 조지 W 부시 정부를 중심으로 결집한 신보수주의자(일명 '네오콘')들이 2001년 9·11 공격을 기회 삼아 벌인 "테러와의 전쟁"이었다. 이 전쟁에서 미국은 [상대적으로 쇠락한 자신의] 경제적 우위를 만회하기 위해 압도적인 군사적 우위를 동원했다. 미국이 아프가니스탄과 이라크를 침공한 이유는 중동의 풍부한 석유에 접근하려면 미국의 선의에 기대어야 한다는 것을 잠재적 경쟁국들(특히 오늘날 미국 패권을 장기적으로 크게 위협하는 존재로 여겨지는 중국)에게 똑똑히 보여 주려는 것이었다. 그러나 "테러와의 전쟁"은 자충수로 드러났고 미국 제국주의의 지배력은 더욱 약화했다.

한편, 중국이 부상하면서 중국 지배자들은 자국의 경제력에 걸맞도록 군사력을 육성하기 시작했다. 2020년 미국 국회에 제출된 보고서에 따르면 중국은 2049년까지 미국 군사력을 적어도 동등한 수준으로는 따라잡으려 하고 있다. 그리고 이미 조선업 분야에서 우위를 점해 세계에서 가장 큰 해군을 거느리고 있으며, "지상용 탄도 미사일과 순항미사일", 통합 방공 체계에서도 우위를 점하고 있다고 그 보고서는 주장한다.[12] 그 사실들이 현재 중국이 세계 수준에서 미국을 밀어내려 한다는 징후로는 보이지 않지만, 국지적 수준에서

는 중국이 이미 미국의 패권을 위협하고 있다. 이는 남중국해와 동 중국해에서 특히 두드러진다.[13]

그에 따른 미·중 긴장이 오늘날 세계 정치의 주된 단층선을 이루고 있다. 그러나 지난 냉전이 고스란히 되풀이되는 것이라는 뜻은 아니다. 중국은 미국이 주도해 제2차세계대전 이래 구축한 정치적 동맹 체계에서는 배제돼 있지만, 자본주의의 국제적 순환에는 고도로 통합돼 있다. 물론, 그렇다고 두 최강대국이 미래에 군사적으로 충돌할 가능성이 배제되는 것은 아니다. 제1차세계대전 때 서로 싸웠던 독일과 영국도 전쟁 이전에는 경제적 관계가 매우 밀접했다. 그러나 중국이 자본주의의 국제적 순환에 통합돼 있게 된 결과, 상호 의존과 경쟁이 뒤얽힌 복잡한 패턴이 나타날 수 있다. 이렇게 갈수록 불안정해지는 질서 안에서는 덜 강력한 제국주의 국가나 아류 제국주의 국가들도 지역 수준에서 자신의 이익을 관철시킬 수 있었다.[14] 이는 사우디아라비아, 터키, 이란, 아랍에미리트 같은 국가들이 시리아와 예멘 등지에서 일어난 충돌에 개입해서 사태가 자기 이익에 맞게 흐르도록 영향을 주려고 애쓰는 것에서도 드러난다.[15]

러시아가 옛 소련 소속이었다가 독립한 국가들에 대한 영향력을 재건하는 데 갈수록 많은 노력을 들이는 것과 우크라이나가 겪은 고통도 이런 제국주의 간 경쟁이라는 맥락 속에서 바라봐야 한다.

우크라이나와 러시아

우크라이나는 오랜 시간 외세의 지배에 시달렸다. 17세기 말에는 이런 외세들의 전장이 돼, "루이나"(폐허)로 불리는 시기가 시작됐다. 폴란드-리투아니아, 러시아, 오스만제국, 카자크 수장국이 뛰어든 이 충돌의 결과로 오늘날 우크라이나에 해당하는 땅의 상당 부분이 폴란드와 러시아에게 분할됐다. 그후 폴란드가 독립을 상실하자 러시아제국이 우크라이나 동부를 흡수했고, 서쪽으로는 갈리치아, 볼히니아가 오스트리아에 흡수됐다. 이 국경은 제1차세계대전으로, 또 그 전쟁을 끝내는 데 일조한 혁명들로 인해 다시 분쟁의 대상이 됐다. 1917년 러시아 혁명 이후 우크라이나의 독립을 향한 노력은 상당한 난관에 부딪혔다. 우크라이나는 독일군에 점령당했고 그 뒤에는 러시아 혁명 직후에 일어난 내전의 주요 전장이 됐다.[16] 그 혼란 속에서, 주권을 되찾은 폴란드가 갈리치아와 볼히니아 대부분을 장악하는 데 성공했다. 1922년에는 혁명 러시아에 친화적인 정부가 폴란드의 지배를 받지 않던 지역에서 권력을 잡았다. 비록 혁명 러시아와 적군赤軍의 지원에 의존했지만 말이다. 그리고 이로써 러시아·우크라이나·벨라루스·자캅카스 공화국으로 이뤄진 소비에트연방이 선포됐다.

이렇게도 복잡한 상황과 1917년 혁명을 보존하기 위한 처절한 분투 속에서도 볼셰비키 [정부]의 초기 정책은 억압받던 민족들의 자결권을 기초로 했다. [러시아 혁명가] 레온 트로츠키는 다음과 같이 서술했다.

분리 독립할 권리를 포함한 자결권은 레닌에 의해 폴란드인과 우크라이나인들에게도 동등하게 확장됐다. … 민족 억압 문제를 조금이라도 회피하거나 미루려는 태도를 감지하면 레닌은 이를 대大러시아 국수주의의 발현으로 간주했다. … 옛 볼셰비키는 우크라이나 소비에트를 다른 우크라이나인 집단들을 결집시킬 강력한 축으로 만들려 했다.[17]

그러나 우크라이나어와 우크라이나 문화를 증진하고 사회적 조건을 개선하려는 볼셰비키의 초기 시도는 단명했다. 이런 정책이 중단된 것은 스탈린이 혁명의 성과를 후퇴시키려고 벌인 더 광범한 공격의 일부였다.[18] 트로츠키가 지적했듯이 "전체주의 관료들에게 우크라이나 소비에트 공화국은 경제 단위에 해당하는 행정구역이자 소련의 군사기지일 뿐이었다."[19] 독립 염원이 모두 짓밟혔을 뿐 아니라 스탈린이 밀어붙인 급속한 산업화와 연관된 농업 집산화는 1932~1933년 기근을 초래했다. "홀로도모르"로 불린 이 기근으로 우크라이나인 수백만 명이 사망했다.

제2차세계대전이 발발하자 우크라이나는 또다시 서로 경쟁하는 제국주의 국가들의 침탈 대상이 됐다. 전쟁 초기에 히틀러와 스탈린의 독·소 불가침 조약의 결과로 폴란드가 분할됐다. 우크라이나는 그 뒤 독일이 소련을 공격하는 과정에서 짓밟혔다. 우크라이나인 약 700만 명이 목숨을 잃었다. 그중에는 키예프(키이우)의 악명 높은 바비야르 협곡에서 총살당하고 집단 매장된 수만 명의 유대인들을 포함해, 100만 명에 달하는 유대인들이 포함돼 있다. 비극이게도 소수의 우크라이나인들은 이 충돌에서 나치와 협력했다. 오늘날 우크라이나 정부들이 미화해 온 인물인 스테판 반데라의 지지자들이 그런 사례였다.[20] 전쟁은 소련군이 독일군을 쫓아내고 우크라이나 동부와 서부를 통일하는 것으로 끝났다.

우크라이나가 겪은 억압과 끔찍한 전쟁의 역사를 보면 역사가 팀스나이더의 논평에 고개를 끄덕이지 않을 수 없다. "히틀러와 스탈린이 권좌에 있었던 1933~1945년에 우크라이나는 지구상에서 가장 위험한 곳이 됐다."[21]

오늘날 우크라이나에 해당하는 지역에서 상대적으로 안정되고 독립된 국가가 처음으로 형성될 수 있었던 시기는 소련이 붕괴할 때였다. 그때는 국민국가 건설에 유리한 시기가 전혀 아니었다. 우크라이나가 독립을 얻은 시기는 소련이 부진해진 상황의 결과였을 뿐 아니라 그 뒤로 더 지독한 악재가 뒤따랐다. 서방에서 온 조언자들의 지지 속에서 러시아는 시장경제 도입을 위한 신자유주의적 충격요법을 받았고, 얼마 후 우크라이나도 이를 따랐다. 정치경제학자 이저벨라 웨버가 지적했듯이

> 충격요법은 브레턴우즈 기구들이 개발도상국, 동부·중부 유럽, 러시아에 전파한 "워싱턴 컨센서스 이행 정책"의 핵심이었다. … 이 정책 묶음은 다음과 같은 요소로 이뤄져 있었다. (1) 일시에 모든 가격을 자유화하기 (2) 민영화 (3) 무역 자유화 (4) 엄격한 통화·재정 정책을 뜻하는 안정화.[22]

웨버가 지적하듯이 국유 기반이었던 경제를 통째로 민영화하는 것은 영국의 마거릿 대처 같은 자들이 추진한 제한적 민영화와는 차원이 다른 일이었다. 소련 붕괴 후 러시아의 첫 대통령이었던 보

리스 옐친이 1992년 1월 가격자유화를 단행했지만, 그 결과는 시장 체제로의 질서 정연한 전환이 아니었다. 만성적 인플레이션이 나타나고 산출이 급감했다. 새로운 사적 기업가 계급이 자연 발생적으로 형성되는 일은 일어나지 않았다. 오히려 옛 국가자본주의 모델하에서 공산당의 지명을 받아 기업들을 운영하던 관료들, 즉 노멘클라투라들이 사적 자본가로 거듭날 길을 찾았다.[23] 몇몇 기업들은 이른바 "자발적 민영화"를 통해 불법적으로 자산을 사적 소유로 돌렸다. "바우처 민영화" 정책에 따라 시민들은 현금이나 주식과 맞바꿀 수 있는 바우처를 지급받았다. 이 바우처는 규제되지 않는 2차 시장에서 거래됐고 결국 "막대한 경화硬貨와 연줄이 있는" 자들의 수중에 들어갔다. 기업 노동자들과 경영자들은 할인된 가격으로 주식을 구입할 수 있었지만, 노동자들이 보유한 주식은 "경영자들이 지배하는 신탁에 묶여 있는" 경우가 많았다.[24]

바로 이런 혼돈 속에서 러시아를 비롯한 옛 스탈린주의 국가들에서 올리가르히, 즉 경제적·정치적 권력의 핵심부에서 영향력을 행사하는 부유하고 막강한 거물들이 출현했다.[25] 러시아보다는 늦게 대대적인 민영화에 착수했지만 우크라이나도 비슷한 패턴을 따랐다. 경제 전반이 붕괴했고, 많은 사람들이 깊어 가는 빈곤의 나락으로 떨어졌다.

이후 러시아에서 그나마 나타난 [경제]성장은 주로 1차 상품 수출, 특히 석유와 가스 수출에 의존했는데, 그 수익의 많은 부분이 해외로 빠져나갔다.[26] 이와 함께 고삐 풀린 금융 투기와 고질적인 부패가 나타났다. 어느 시점에는 은행이 일주일에 40곳씩 새로 생겨나기도 했다. 이런 성장 모델의 불안정성이 뚜렷해지자 루블화 가치가 갈수록 하락 압력을 받았고, 러시아는 국가 부채를 늘려서 루블화 가치가 무너지지 않게 떠받쳤다. 그러다가 1998년에 동아시아 금융 위기가 닥치자 루블화 가치가 폭삭 내려앉아 러시아는 채무불이행 상태에 빠지고 또다시 경제적 혼돈에 직면했다.[27]

우크라이나도 똑같은 여러 문제에 시달렸지만, 러시아와 달리 경제적 타격을 완화할 에너지 자원조차 없었다. 우크라이나는 농업에 크게 의존했다. 소련 붕괴 이전에 우크라이나가 보유한 공업 기반은 대체로 군수산업 중심이었다. 그런데 이 군수산업조차 소련의 조달 계획 없이는 지속 불가능한 것이었다. 그래서 우크라이나는 옛 동구권 국가들 중에서도 특히 재앙적인 전환기를 거쳤고 오늘날에도 여러 면에서 유럽에서 여전히 가장 가난한 나라로 남아 있다. 표 1에 제시된 1인당 국내총생산GDP에서도 이를 확인할 수 있는데, 이는 우크라이나 인구가 1993년 5200만 명에서 오늘날 4100만 명으로 줄어든 것을 고려하면 훨씬 더 놀라운 수치다. 이런 인구 감소는 사망률이 증가하고 출산율이 감소하고 많은 사람들이 이민을 택한 결과다.

	1990년	1995년	2000년	2005년	2010년	2015년	2020년
우크라이나	1,569	936	658	1,895	3,078	2,125	3,725
러시아	3,493	2,666	1,772	5,324	10,675	9,313	10,127
폴란드	1,731	3,687	4,502	8,022	12,613	12,579	15,721
루마니아	1,681	1,650	1,660	4,618	8,214	8,969	12,896

표 1. 1인당 국내총생산(현재 달러 기준)

출처: 세계은행

제국주의 강대국들의 충돌

앞서 말했듯이 1990년대에 러시아의 영향력이 급격히 약화되자 유럽연합과 나토는 러시아 국경 쪽으로 세를 확장했다(그림 3).

이미 1991년부터 폴란드, 헝가리, 체코슬로바키아(나중에 체코와 슬로바키아로 해체된다)가 비셰그라드 그룹을 결성해 유럽연합과 나토 가입을 추진했다. 그러나 유럽연합과 나토의 확장이 진정한 탄력을 받기 시작한 것은 미국의 빌 클린턴 정부 시절부터였다. 1999년

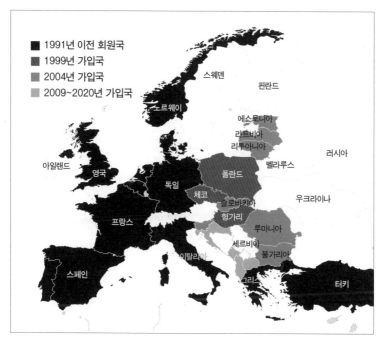

그림 3. 나토의 동진

워싱턴 DC에서 열린 나토 정상회담은 헝가리, 폴란드, 체코공화국의 나토 가입을 공식화하고 "회원국 자격 행동 계획"을 발표했다. "회원국 자격 행동 계획"은 나토 회원국이 되고자 하는 국가들을 위해 마련한 가입 절차로, 당시에는 알바니아·불가리아·에스토니아·라트비아·리투아니아·북마케도니아·루마니아·슬로바키아·슬로베니아가 나토 가입 의사를 천명한 상황이었다.

2004년에는 발트해 연안국[에스토니아, 라트비아, 리투아니아]이 나토에 가입했고, 이로써 러시아와 국경을 맞댄 옛 소련 가맹국들이 러시아 정부가 적대시하는 군사동맹의 일부가 됐다. 클린턴 정부의 국무부 차관 스트로브 탈보트가 서술하듯이

많은 러시아인들은 나토를 냉전의 잔재로 보고 나토가 그 본질상 자신들을 겨냥한 것이라고 여긴다. 러시아인들은 자신들의 군사동맹인 바르샤바조약기구를 해체했다고 지적하면서 서방은 왜 이와 똑같이 하지 않느냐고 묻는다.[28]

나토의 동진은 소련의 마지막 지도자 미하일 고르바초프와 맺은 비공식 합의를 깨는 일이기도 했다. [냉전 종식과 독일 통일에 관한] 1990~1991년의 회담에서 고르바초프는 나토가 동진하는 일은 없을 것이라는 [미국의] 약속을 믿고 통일 독일이 나토에 남는 것에 동의해 줬다.[29]

경제가 무너지기는 했어도 러시아는 여전히 제국주의 강대국이었다. 이제 러시아는 자기 영토에서 떨어져 나가는 지역이 더는 없

도록 차단해서 국경을 유지하고, 옛 소련 가맹국들에 대한 영향력을 복구하려 했다. 1990년대에 이런 노력은 세 차례의 큰 충돌로 이어졌다. 그 충돌들은 예전에 온갖 민족·언어·종족이 러시아제국에, 나중에는 소련에 흡수됐던 탓에 경쟁하는 여러 민족주의가 부추겨질 여지가 생겨난 현실을 드러냈다. 물론 이 민족주의들은 많은 경우 진정한 민족 억압의 경험에 뿌리를 두고 있었다. 소련 붕괴의 여파 속에서 각 지역의 지배계급들은 다양한 민족주의를 부추겨서 지지 기반을 다질 수 있었고, 제국주의 강대국들도 그로 인해 생겨나는 긴장들을 자기 이익에 따라 이용하려고 민족주의를 부추길 수 있었다.

예컨대, 몰도바의 동쪽 국경에 있는 트란스니스트리아라는 지역이 있다. 그곳 인구의 불과 3분의 1만이 몰도바계인데도 몰도바 정부가 몰도바어(루마니아어의 방언) 사용을 강제하려다 반발을 샀고, 여기서 분리주의자들이 득을 볼 수 있었다. 1991년 트란스니스트리아는 독립을 선언했다. 1992년에는 잠깐 전쟁이 벌어졌고, 이 전쟁에서 분리주의자들은 그곳에 주둔하고 있던 러시아군과 러시아계 카자크인 부대의 지원을 받았다. 이 전쟁의 결과로 미승인 국가가 세워졌다. 이 전쟁은 여러 '동결된 갈등'의 하나를 유산으로 남겼다. 러시아나 지역 통치자들은 그 지역의 세력균형이 자신에게 불리하게 기울 것 같으면 이런 미해결된 갈등에 다시 불을 붙일 수도 있었다. 특히, 몰도바에서 벌어진 충돌은 몰도바가 유럽연합에 가입하는 데 장애물로 작용했다. 그러나 몰도바는 올해[2022년] 3월 러시아가 우크라이나를 침공하는 와중에 유럽연합에 공식적으로 가입 신청서를 제출했다.

두 번째 '동결된 갈등'은 또 다른 옛 소련 가맹국인 조지아[당시에는 '그루지야'로 불림]에서 생겨난 것으로, 비非조지아계 인구가 꽤 많은 압하지야와 남오세티아 지역이 분리 독립을 꾀한 일이었다. 그중 압하지야는 1992~1993년에 러시아의 지원을 받으며 전쟁을 벌였다. 조지아는 몰도바처럼 [올해] 우크라이나 전쟁 와중에 유럽연합에 가입 신청을 했다. 그러나 분리주의 지역들이 러시아의 보호 속에서 사실상 별개의 국가처럼 남아 있는 한 이들 국가의 가입 신청이 승인될 가능성은 크지 않다.

가장 참혹한 충돌은 러시아연방의 국경 안에 있는 체첸에서 벌어졌다. 체첸은 캅카스 지역에 있는 곳으로 조지아와 맞닿아 있다. 체첸에서는 소련 붕괴를 계기로 독립 요구가 제기됐고, 1991년 11월에는 아예 독립이 선언됐다. 러시아 정부는 그 직후 체첸 정부를 전복하려다 실패했고 1994년에는 전면 공격에 나섰다. [당시 러시아 대통령] 옐친은 체첸 독립 운동을 분쇄하면 캅카스 지역에 대한 러시아의 영향력을 지킬 수 있을 뿐 아니라, 카스피해에서 오는 송유관이 지나는 지역에 대한 통제력도 확보하고, 하락하는 지지율도 만회할 수 있을 것이라고 계산했다. 그러나 러시아군의 공격은 러시아의 억압에 맞선 오랜 역사를 영감의 원천으로 삼은 체첸인들의 상당한 저항에 부딪혔다.[30] 전쟁이 고조되는 가운데 수도 그로즈니에서는 포격으로 2만 7000명이 사망한 것으로 추정된다.[31] 도시의 사회 기반 시설이 파괴되면서 강력한 대중 반란이 일어나 시가전과 게릴라전이 결합됐고, 체첸인들은 러시아군에 맞서 싸우며 그들을 교착 상태에 빠뜨렸다. 그러다 1996년 휴전협정이 체결됐지만, 이때까지 약

8만 명의 체첸인이 사망했다.[32]

체첸이 폐허가 된 결과 범죄 활동과 군벌 정치가 폭발적으로 증가했고 그와 함께 이슬람주의 단체들도 성장했다. 그리고 이는 두 번째 침공의 명분이 됐다.[33] 지상전은 1999년 10월 1일부터 2000년 5월 31일까지 벌어졌지만, 그러고도 반군 진압 작전이 9년 더 지속됐다. 한 추정치에 따르면 2002년 말까지 이 전쟁으로 19만 명이 사망했으며, 그중 1만 7000명은 러시아군, 1만 3000명은 체첸 전사이고, 나머지 16만 명은 민간인이었다고 한다.[34] 푸틴은 이 제2차 체첸 전쟁을 배경으로 부상했다. 전직 국가보안위원회KGB 요원이자 대통령 비서실장도 지낸 푸틴은 1999년 가을 옐친에 의해 총리로 지명됐다. 그리고 딱 1년 후에 옐친의 뒤를 이어 대통령이 됐다.

체첸에서 벌인 대학살에도 불구하고 푸틴은 서방 지도자들의 환대를 받았다. 2000년 당시 영국 총리 토니 블레어는 푸틴을 "우리의 개혁적 언어로 말하는" 지도자라고 묘사하며 다음과 같이 덧붙였다. "블라디미르 푸틴은 유럽연합·미국과의 새로운 관계를 수용할 태세가 돼 있는 지도자다."[35] 이런 환대는 그리 오래가지 못했다. 1998년 후퇴했던 러시아 경제가 에너지 가격 상승과 함께 반등하면서 푸틴은 자신의 지배를 공고히 하고, 해외에서 러시아의 영향력을 확장하고, 나토의 동진을 저지하려 했다.[36] 이 시기에 미국이 주도한 아프가니스탄 전쟁과 이라크 전쟁도 국력을 일부 회복하던 러시아에 뜻하지 않게 도움이 됐다. 이로 인해 에너지 가격이 급격히 상승했을 뿐 아니라, 이 전쟁이 실패하면서 제국주의 경쟁국들이 자신의 이익을 도모해 볼 여지가 더 커졌기 때문이다.

오렌지 혁명

우크라이나는 그 결과로 나타난 제국주의 간 충돌의 단층선 위에 있었고, 이런 외부의 긴장은 국내 정치에도 반영됐다. 그렇다고 해서 우크라이나가 친러 지역과 친서방 지역으로 깔끔하게 나뉜다는 조야한 "두 개의 우크라이나" 개념을 받아들여야 한다는 말은 아니다. 물론 우크라이나에는 러시아계 소수 집단이 상당한 규모로 존재하고 그들이 동부에 몰려 있는 것은 사실이지만, 우크라이나는 다양한 민족·문화·언어·종교가 공존하며 중첩되는 곳이다. 이는 외세에 의한 지배를 포함한 이 나라의 복잡한 역사를 반영하는 특징이다.[37] 게다가 [영국 사회주의자] 롭 퍼거슨이 보여 줬듯이 이중 언어 사용자는 특히 젊은 층에서 늘어나는 경향을 보였다. 적어도 2010년까지는 그랬다. "우크라이나계든 러시아계든 대다수는 이중 언어 사용자다. 그들은 서로 결혼하기도 하고 두 언어로 대화를 나누기도 한다."[38]

그러나 우크라이나의 올리가르히에 기반을 둔 특권층은 자신의 이익을 위해 분열을 조장할 뿐 아니라, 러시아나 미국이나 유럽연합 등 외부에서 지원을 제공해 줄 수 있는 세력을 등에 업으려 해 왔다. [그리니치대학교 국제 경영·경제학부 부교수이고 《우크라이나와 자본의 제국》의 저자인] 율리아 유르첸코는 다음과 같이 주장한다. "새롭게 형성된 도둑 정치 체제로 대표되는 … 자본가 계급의 경쟁 분파들은 자신의 커져 가는 야망을 충족하기 위해, 정치적 껍데기를 쓴 정당들을 만들어 냈다. … 지배·자본가 계급 블록들의 분파 투쟁은 실재하는 것이지만, 그들 사이의 정치적 차이라는 것은 어떤 원칙에 입각한 것이 아니다."[39] 유르첸코는 우크라이나 정치계를 대체로 지배해 온 핵심 세력으로 두 블록을 특별히 지목한다. 하나는 우크라이나 중부 드니프로페트로우시크의 산업 지대에 기원을 둔 블록이고, 다른 하나는 우크라이나 동부 도네츠크 지역에 기원을 둔 블록이다.

이런 조건에서는 대중운동이 제국주의 강대국들이나 국내 지배 분파들의 이익에 따라 심각하게 망가지거나 크게 약해질 위험이 존재한다. 동구권에서 잇따라 일어난 '색깔 혁명'들, 즉 2000년 세르비아, 2003년 조지아, 2004년 우크라이나, 2005년 키르기스스탄 등이 있지만 그중에서도 우크라이나의 사례인 2004년 '오렌지 혁명'은 십중팔구 대중의 진정한 주도력이 가장 미약하고 지배자들의 책략이 가장 크게 작용한 사례일 것이다.[40]

오렌지 혁명이 일어난 직접적 맥락은 당시 대통령 레오니드 쿠치마의 두 번째 임기 종료였다. 쿠치마는 드니프로페트로우시크 지역의 자본가들과 밀접한 관계였지만, 도네츠크 지역에서 성장하는 신진 자본가 세력도 포용해야 했다. 쿠치마는 미국과 러시아 사이에서 줄타기를 해서 서방의 금융기관들에게서는 차관을 얻고 러시아에게서는 저렴한 가스를 공급받으려 했다.[41] 2004년에 쿠치마 정권은 부패·사기·범죄행위로 대중의 미움을 샀다. 범죄행위의 한 사례로, 쿠치마는 정치 엘리트에게 비판적인 한 언론인의 의문사에 관여했다는 의혹을 받았다.

이후 부정선거로 빅토르 야누코비치가 대통령에 당선했다. 그는 도네츠크 자본가들을 대표하는 주요 후보였고 러시아와 쿠치마의 지지를 받았다. 경쟁 후보인 빅토르 유셴코는 드니프로페트로우시크 자본가들, 도네츠크의 일부 올리가르히, 미국, 유럽연합이 지지하는 후보였다. 야누코비치의 당선에 불복해 유셴코는 지지자들에게 거리로 나오라고 호소했다. 지지자들은 그 호소에 응했고 시위자들을 위한 천막 캠프가 마련됐으며 유셴코의 부유한 후원자들이 거기에 필요한 비용을 댔다. 이 후원자들 중에는 미국의 재단, 미국 국무부가 지원하는 우크라이나 NGO들도 있었다.[42] 주도력은 금세 거리에서 우크라이나 대법원으로 넘어갔고 대법원은 선거를 다시 열라고 판결했다. 다시 열린 선거에서는 유셴코가 승리했고 유셴코는 드니프로페트로우시크 지역의 영향력 있는 올리가르히였다가 정치인으로 변신한 율리야 티모셴코를 총리로 지명했다. 그리고 유셴코는 유럽연합과 관계를 좁히고(궁극적으로는 유럽연합 가입을 노리고서) 나토와의 관계를 복원하기 위한 입법을 빠르게 추진했다.[43] 한편, 티모셴코는 [총리로 지명되자마자] "올리가르히와의 전쟁"을 선포했는데 이것은 자신과 경쟁하는 올리가르히에게 보복하려는 것이었다. 그러나 몇 달 지나지 않아 티모셴코는 의회 내 야누코비치 지지자들에게 밀려 총리직에서 물러났다. 그후 2007년 티모셴코의 정당이 의석을 늘리면서 그녀는 다시 총리가 됐지만, 이번에는 두 '오렌지 혁명' 지도자[유셴코와 티모셴코]의 불화가 우크라이나 정치를 지배했고 이는 유셴코의 통치력을 약화시켰다.

게다가 유셴코-티모셴코 정부는 2008년에 터진 세 가지 커다란 위기를 맞이했다. 첫째 위기는 그해에 시작된 세계적 경기후퇴였다. 우크라이나는 취약한 은행 체계가 마비되고 주된 수출 품목인 철강의 시장가격이 급감하면서 특히 큰 타격을 입었다. [금리가 더 싸다는]

이점 때문에 대출이나 주택담보대출을 달러로 받아 [우크라이나 흐리우나화로 상환했던] 우크라이나인들은 환율이 치솟자 대출을 상환할 수 없게 됐다.

둘째 위기는 러시아가 조지아에 심어 놓은 '동결된 갈등'을 재점화하고 돌발적으로 자신의 패권을 각인시킨 일이었다. 러시아의 이런 행보는 2008년 부쿠레슈티에서 열린 나토 정상회담이 [당시 미국 대통령 조지 W] 부시의 나토 확장 노력에 호응한 것에 대응하는 것이었다. 2008년 4월 3일 나토는 다음과 같이 공식 선언했다.

나토는 나토의 회원국이 되고자 하는 우크라이나와 조지아의 유럽-대서양적 열망을 환영한다. 오늘 우리는 이 나라들이 나토 회원국이 될 것이라는 데 동의했다. "회원국 자격 행동 계획"은 우크라이나와 조지아가 회원국 지위로 곧장 나아가기 위해 밟아야 할 첫 단계다. 오늘 우리는 이 나라들이 "회원국 자격 행동 계획"에 지원하는 것을 지지한다는 것을 분명히 밝힌다.[44]

그리고 2주 후 푸틴은 [조지아에서 분리 독립하려는] 압하지야와 남오세티아를 국가로 인정했다. 그리고 그해 8월 조지아군은 남오세티아가 조지아 마을을 포격한 것에 대응해 진격했고, 러시아는 전면 공격을 감행해 조지아군을 굴욕적으로 후퇴시켰다.

2008년에 벌어진 셋째 위기는 가스 공급을 두고 러시아와 우크라이나 사이에서 싹트던 갈등이 곪아 터진 것이다. 이미 2006년에 러시아는 유럽으로 수송될 가스를 우크라이나가 도용하고 있다며 우크라이나에 대한 가스 공급을 잠시 중단한 적이 있었다. 그리고 이 번에는 우크라이나가 러시아에 진 부채를 둘러싼 분쟁이 다시 가스 공급 중단으로 이어졌고, 러시아 가스에 의존하는 유럽의 18개국도 우크라이나와 함께 타격을 입었다.

유셴코-티모셴코 정부가 '오렌지 혁명'이 약속한 급진적 변화를 실현하지 못하고, 이것이 앞에서 설명한 여러 위기와 맞물린 결과, 야누코비치가 다음 대권을 차지할 수 있었다.[45] 2010년 대선에서 승리한 야누코비치는 '균형 정책'을 선언했다. 유럽연합에는 협력을 지속하겠다고 약속하면서도 나토 가입 추진은 중단했다.

한편, 이때 나토는 확장 정책을 둘러싸고 크게 분열했다. 프랑스와 독일은 이미 2008년 4월 나토 정상회담에서 우크라이나와 조지아를 "회원국 자격 행동 계획"에 즉시 참여시키자는 제안을 좌절시켰는데, 이제는 더 나아가 두 국가의 가입 추진이 진전되는 것을 가로막았다.[46] 러시아는 세계에서 가장 많은 천연가스를 보유한 나라였고, 유럽 대륙의 강대국들은 러시아에서 공급되는 가스에 크게 의존하고 있었다. 심지어 독일 정부는 미국·영국·폴란드·우크라이나의 뜻을 거스르고 러시아와 함께 노르트스트림2 건설 사업을 벌였다. 이는 기존 노르트스트림1과 나란히 러시아와 독일을 곧장 잇는 가스관을 건설하는 사업이었다. 이 사업은 2022년에 러시아의 우크라이나 침공이 벌어지고 나서야 중단됐다. 프랑스는 독일보다는 러시아산 가스에 덜 의존한다. 우크라이나 전쟁 전에 러시아산 가스는 독일 가스 수요의 절반을, 프랑스 가스 수요의 4분의 1을 차지했다. 그렇지만 프랑스는 그 나름으로 러시아와의 관계 문제에서 미국의 입김을 줄이고 유럽연합의 독자적 목소리를 내려 한다.

마이단, 크림반도, 돈바스

야누코비치가 우크라이나의 대권을 잡았을 때, 우크라이나 정부는 휘청거리는 경제를 구제할 경화가 절실하게 필요했다. 외부에서 오는 지원을 확보하려고 야누코비치는 러시아와 유럽연합 모두에 추파를 던졌다. 그러자 러시아는 벨라루스와 카자흐스탄 등이 포함된 관세 동맹에 들어오라고 제안했다. 한편 유럽연합은 자유무역협정을 제안하며, 궁극적으로는 유럽연합 가입으로 나아가기 위한 협력 협정을 제안했다. 한 언론인은 상황을 다음과 같이 묘사했다.

야누코비치는 러시아가 가스 가격을 후하게 깎아 주기를 바랐다. 그러면 나락으로 떨어지던 우크라이나 경제를 다잡을 수 있을 것이라 기대했다. 그러나 러시아의 대답은 가스 가격을 일시적으로 약간만 깎아 주겠다는 것이었다. 푸틴이 공짜로 부탁을 들어주려 하지 않는다는 또 다른 증거였다(사실 이미 그런 증거는 차고 넘쳤다). 푸틴은 우크라이나가 관세 동맹에 들어와야 … 가스 가격을 40퍼센트 할인해 주겠다고 했다. … 국제통화기금IMF은 우크라이나에 차관 지급을 중단했다. 야누코비치가 표를 잃을까 봐 국제통화기금이 권장한 '허리띠 졸라매기' 조처들을 시행하지 않겠다고 거부했기 때문이다. 그러나 가스 가격에 관한 러시아 정부의 태도가 하도 요지부동이어서 우크라이나 정부는 유럽연합을 선택하는 쪽으로 기울 수도 있다.[47]

그러나 야누코비치는 결국 유럽연합과의 협상을 접었고, 이는 2013~2014년 마이단 시위를 촉발했다. 마이단 시위를 처음 벌인 것은 우크라이나 올리가르히의 실정失政에 분노하고 유럽연합을 대안으로 여긴 학생들과 젊은이들이었다. 그러나 야누코비치가 이 시위를 분쇄하려고 '베르쿠트'(검독수리)라는 이름으로 알려진 내무부 산하 경찰 부대를 투입하면서 이 운동은 수십만 명이 참여하는 항쟁으로 발전했다.[48] 키예프 도심에 있는 광장의 이름을 딴 마이단 시위는 우크라이나 중부와 서부 전역으로 확산됐다.

이 시위에는 매우 상이한 세력들이 참여했다. 시위에 참가한 많은 평범한 사람들은 1991년 독립 이후 우크라이나의 정치 구조 전반에 냉소적이었고 유의미한 변화를 원했다. 훨씬 많은 사람들은 경찰 탄압에 분노했다. 반면, 여론조사에서 야당 정치인의 호소에 응해 시위에 나왔다고 답한 사람은 극소수였다.[49] 그럼에도 기존 권력층 질서에 도전할 역량이 있고 신뢰할 만한 조직된 세력이 없었던 탓에, 친서방 올리가르히 정당이 운동의 공식 대표체로 부상할 수 있었다. 그와 함께 [나치 조직] '우파 구역'과 연계된 소수의 파시스트들과 극우 민족주의자들이 눈에 띄었다. 러시아 국영 언론이 이 운동을 두고 "파시스트 쿠데타"라고 하는 것은 근거 없는 거짓말이지만, 그 세력들이 베르쿠트와 맞서는 데서 가장 조직적이었고 두각을 보인 것은 사실이다.[50]

마이단 운동이 커지자 야누코비치는 러시아로 도망쳤고 그의 정당은 와해되기 시작했다. 그리고 공식 야당이 권력의 공백을 메웠다. 러시아는 우크라이나가 통째로 자신의 영향권에서 벗어날까 봐

우려해 크림반도를 병합했다. 크림반도에는 이미 러시아가 임대한 해군 기지와 거기에 주둔 중인 흑해 함대가 있었다. 크림반도는 우크라이나 동부로 진입하는 교두보였다. 이전에 러시아의 대리전들을 수행한 전사들은 이제 돈바스 지역으로 들어가 우크라이나 정부에 맞선 반란을 일으켰다.[51] 도네츠크와 루한스크 지역의 주민 다수가 분리 독립을 지지했다는 증거는 거의 없다.[52] 그렇지만 오데사에서 일어난 충돌로 러시아 민족주의자 42명이 사망한 사건이나, 우크라이나 정부가 구제 불능 상태의 우크라이나군 대신 흔히 극우와 연계된 무장 집단에 의존한 것은 분리주의자들의 명분에 힘을 실어 줬다.[53] 돈바스에서

충돌은 서서히 전면전으로 발전했다. 러시아에서 자원자·무기·장비가 유입되더니 결국에는 2014년 8월의 결정적인 전투에 러시아 정규군이 개입해 들어왔다. … 2014년과 2015년 벨라루스 민스크에서 열린 두 차례의 국제 협상 끝에 분쟁에 대한 정치적 해결책의 청사진이 합의됐다[민스크협정]. 그러나 휴전은 … 안정적으로 유지되지 못했다.[54]

이로써 우크라이나에도 '동결된 갈등'이, 아니 폭발 직전의 갈등이 심어졌다.

이제 우크라이나 올리가르히 중에서도 가장 부유하기로 손꼽히는 페트로 포로셴코가 대권을 잡고 자신의 동맹자들을 권력과 영향력이 있는 자리에 앉혔다. 유럽연합과의 협력 협정이 체결됐고, 나중에는 유럽연합과 나토 가입 노선을 명시한 개헌안이 통과됐다. 대략

18억 달러에 달하는 미국의 군사원조가 6년에 걸쳐 쏟아져 들어오게 됐다.[55] 국제통화기금은 39억 달러의 차관을 제공했고 그 대가로 우크라이나 정부는 가정용 가스 가격을 인상하고 예산 적자를 줄이기로 했다.[56] 계속된 극심한 부패와 이런 긴축정책 탓에 포로셴코는 2019년 대선에서 참패했다. 다음 대권을 잡은 볼로디미르 젤렌스키는 정치 아웃사이더를 자처하며 대선에 출마했다. 그는 인기 시트콤에서 대통령에 당선하는 주인공 역을 맡은 것으로 유명했다. 젤렌스키의 압승 이후 많은 사람들은 마침내 부패를 척결하고, 올리가르히를 다스리고, 러시아와의 충돌을 끝낼 인물이 대통령이 됐다고 기대했다.

그러나 반부패 조처들을 도입한 초기 국면이 2020년 3월까지 잠깐 동안 이어진 후 젤렌스키의 개혁은 금세 교착 상태에 빠졌다. 젤렌스키 정부가 대외적으로는 경쟁하는 제국주의 세력들 사이에서, 국내적으로는 경쟁하는 올리가르히 집단들 사이에서 줄타기를 하려 했기 때문이다.[57] 젤렌스키가 의식했던 올리가르히 중에는 러시아에 끈이 있고 갈수록 영향력을 키워 온 자들도 있었다. 가장 두드러진 사례는 빅토르 메드베드추크로, 그는 그 몇 년 동안 자신의 미디어 제국을 크게 확장시킬 수 있었다. 2021년 초 젤렌스키와 그의 정당은 지지율이 크게 감소했다.

한편, 젤렌스키에게서 양보를 얻어 낼 수 있겠다는 기대를 품은 러시아 정부는 민스크협정이 이행되지 않고 있는 것에 갈수록 실망하고 있다고 하면서, 그 협정에 따라 도네츠크와 루한스크를 우크라이나로 다시 통합하되 특별 자치 지역 지위를 부여하라고 젤렌스키를 압박했다. 젤렌스키는 압박에 순순히 굴복하려 하지 않았지만, 야당들의 유력한 대권 주자들은 러시아 정부가 보기에 말을 더 안 들을 자들이었다.[58] 게다가 2021년 초 바이든이 미국 대통령으로 취임하면서 우크라이나에 대한 개혁 압력이 커질 것이라는 전망이 제기됐다. 실제로 젤렌스키는 특정 올리가르히, 특히 미국 정부가 문제시한 올리가르히를 겨냥한 조처들을 도입했다. 메드베드추크나 이고르 콜로모이스키가 그런 대상자였다(콜로모이스키는 젤렌스키가 출연한 시트콤을 방송한 '1+1 미디어 그룹'의 소유자다).[59]

바로 이런 맥락에서 러시아가 2021년 봄부터 우크라이나 국경 주변에 대군을 결집시키고, 러시아의 안보 이익을 존중하라고 미국 정부에 요구하기 시작한 것이다. 미군의 아프가니스탄 철군을 결정한 이후 통솔력이 흔들린 바이든은 푸틴을 자극해 푸틴이 엄포만 놓고 물러가는 모양새를 만들어 정치 판세를 다시 뒤집으려 했지만, 그럼으로써 상승의 소용돌이만 일으켰다.

러시아 정부는 과거에 조지아 등지에서 보인 패턴을 그대로 따라, 우크라이나의 두 분리 독립 지역을 공식 인정한 뒤 우크라이나를 침공했다.

침공에 대한 대응

젤렌스키의 대응은 서방을 충돌에 끌어들이는 것이었다. 이 요구는 유럽연합과 나토에 편입된 중부·동부 유럽 국가들 사이에서 가장 큰 호응을 얻었다. 바이든은 직접 개입에 관해서는 말을 아꼈고,

프랑스와 독일은 더 그랬다. 우크라이나 영공을 [러시아 항공기] 비행 금지 구역으로 설정하라는 젤렌스키 등의 요구는 현재까지는 받아들여지지 않고 있다. 그런 조처는 재앙을 낳을 것이다. 거의 필연적으로 나토군과 러시아군이 직접 맞붙게 될 것이기 때문이다. 미국은 폴란드가 보유한 미그-29 전투기를 미국에 넘긴 뒤 다시 우크라이나로 넘기자는 폴란드의 계획도 거부했다. 미국 국방부 대변인은 다음과 같이 논평했다. "'미국 정부가 관할하는' 전투기가 독일에 있는 미군 기지에서 이륙해 러시아와 분쟁 중인 우크라이나 상공으로 비행한다는 전망은 나토 동맹 전체에서 심각한 우려를 자아내고 있다."[60]

그러나 서방은 다른 두 가지 방식으로 충돌을 키워 왔다. 첫째는 간접적 군사 지원이다. 예컨대 3월에 미국 국회는 35억 달러어치의 군수물자 지원 계획과, 유럽의 동맹국에 미군을 배치하고 정보 지원을 제공하는 30억 달러어치의 계획 등을 승인했다. 그리고 무기 지원으로는 표적과 부딪히면 폭발하는 휴대용 드론, 스팅어 지대공미사일, 재블린 대전차미사일, 패트리어트 미사일 방공 체계 등을 제공했다. 독일은 분쟁 지역에 무기를 보내지 않는다는 전통적 정책을 뒤집었다. 사민당 소속으로 독일의 새 총리가 된 올라프 숄츠는 독일군을 혁신하는 데 1000억 유로를 쓰고 국방비를 국내총생산의 2퍼센트 이상으로 늘리겠다고 밝혔다.

둘째는 광범한 제재다. 푸틴과 연계된 올리가르히를 겨냥한 것이라면서 시작된 제재는 며칠 만에 러시아 경제 전반에 대한 폭넓은 공격으로 발전했다. 그 일환으로 미국은 유럽에서 제기된 일부 이견을 거슬러 많은 러시아 은행들을 국제은행간통신협회(스위프트,

SWIFT) 국제 결제망에서 차단해 해외 금융거래를 훨씬 어렵게 만들었다. 그 후에는 미국·유럽연합·일본·스위스가 공조해 러시아중앙은행의 해외 자산을 동결하고 그 은행과의 거래를 금지하는 훨씬 강력한 조처를 시행했다.[61] [영국의 경제학자] 제임스 미드웨이가 지적하듯이 이는 최근 몇 년간 중앙은행들이 무기처럼 쓰여 왔다는 사실을 보여 준다. 2010년대 초 유럽 국가 부채 위기 때 유럽중앙은행이 아일랜드와 그리스에서 유럽연합의 구제금융 프로그램을 관철시킨 것도 정확히 그런 사례다.[62]

이런 움직임에 반대해야 한다. 서방이 러시아를 상대로 벌이는 경제 전쟁을 군사적 대결과 완전히 별개인 것으로 보면 경제적 갈등과 군사적 갈등의 결합을 기초로 한 제국주의의 논리를 깡그리 무시하게 된다. 그러나 푸틴은 이 제국주의의 논리를 분명하게 보여 줬다. 전장에서의 진척이 더딘 것에 실망한 푸틴은 서방의 행보에 대응해 러시아의 핵전력 경계 태세를 높였다. 이런 쌍방의 조처들은 핵무기를 보유한 강대국들 사이에서 '상승의 소용돌이'를 일으키는 데 일조하고 있다. 이런 상황에서 좌파는 충돌 완화를 추구해야 한다.[63] 게다가 제재는 무릇 대상을 가리지 않는 법이기 때문에, 루블화를 붕괴시키고 러시아 경제의 대규모 후퇴를 초래하면서 수많은 평범한 사람들에게도 엄청난 고통을 줄 것이다. 또, 역사를 보면 제재가 제재 대상국의 급속한 정책 변화를 이끌어 낼 수 있다는 증거는 거의 없다. 북한과 이란의 사례를 보라.[64]

서방을 벗어나면 전쟁에 대한 반응은 엇갈린다. 모든 서방 언론들이 일제히 러시아를 비난하면서 호도되는 사실이다. 예를 들어 역사적으로 미국의 핵심 동맹국인 사우디아라비아는 러시아를 규탄하는 데 동참하지 않았다. 어떤 면에서 이것은 미국이 석유 수출에서 사우디아바리아의 경쟁자로 부상하고, 그와 나란히 사우디아라비아와 러시아가 오펙플러스OPEC+를 통해 고유가를 유지하기 위한 협력을 늘려 온 결과다.[65] 또, 사우디아라비아 정부에 비판적인 언론인 자말 카슈끄지의 살해를 둘러싸고 미국과 사우디아라비아의 관계에 긴장이 빚어진 것, 예멘에서 사우디아라비아가 지원하는 세력을 미국이 전폭 지원하지 않는 것이 반영된 일이기도 하다. 마찬가지로 아랍에미리트도 유엔안전보장이사회에서 러시아의 철군을 요구하는 결의안에 기권했다.

남아프리카공화국과 인도 등도 서방의 이구동성 러시아 규탄에 동참하지 않았다. 사실 인도와 러시아의 관계는 냉전 시기로까지 거슬러 올라가며, 인도는 이웃한 경쟁국 중국과 러시아의 동맹이 깊어지는 것을 우려한다. 그래서 인도는 러시아 규탄에 동참하지 않는 것에 그치지 않고 한 발짝 더 나아갔다. 인도중앙은행은 대對러시아 제재를 우회하는 '루피화-루블화 무역협정'을 맺기 위한 협상을 하고 있다. 이는 과거에 대이란 제재를 우회해 이란산 석유를 구입했던 것과 비슷한 방식이다.[66]

그러나 가장 결정적일지도 모르는 것은 바로 중국의 역할이다. 침공 전까지 러시아와 중국은 거리를 좁혀 왔다. 2월에는 공동성명을 발표해 양국의 우정에는 "한계가 없다"며 두 나라의 "협력에 '사각지대'는 없다"고 선언했다.[67] 그런데 이 우정 관계에서 연장자 노릇을 하는 쪽은 중국이다. 이제 중국은 경제적 비중이나 군비 지출 면

에서 러시아를 훨씬 앞선다(그림 1과 2). 앞서 말했듯이 미·중 관계
는 상호 의존적이기도 하고 상호 적대적이기도 하다. 중국은 자신이
나토의 약화를 더 바라는지, 아니면 여전히 달러와 서방의 중앙은
행들이 크게 좌우하는 서방 시장과 국제 금융 체계로의 접근을 유
지하기를 더 바라는지 저울질을 해야 하게 될 것이다. 이 글을 쓰는
시점까지 중국은 나토의 확장이 전쟁을 촉발했다고 비판하면서도
유엔안전보장이사회 표결에서는 러시아를 공공연히 지지하지 않고
기권했다. 미국의 정책은 러시아의 경제·무기 지원 호소에 중국이
응하지 못하게 차단하는 것이었다. 실제로 바이든은 중국 국가 주석
시진핑과 통화하며 "중국이 러시아에 물질적 지원을 제공하려면 감
수해야 할" 일련의 "결과와 대가"를 얘기했다.[68]

마이크 데이비스가 지적했듯이 이 일은 금세 진보 겉치레가 벗겨
진 바이든 정부의 성격에 관해 시사하는 바가 있다.

민주당 내 클린턴-오바마 일파를 지도한다는 모든 싱크탱크와 천재적
인 사상가들은 그들대로 크렘린에 있는 점쟁이들과 마찬가지로 파충
류의 뇌가 달려 있다. 그들은 핵탄두를 장착한 미사일을 겨누며 러시아
와 중국과 경쟁하는 것 말고는 미국 패권의 쇠락을 이해할 다른 지적
인 틀을 전혀 상상하지 못한다. … 결국 바이든은 우리가 우려했던 힐
러리와 별반 다르지 않게 전쟁에 미친 권력자인 것으로 드러났다. 지금
은 동유럽이 시선을 빼앗고 있지만, 바이든의 굳은 결심이 흑해보다 훨
씬 위험한 남중국해에서 대결을 추구하는 것임을 과연 누가 의심할 수
있겠는가?[69]

사회적 파장

데이비스의 지적이 보여 주듯이 러시아의 침공으로 제기되는 문제들은 그 주변 지역에서 즉각 발생할 지정학적 결과에 그치지 않는다. 전쟁을 비판하는 급진 좌파들은 흔히, 군사개입에는 사회적 결과가 따르며 그중 하나가 전쟁 당사국 국내에서 계급 적대가 서서히 가열되는 것이라고 주장해 왔다. 그런데 이번 전쟁의 사회적 파장은 다른 전쟁들보다 훨씬 즉각적이다.

영국 등의 경제들은 수십 년 이래 가장 급격한 인플레이션을 이 전쟁 전에 이미 겪고 있었다. 물가를 이렇게 끌어올린 것은 대체로 식품 가격과 에너지 가격의 상승이었다.[70] 그런데 이제 석유와 가스 가격이 더 급등했고 그 결과 스태그플레이션(물가 상승과 산출의 급감이 결합되는 것)의 위험이 커졌다. 골드만삭스의 한 경제학자에 따르면, 유럽연합이 러시아산 에너지 수입을 전면 금지하면 유럽연합의 생산이 2.2퍼센트[포인트] 감소할 것이다. 이는 유로존 전반의 경기후퇴를 촉발하기에 충분한 규모다. 영국 재무부 장관 리시 수낙은 훨씬 더 큰 충격을 예상한다면서 영국 경제가 3퍼센트 수축할 것이라고 동료들에게 알렸다.[71]

그에 못지않게 경악스러운 일은 유럽 국가들이 러시아산 에너지에 대한 의존을 줄인다면서 뻔뻔하게도 재빠르게 다른 화석 연료를 대체제로 거론한다는 사실이다. 영국 총리 보리스 존슨은 프래킹[수압 파쇄로 석유·가스를 시추하는 것]을 다시 쟁점화하며, 프래킹을 중단하겠다던 2019년 11월의 선언을 뒤집으려고 하고 있다. 영국 정부 정책의 또 다른 노선은 사우디아라비아의 [유력자] 무함마드 빈살만 왕세자와 친분을 다지는 것으로 보인다. 존슨은 사우디아라비아에서 81명에 대한 사형 집행이 이뤄진 직후에 사우디아라비아로 날아가 빈살만과 회담을 했으며, 존슨이 사우디아라비아 수도 리야드에 있는 동안에도 3명이 더 사형 집행을 당했다.[72] 존슨은 러시아의 우크라이나 침공과 사우디아라비아가 주도한 예멘 폭격의 유사성을 시사할 수도 있는 질문에는 모두 답변을 피했다. 예멘에서는 사우디아라비아 주도의 폭격으로 최소 1만 5000명의 민간인이 사망한 것으로 추정된다.

예멘은 식품 가격 상승과 우크라이나 전쟁으로 인한 밀 수입 차질과 식량 가격 인상으로 또 다른 끔찍한 고통이 가중될 여러 나라 가운데 하나이기도 하다.[73] 이것은 우크라이나 전쟁이 낳을 식량 공급 차질의 한 결과일 뿐이다. 세계 밀 수출량의 3분의 1이 우크라이나산과 러시아산 밀이며, 유엔 세계식량계획이 제공하는 곡물의 거의 절반도 여기에서 온다. 식량 공급 차질은 이미 기근 직전에 처한 전 세계 4400만 명에게 타격을 줄 가능성이 높다.[74] 더 나아가 밀 수입에 의존하는 이집트·인도네시아·모로코·파키스탄·튀니지 같은 나라에서도 식품 가격이 급등할 것이다.

전쟁을 멈추기

좌파는 이 모든 것에 어떻게 대응해야 하는가? 영국과 같은 [서방] 국가들에서는 주류 정치권 전체가 일치단결해서 러시아를 규탄할 뿐만 아니라, 이번 충돌을 낳는 데서 나토·유럽연합이 한 구실을 비판하는 모든 목소리를 입막음하려 해 왔다. [영국] 전쟁저지연합 같은 단체들을 거세게 비난하는 것도 그런 시도의 일부였다. 전쟁저지연합은 2001년에 출범해서 [미국이 벌인] 아프가니스탄 전쟁과 이라크 전쟁에 반대했던 단체이고, 이번에는 러시아의 우크라이나 침공도, 그에 앞서 진행된 나토의 확장도 모두 규탄했다.[75]

영국 노동당도 전쟁저지연합 등을 맹렬하게 비난했는데, 이는 당 대표 키어 스타머가 전임 당 대표 제러미 코빈의 유산을 얼마나 지워 버리고 싶어 하는지를 보여 준다. 코빈이 크게 부상했던 데는 그의 전쟁저지연합 활동 이력도 한몫했기 때문이다. 이번 우크라이나 전쟁에 관한 전쟁저지연합의 성명에는 불과 11명의 노동당 의원이 이름을 올렸고, 그나마도 스타머의 압력에 굴복해 전부 연명을 철회했다. 다이앤 애벗이나 존 맥도넬 같은 저명한 좌파 의원도 예외가 아니었다. 이것은 매우 우려스러운 징후다. 또, 의회 바깥에서 활기 넘치는 국제주의 좌파를 건설하는 것보다 노동당의 단결을 지키는 것을 우선시하는 사람들이 현재 얼마나 무능한지도 잘 보여 준다.

아프가니스탄 전쟁과 이라크 전쟁 때보다 반전운동의 지지 기반이 비교적 좁아졌다는 이유로 저항을 포기해서는 안 된다. 현재로서는 이 충돌이 얼마나 길어지고 커질지 알기 어렵다. 휴전이 성사된다 해도 미국 패권의 점진적 약화는 오늘날 자본주의가 직면한 다중 위기와 맞물려 또 다른 제국주의 간 충돌을 낳을 것이 틀림없다. 이런 맥락 속에서 우리는 제1차세계대전이 발발한 직후에 혁명적 좌파들이 지금보다 훨씬 더 고립돼 있었다는 사실을 기억해야 한다.

당시 주요 사회민주주의 정당들은 자국 지배계급을 지지하라는 거센 압력에 휩쓸려 버렸다. 트로츠키는 전쟁에 반대해 1915년에 처음 개최된 치머발트 반전 회의의 규모가 얼마나 작았는지 다음과 같이 회고했다. "대표단은 제1인터내셔널이 설립된 지 반세기나 지났는데 아직도 마차 네 대로 모든 국제주의자들을 다 태울 수 있다고 자기들끼리 농담을 했다."[76] 그러나 그 3년 후, 전쟁에 대한 혐오감과 깊어 가던 계급 적대는 러시아, 독일, 오스트리아·헝가리제국에서 혁명을 추동했고, 그 혁명들은 전쟁을 끝내 버렸다.

트로츠키와 레닌과 그들의 동료 사상가들이 제1차세계대전 때 취한 태도는 여러 면에서 본보기가 된다. 그들은 그 전쟁이 제국주의 간 충돌이며 자본주의 강대국들이 나머지 세계를 약탈하고 착취하기 위해 벌이는 경쟁이라고 이해했다. 동시에 그들은 독일의 혁명가 카를 리프크네히트의 말을 빌리면 "주적은 국내에 있다"고 강조했다.[77] 사회주의자들이 해야 할 일은 자국 지배계급에 맞서는 데 에너지와 행동을 집중하는 것이었다. 그리고 국제적으로 같은 일을 하고 있는 사람들에게 연대하는 것이었다.

따라서 우리는 서방 국가에서 벌어지는 저항에서도 러시아 내에서 벌어지는 저항에서도 용기를 얻어야 한다. 러시아에서는 3월 중순까지 약 1만 4000명이 체포됐는데, 이 수는 푸틴 치하 러시아에서 벌어지는 탄압 수준이 강하다는 사실은 물론 시위 자체의 규모가 컸다는 사실도 보여 준다. 전쟁 초기에 러시아에서 전쟁 반대가 다수의 정서였던 것은 아니다. 2월에 침공에 대한 지지율은 60퍼센트 정도였던 듯하다.[78] 게다가 푸틴은 높은 지지율을 유지했다. 그러나 공식 수치조차 지금 전쟁이 체첸 전쟁이나 크림반도 병합 때만큼의 지지를 받지 못한다는 것을 시사한다.[79] 반전 정서는 젊은 층에서, 인구가 100만 명 이상인 도시에 사는 사람들 사이에서, 지난해에 경제적 지위가 나빠진 사람들 사이에서 가장 강하다는 증거들도 있다. 이런 상황 때문에 노동계급의 적어도 일부 사이에서 반전운동이 영향력을 얻게 될 수도 있다.

우크라이나 현지에서 일어나는 일에도 많은 것이 달려 있을 것이다. 우리는 러시아를 상대로 대리전을 벌이기 위한 서방의 무기 지원을 요구할 것이 아니라, 점령에 맞선 대중 행동의 사례들을 찬양해야 한다. 2000명이 모여 러시아군에게 "집으로 돌아가라"고 외친 우크라이나 남부 헤르손에서 일어난 시위가 그런 사례의 하나다.[80] 러시아군의 사상자 수와 가시적으로도 드러나는 러시아 병사들의 사기 저하를 고려할 때 그런 저항은 사태에 영향을 줄 수 있다.

궁극적으로는 키예프든, 모스크바든, 런던이든, 베를린이든, 워싱턴이든 노동계급 사람들을 중심으로 한 아래로부터의 운동을 통해 우리는 전쟁 몰이에 가장 잘 맞서고 제국주의 간 충돌의 논리를 약화시킬 수 있다.

출처: Joseph Choonara, "The devastation of Ukraine: NATO, Russia and imperialism", *International Socialism* 174(29 March 2022).

후주

1 초고를 읽고 논평해 준 알렉스 캘리니코스, 리처드 도넬리, 롭 퍼거슨, 토마시 텡글리-에번스에 감사한다.

2 Henley and Koshiw, 2022.

3 *Monthly Review*, 2022. 이런 견해를 지지하는 다른 단체로는 영국의 소규모 트로츠키주의 단체인 '사회주의 행동'(Socialist Action) 등이 있다. Evans, 2022를 참조.

4 Mason, 2022.

5 Achcar, 2022a and 2022b.

6 이 분석은 Callinicos, 2009에서 가져온 것이다.

7 Cliff, 1974; Binns, 1983; Tengely-Evans, 2022.

8 Callinicos, 2009, pp169-178.

9 Callinicos, 2009, pp175-176.

10 마이클 키드런의 "상시 군비 경제" 개념에 관해서는 Choonara, 2021를 참조.

11 연설 전문은 www.nytimes.com/1991/01/30/us/state-union-transcript-president-s-state-union-message-nation.html에 있다.

12 Department of Defense, 2020.

13 이에 관한 분석은 Budd, 2021를 참조.

14 아류 제국주의는 자본주의 체제의 역사적 중심부 바깥에서 성장한 강국으로 이해하는 것이 가장 적절하다. 그런 국가들은 자본 축적의 중심으로 발전해 주요 제국주의 열강처럼, 그러나 그런 열강과 달리 지역적 수준에서 자신의 힘을 사용하려 한다.

15 Alexander, 2018.

16 Rose, 2014.

17 Trotsky, 1974, p302. 푸틴은 침공 전날 바로 이런 관점을 비난함으로써 그 가치를 잘 보여 줬다. "볼셰비키의 정책 때문에 소비에트 우크라이나가 생겨난 것이다. 그래서 오늘날에도 그곳을 '블라디미르 일리치 레닌의 우크라이나'라고 부를 만한 것이다. … 그리고 이를 고마워하는 후손들이 레닌의 동상들을 때려 부쉈다." www.reuters.com/world/europe/extracts-putins-speech-ukraine-2022-02-21

18 스탈린주의에 관한 일반적인 논의는 Tengely-Evans, 2022를 참조.

19 Trotsky, 1974, p303.

20 우크라이나를 "탈나치화"한다는 푸틴의 주장은 침공을 위한 핑계에 지나지 않지만, 반데라에 대한 공식적인 미화는 푸틴의 명분에 힘을 실어 주고, 우크라이나 내에 있는 실제 파시스트 조직들을 고무한다.

21 Snyder, 2022.

22 Weber, 2021, p4. "브레턴우즈 기구"는 세계은행과 국제통화기금을 말한다.

23 전환 이전에는 상당한 규모의 러시아 "마피아"가 비공식(대체로 불법) 시장 경제에 참여했다. 이 경제는 소련 국내총생산의 4분의 1을 차지했을 것으로 보인다. Haynes and Husan, 2003, p125.

24 Haynes and Husan, 2003, p133.

25 벨라루스처럼 중앙집권적 통제를 상당 수준 유지한 일부 예외도 있다. Tengely-Evans, 2021를 참조.

26 러시아 올리가르히가 부정하게 취한 이득을 세탁하는 데서 런던이 일정한 구실을 하기 시작한 것은 바로 이 시기로 거슬러 올라간다.

27 Haynes and Glatter, 1998.

28 Carpenter, 2022.

29 구체적으로 말하면, 1990년 2월 미국 국무부 장관 제임스 베이커가 고르바초프에게 나토가 "현 위치에서 단 한 뼘도 동쪽으로 이동하지 않는 데" 미국이 동의한다면 동독에 대한 통제권을 포기하겠냐고 물었다. Sarotte, 2021, p1.

30 체첸인들은 인구시인들과 함께 스탈린에 의해 강제 이주된 민족의 하나로, 제2차 세계대전 종전 직후 50만 명이 카자흐스탄으로 강제 이주됐다. 많은 수가 이주지에서 태어났다. Ferguson, 2000, p56 참조.

31 Ferguson, 2000, p62.

32 Haynes, 2002, p209.

33 체첸 게릴라와 이슬람주의 세력들은 1999년에 인접 지역인 다게스탄으로 반란을 확산시키려 했으나 실패했다. 그 과정에서 여러 차례 테러 공격이 있었는데, 러시아 정부가 침공의 명분을 마련하기 위해 이를 묵인했다는 일각의 오랜 주장도 있다. Haynes and Husan, 2003, p197 참조.

34 Haynes and Husan, 2003, p198.

35 Hopkins, 2000. 2001년 9·11 공격 이후 [서방에서] 이슬람 혐오가 부추겨진 상황에서, 푸틴도 "테러와의 전쟁"이라는 말을 똑같이 동원해서 자신이 체첸에서 벌인 일을 정당화할 수 있었다.

36 Haynes, 2007.

37 Yurchenko, 2018, pp17-18 참조. 2001년 인구 조사에 따르면 17퍼센트가 조금

넘는 인구가 러시아계로 분류됐다. 그러나 러시아어를 모국어로 쓰는 사람은 약 30퍼센트였다.

38 Ferguson, 2022.

39 Yurchenko, 2018, p15.

40 Plavšić, 2005, p27.

41 Yurchenko, 2018, p90.

42 Plavšić, 2005, pp26-27.

43 Yurchenko, 2018, pp133-134.

44 www.NATO.int/cps/en/NATOlive/official_texts_8443.htm [대체 링크: http://web.archive.org/web/20090509163357/www.NATO.int/cps/en/NATOlive/official_texts_8443.htm]

45 야누코비치는 티모셴코가 두 차례 총리직을 역임한 사이 기간에 잠깐 유셴코하에서 총리를 지냈다.

46 Callinicos, 2010, p97.

47 Krushelnycky, 2013.

48 Ferguson, 2014, pp78-79.

49 Ferguson, 2014, p79.

50 Yurchenko, 2018, pp171-172.

51 Ferguson, 2014, p86.

52 2014년에 실시된 설문 조사에 따르면 돈바스 주민 가운데 우크라이나에 속한 채로 자치를 선호하는 사람은 23퍼센트, 독립을 선호하는 사람은 8퍼센트, 러시아에 편입되는 것을 선호하는 사람은 23퍼센트였다. Yurchenko, 2018, p178.

53 Yurchenko, 2018, p179; Ferguson, 2014, pp85-86. 극우 단체인 아조우 연대에 관해서는 Ord, 2022 참조.

54 Ishchenko and Yurchenko, 2019.

55 https://crsreports.congress.gov/product/pdf/IF/IF12040

56 Olearchyk and Seddon, 2019.

57 Wilson, 2021.

58 Crisis Group, 2021.

59 Wilson, 2021.

60 LeBlanc, 2022.

61 Leusder, 2022.

62 Meadway, 2022.

63 Tooze, 2022.

64 Cohen, 2022.

65 오펙플러스는 오펙 회원국 13개국과 오펙 회원국이 아닌 산유국 10개국으로 이뤄져 있다.

66 Cornish, 2022.

67 여기에는 에너지라는 중요 분야에서의 협력도 포함된다. 2021년[2019년의 잘못인 듯하다] 이래 주요 가스관을 통해 러시아산 가스가 중국으로 수송되고 있고, 현재 유럽연합 시장에 가스를 공급 중인 가스전에서 중국에 이르는 새로운 가스관을 추가 건설하는 계획이 승인됐다.

68 Politi and others, 2022.

69 Davis, 2022.

70 Choonara, 2022.

71 Giles and Arnold, 2022.

72 Casalicchio and Gallardo, 2022.

73 True, 2022.

74 World Food Programe, 2022.

75 예를 들어 German, 2022 참조.

76 Trotsky, 1975.

77 그런 정신에 입각한 국제사회주의경향(IST)의 다음 성명서를 참조. https://inter-nationalsocialists.org/announcements/ist-statement-on-the-war-in-ukraine

78 Kizlova and Norris, 2022.

79 Parker, 2022.

80 다음 영상 참조. www.youtube.com/watch?v=_fZG7uFRPiE

참고 문헌

Achcar, Gilbert, 2022a, "A Memorandum on the Radical Anti-imperialist Position Regarding the War in Ukraine", International Viewpoint (28 February), https://internationalviewpoint.org/spip.php?article7540

Achcar, Gilbert, 2022b, "Six FAQs on Anti-imperialism Today and the War in Ukraine", International Viewpoint (21 March), https://internationalviewpoint.org/spip.php?article7571

Alexander, Anne, 2018, "The Contemporary Dynamics of Imperialism in the Middle East: A Preliminary Analysis", International Socialism 159 (summer), http://isj.org.uk/contemporary-dynamics-of-imperialism

Binns, Peter, 1983, "Understanding the New Cold War", International Socialism 19 (spring), www.marxists.org/history/etol/writers/binns/1983/xx/newcoldwar.html

Budd, Adrian, 2021, "China and Imperialism in the 21st Century", International Socialism 170 (spring), http://isj.org.uk/china-imperialism-21

Callinicos, Alex, 2009, Imperialism and Global Political Economy (Polity).[국역: 《제국주의와 국제 정치 경제》, 책갈피, 2011]

Callinicos, Alex, 2010, Bonfire of Illusions: The Twin Crises of the Liberal World (Polity). [국역: 《무너지는 환상》, 책갈피, 2010]

Carpenter, Ted Galen, 2022, "Many Predicted Nato Expansion Would Lead to War. Those Warnings Were Ignored", Guardian (28 February), www.theguardian.com/commentisfree/2022/feb/28/nato-expansion-war-russia-ukraine

Casalicchio, Emilio, and Cristina Gallardo, 2022, "Boris Johnson's Saudi Bromance", Politico (19 March).

Choonara, Joseph, 2021, "The Monetary and the Military: Revisiting Kidron's

Permanent Arms Economy", *International Socialism* 171 (summer), http://isj.org.uk/kidron-pae

Choonara, Joseph, 2022, "Uncertain Future: Workers in the Pandemic", *International Socialism* 173 (winter), https://isj.org.uk/uncertain-futures

Cliff, Tony, 1974, State Capitalism in Russia (Pluto), www.marxists.org/archive/cliff/works/1955/statecap/index.htm [국역: 《소련은 과연 사회주의였는가?: 국가 자본주의론의 분석》, 책갈피, 2011]

Cohen, Ariel, 2022, "Can Energy Exports Save The Russian War Machine Facing Western Sanctions?", *Forbes* (18 March), www.forbes.com/sites/arielcohen/2022/03/18/can-energy-exports-save-the-russian-war-machine-facing-western-sanctions

Cornish, Chloe, 2022, "India Explores 'Rupee-rouble' Exchange Scheme to Beat Russia Sanctions", *Financial Times* (17 March).

Crisis Group, 2021, "Responding to Russia's New Military Buildup Near Ukraine: Europe Briefing 92" (8 December), www.crisisgroup.org/europe-central-asia/eastern-europe/ukraine/b092-responding-russias-new-military-buildup-near-ukraine

Davis, Mike, 2022, "Thanatos Triumphant", Sidecar (7 March), https://newleftreview.org/sidecar/posts/thanatos-triumphant

Department of Defense, 2020, "Military and Security Developments involving the People's Republic of China: 2020 Annual Report", US Department of Defence, https://media.defense.gov/2020/Sep/01/2002488689/-1/-1/1/2020-dod-china-military-power-report-final.pdf

Evans, Leslie, 2022, "How World Progressive Forces Have Reacted to War in Ukraine", Socialist Action (16 March), www.socialistaction.net/2022/03/16/how-world-progressive-forces-have-reacted-to-war-in-ukraine

Ferguson, Rob, 2014, "Ukraine: Imperialism, War and the Left", *International Socialism* 144 (autumn), http://isj.org.uk/ukraine-imperialism-war-and-the-left

Ferguson, Rob, 2000, "Chechnya: The Empire Strikes Back", *International Socialism* 86 (spring), www.marxists.org/history/etol/newspape/isj2/2000/isj2-086/ferguson.htm

Ferguson, Rob, 2022, "Ukraine—the Shadow of 2014 on Today's war", *Socialist Worker* (12 March), https://socialistworker.co.uk/features/ukraine-the-shadow-of-2014-on-todays-war [국역: "우크라이나 전쟁에 드리운 2014년의 그림자", 〈노동자 연대〉 408호, https://wspaper.org/article/27536]

German, Lindsey, 2022, "We at Stop the War Condemn the Invasion of Ukraine, and Warmongers on All Sides", *Guardian* (4 March), www.theguardian.com/commentisfree/2022/mar/04/stop-the-war-condemn-invasion-ukraine-warmongers

Giles, Chris, and Martin Arnold, 2022, "The Global Economy's Growing Risks: Stagflation, Refugees and Lockdowns", *Financial Times* (18 March).

Haynes, Mike, 2002, *Russia: Class and Power 1917-2000* (Bookmarks). [국역: 《다시 보는 러시아 현대사: 혁명부터 스탈린 체제를 거쳐 푸틴까지》, 책갈피, 2021]

Haynes, Mike, 2007, "The Uncertain Return of Russian Power", *International Socialism* 116 (autumn), www.marxists.org/history/etol/writers/haynes/2007/xx/russpower.html

Haynes, Mike, and Pete Glatter, 1998, "The Russian Catastrophe", *International Socialism* 81 (winter), www.marxists.org/history/etol/writers/glatter/1998/xx/catastrophe.html

Haynes, Mike, and Rumy Husan, 2003, *A Century of State Murder? Death and Policy in Twentieth-Century Russia* (Pluto).

Henley, Jon, and Isobel Koshiw, 2022, "Ukraine Rejects Moscow's Mariupol Ultimatum as Airstrikes Hit Odesa and Kyiv", *Guardian* (21 March), www.theguardian.com/world/2022/mar/21/ukraine-rejects-moscow-mariupol-ultimatum-as-airstrikes-hit-odesa-and-kyiv

Hopkins, Nick, 2000, "Blair Defends 'Reformer' Putin's Visit to No 10", *Guardian* (17 April), www.theguardian.com/world/2000/apr/17/russia.nickhopkins

Ishchenko, Volodymyr, and Yuliya Yurchenko, 2019, "Ukrainian Capitalism and Inter-imperialist Rivalry", in Immanuel Ness and Zak Cope, *The Palgrave Encyclopedia of Imperialism and Anti-imperialism* (Palgrave).

Kizlova, Kseniya, and Pippa Norris, 2022, "What do Ordinary Russians Really Think About the War in Ukraine?", LSE blog (17 March), https://blogs.lse.ac.uk/europpblog/2022/03/17/what-do-ordinary-russians-really-think-about-the-war-in-ukraine

Krushelnycky, Askold, 2013, "The End of Ukraine's Balancing Act", *Foreign Policy* (6 February).

LeBlanc, Paul, 2022, "Ukraine Has Requested Military Aid. Here's How Allies Are Providing Assistance", CNN (18 March).

Leusder, Dominik, 2022, "Strangling Russia's Economy Won't End Putin's War— But Could Be Disastrous for Civilians", *Jacobin* (2 March), https://jacobinmag. com/2022/03/putin-ukraine-russia-sanctions-us-eu-economy

Mason, Paul, 2022, "Learning to Say 'Goodbye Lenin'" (20 February), https:// paulmasonnews.medium.com/learning-to-say-goodbye-lenin-f5f520f0aaef

Meadway, James, 2022, "Central Banks as Weapons: How the West Learned from the Eurozone Crisis", Substack (28 February), https://jamesmeadway.substack. com/p/central-banks-as-weapons-how-the

Monthly Review, 2022, "Notes from the Editors", volume 73, number 11 (April), https://monthlyreview.org/2022/03/07/mr-073-11-2022-04_0

Olearchyk, Roman, and Max Seddon, 2019, "Poroshenko Leaves Mixed Legacy as He Hands Over Power in Ukraine", *Financial Times* (April 24).

Ord, Sam, 2022, "Azov, the Far Right and 'National Myths' in Ukraine", *Socialist Worker* (20 March), https://socialistworker.co.uk/comment/azov-the-far-right-and-national-myths-in-ukraine [국역: "우크라이나: 아조프 연대, 극우, 우크라이나의 '민족 신화'", 〈노동자 연대〉 409호, https://wspaper.org/article/27557]

Parker, Claire, 2022, "58 Percent of Russians Support the Invasion of Ukraine, and 23 percent Oppose it, New Poll Shows", *Washington Post* (8 March).

Plavšić, Dragan, 2005, "Manufactured Revolutions?", *International Socialism* 107 (summer), www.marxists.org/history/etol/newspape/isj2/2005/isj2-107/plavsic. html

Politi, James, Demetri Sevastopulo, John Reed, Max Seddon and Edward White, 2022, "Biden and Xi Fail to Bridge Differences over Ukraine war", *Financial Times* (19 March).

Rose, John, 2014, "Ukraine and the Bolsheviks", *International Socialism* 143 (summer), http://isj.org.uk/ukraine-and-the-bolsheviks

Sarotte, Mary Elise, 2021, *Not One Inch: America, Russia, and the Making of Post-Cold War Stalemate* (Yale).

Snyder, Timothy, 2022, "Putin's Denial of Ukrainian Statehood Carries Dark Historical Echoes", *Financial Times* (23 February).

Tengely-Evans, Tomáš, 2021, "Belarus: Revolt in the Shadow of Stalinism", *International Socialism* 169 (winter), http://isj.org.uk/belarus-revolt

Tengely-Evans, Tomáš, 2022, "Stalinism's Long Shadow", *International Socialism* 173 (winter), http://isj.org.uk/shadow-stalinism [국역: "스탈린주의의 기다란 그림자", 《마르크스21》 43호]

Tooze, Adam, 2022, "Sanctions and MAD: Will a Financial Panic in Moscow Accelerate the 'Logic' of Escalation?", Substack (27 February), https://adamtooze.substack.com/p/chartbook-88-sanctions-and-mad-will

Trotsky, Leon, 1974, "The Ukrainian Question", in *Writings of Leon Trotsky 1938-39* (Pathfinder).

Trotsky, Leon, 1975, *My Life* (Penguin). [국역: 《나의 생애》, 범우사, 2001]

True, Chris, 2022, "Yemen Braced for Ukraine Wheat Shortage as Donor Pledges Fall Short", Middle East Eye (19 March), https://tinyurl.com/yc6dwrr9

Weber, Isabella, 2021, *How China Escaped Shock Therapy: The Market Reform Debate* (Routledge).

Wilson, Andrew, 2021, "Faltering Fightback: Zelensky's Piecemeal Campaign Against Ukraine's Oligarchs", European Council of Foreign Relations (6 July), https://tinyurl.com/mr3m43ay

World Food Programme, 2022, "Food Security Implications of the Ukraine Conflict", World Food Programme (March), https://docs.wfp.org/api/documents/WFP-0000137463

Yurchenko, Yuliya, 2018, *Ukraine and the Empire of Capital: From Marketisation to Armed Conflict* (Pluto).

러시아·미국·영국 사회주의자들의 토론

좌파는 이 전쟁에 어떻게 대응해야 하는가?

우크라이나 전쟁이 발발한 지 며칠 뒤인 2022년 3월 1일(한국 시각), 영국 사회주의노동자당SWP이 이 전쟁에 어떻게 대응해야 할지 논의하는 온라인 토론회를 열었다. 이 자리에는 영·미 등 서방의 사회주의자들뿐 아니라 러시아 사회주의자도 참석했다.

발제자로 나선 **로잘리**는 러시아의 혁명적 사회주의 단체 '사회주의 경향' 활동가다. **클레어 렘리치**는 미국의 마르크스주의 단체 '마르크스21' 회원이고, 2021년 11월까지 우크라이나에서 지냈다. **알렉스 캘리니코스**는 영국 사회주의노동자당 중앙위원장이자 《제국주의와 국제 정치경제》의 저자다. 사회자 **토마시 텡글리-에번스**는 동유럽 출신 사회주의자로, 영국의 혁명적 좌파 신문 〈소셜리스트 워커〉의 온라인 편집자다.

토마시 텡글리-에번스(이하 토마시): 오늘[현지 시각으로 2월 28일] 아침, 러시아군 차량들이 길게 줄지어 키예프로 진입했습니다. 지난주에 러시아군의 침공이 시작된 이래 며칠 동안 폭격이 벌어지고 미사일이 떨어지고 외곽 지역에서 격렬한 전투가 벌어졌습니다.

오늘 아침 우크라이나 대표단과 러시아 대표단의 협상이 시작됐지만, 협상은 공전할 공산이 큽니다. 우크라이나가 서방과 러시아라는 제국주의 간 경쟁으로 갈가리 찢겨 있기 때문입니다.

이 무자비한 침공에 맞서 좌파는 어떻게 대응하는 것이 최선일까요? 이 문제를 토론하려고 러시아의 사회주의자 로잘리를 초청했습니다. [로잘리가 속한] 러시아 '사회주의 경향'은 러시아의 반전 시위 소식을 보낸 바 있고, 그 소식은 〈소셜리스트 워커〉 웹사이트에서 읽어 보실 수 있습니다. 《제국주의와 국제 정치 경제》의 저자이고, 최근에는 언론인 폴 메이슨과 날카로운 논쟁을 벌인 알렉스 캘리니코스도 이 자리에 모셨습니다. 미국 '마르크스21'의 클레어 렘리치도 이 자리에 함께합니다. 클레어는 얼마 전까지 우크라이나에서 지냈고 동유럽에 관해 꾸준히 글을 써 왔습니다.

우선 로잘리의 말을 들어 보는 것으로 토론을 시작하려 합니다.

러시아 사회주의자가 말한다: "제국주의 전쟁을 계급 전쟁으로"

로잘리: 러시아가 우크라이나를 침공한 지 5일이 지났습니다. 지난 4일 동안 전쟁에 반대하는 활동가들이 거리에 나섰습니다. 경찰은 첫날에만 50개 도시에서 시위대 1800명을 구금했습니다. 그중에는 좌파와 사회운동 활동가가 상당수 있었고, 정치학·사회학·문화 연구자도 있었습니다. 여러 직능 단체가 전쟁에 반대하는 공개 서한을

발표했습니다. 러시아의 철군을 요구하는 청원서가 돌았습니다. 오늘 들려온 소식에 따르면, 문화부 장관은 공개 서한에 연명한 사람들을 해고하라는 방침을 내렸다고 합니다. 이에 맞선 1인 시위들이 내일 준비돼 있습니다.

시위 자체는 자발적이고 사실상 조직돼 있지 않습니다. 사람들은 자기가 사는 도시의 도심이나 광장에 스스로 모여들었습니다. 활동가들, 독립 언론인들, 인권 단체들이 시위 시간을 알렸죠.

3월 6일에 큰 집회가 잡혀 있습니다. 시위가 더 조직적이어야 한다는 목소리가 많아졌습니다. 활동가들은 시위 일정을 알리고 전쟁의 본질을 폭로하는 선전물을 배포했습니다. 이런 전술을 통해 최대한 많은 사람들을 끌어들이고 그들과 상호작용해야 합니다.

지금은 2014년과 중요한 차이가 있습니다. 2014년에는 러시아가 크림반도를 점령하고 우크라이나 동부의 도네츠크·루한스크 지역에 자기가 거느린 무장 집단이 통제하는 이른바 '인민공화국'들을 세웠습니다. 당시 러시아 사회는 러시아 정부의 행보를 대체로 지지했습니다. 역사적으로 전해져 내려온 '크림반도 컨센서스'가 우세했죠. 당시 정부 지지율은 급격하게 올랐습니다.

반면 현재 러시아 사회는 두 진영으로 쪼개졌습니다. 군사작전을 지지하는 쪽과 반대하는 쪽으로요. 두 진영의 수는 대등하지 않고, 안타깝게도 군사작전을 지지하는 수가 더 많습니다. 그러나 보수적인 러시아 사회에서 이것은 커다란 전진입니다. 러시아의 공식 선전을 불신하는 사람들은 거의 모두 우크라이나에서의 군사작전에 반대합니다.

현재 반전 시위에서는 '우크라이나에 평화를', '러시아에 자유를' 같은 자유주의적 어젠다와 추상적인 구호가 지배적입니다. 이런 상황에서 사회주의자들은 저항하는 대중 사이에서 조직적인 캠페인과 선전을 벌여야 합니다. 위기에 연루된 제국주의 국가의 노동계급은 추상적인 평화 구호를 외치는 데에 그쳐서는 안 됩니다. 자국 정부의 패배를 주장하고 "제국주의 전쟁을 계급 전쟁으로" 전환해야 한다고 주장해야 합니다. 이미 시위를 벌이고 있는 사람들 사이에서 활동하는 것만으로 사회주의자들의 과제를 한정해서도 안 됩니다. 어느 편에 설지 아직 고민하고 있는 사람들을 겨냥한 활동도 해야 합니다. 아직 망설이는 노동자들과 학생들 사이에서 이런 활동을 해야 합니다.

국제적인 연대 운동도 건설해야 합니다. 두 제국주의 진영 모두에 타격을 가해야 합니다. 단결되고 조직된 노동계급만이 이를 수행할 수 있습니다. 전쟁이 아니라 계급 전쟁을! 인민들 사이의 전쟁에 반대한다! 계급 사이에 평화란 없다!

감사합니다.

토마시: 감사합니다. 러시아 사회주의자들과 러시아의 반전 시위에 연대를 표합니다.

"우크라이나 상황은 백척간두이지만 고무적인 자기 조직도 있습니다"

토마시: 다음으로 클레어의 말을 들어 보겠습니다. 얼마 전까지 우

크라이나에 계셨다고 하셨죠. 거기 있는 분들과 연락도 하고 있다고 들었습니다. 현재 우크라이나 상황은 어떤가요?

클레어 렘리치(이하 클레어): 네, 저는 지난해 11월까지 우크라이나에 있었습니다. 동유럽 문화사 강의를 하고 있거든요. 오는 7월에도 학생들을 데리고 우크라이나를 방문할 예정이었습니다. 우크라이나의 다민족적·다언어적 역사를 연구하기 위해서였죠. 심지어 2주 전에도 저는 학생들에게 "걱정 마, 7월에는 예정대로 우크라이나에 갈 거야" 하고 말했습니다.

그만큼 지금의 위기는 예상치 못한 일입니다. 아마 대부분 그랬을 겁니다. 저는 그저, 지난 몇 년간 친러 반군이 점령하고 있는 도네츠크·루한스크를 러시아가 점령하며 사태가 질질 끌릴 것이라고 예상했습니다. 우크라이나에서 그곳 상황을 면밀하게 추적해 온 사람들조차 푸틴이 이번 침공에서 보인 대담함에 놀랐을 것입니다.

어쨌든, 저는 이바노프란키우스크라는 작은 도시에 있는 공항을 통해 우크라이나로 입국했습니다. 불과 몇 달 전까지 제가 있었던 그 도시가 지난주 목요일[2월 24일] 포격을 받았습니다.

우크라이나에 있는 제 친구와 동료들은 대부분 우크라이나 서부에 살고 있습니다. 이곳은 키예프나 하리코프(하르키우)처럼 포탄이 떨어지고 있는 우크라이나 중부·동부보다는 안전합니다.

그러나 키예프에도 제 친구가 있습니다. 지난 목요일에 통화한 것이 마지막이었습니다. 그 친구는 휴대폰 배터리가 10퍼센트밖에 남지 않았는데 전력도 없고 도시를 탈출할 수단도 없다고 했습니다. 저는 우크라이나 서부 도시 르비우에 그가 머물 곳을 마련해 뒀지만, 러시아군이 도로와 다리를 폭격하는 바람에 사람들은 도시를 빠져나가는 데 실질적인 어려움을 겪고 있습니다.

민간인 사망자가 수백을 헤아립니다. 사망자가 더 많지 않아 그나마 다행입니다. 그러나 팔레스타인에서 서방이 지원하는 이스라엘의 점령에서도 살아남고 서방과 러시아가 개입한 시리아 내전에서도 살아남은 이 친구가 과연 이번 전쟁에서도 살아남을 수 있을지 심히 걱정됩니다.

벼랑 끝에 두고 온 친구들을 걱정하는 것은 정말 괴로운 일입니다. 동시에 우크라이나인 친구들이 날마다 보내는 소식에 감동하고 감탄하기도 합니다. 제 우크라이나인 친구들은 저마다 사람들을 더 안전한 도시로 데려다주고 재워 주고 필요한 것을 제공해 주느라 밤낮없이 일하고 있습니다. 폭력의 현장에서 빠져나올 수 있게 사람들을 도우려는 진정한 공동체 의식이 느껴집니다.

르비우에 사는 한 친구는 기차역에서 뜬눈으로 밤을 지새웠습니다. 동부에서 벌어진 폭격 때문에 통금령이 내려졌기 때문이죠. 그래서 유럽연합 회원국으로 가는 열차를 타기 위해 얼음장 같은 역사 안에서 밤을 새워야 했습니다. 그러다 결국 폴란드로 가는 데 성공했죠. 그러나 그 친구는 짐을 내려놓자마자 다른 사람들의 안전을 챙기러 우크라이나로 돌아갔습니다.

폴란드에 사는 제 친구들은 그룹 채팅방을 만들어 교통편을 마련하고, 집을 내어 주고, 생필품을 제공했습니다.

이처럼 상황은 백척간두이지만 민간인들을 보호하려는 고무적인 자기 조직도 있습니다.

"서로가 응전을 거듭하며 갈등을 고조시키는 논리가 전개되고 있습니다"

토마시: 감사합니다. 그럼 이제 알렉스 캘리니코스에게 물어보겠습니다. 지금 상황의 위험성은 아무리 강조해도 지나치지 않습니다. 현재 우크라이나에서 충돌을 추동하는 힘은 무엇입니까? 각 진영을 움직이는 동기는 무엇인가요?

알렉스 캘리니코스(이하 알렉스): 질문에 답하기 전에 우선, 러시아 '사회주의 경향' 동지의 말에 정말 깊은 감명을 받았다는 말씀을 드리고 싶습니다. 그들에게, 더 넓게는 러시아의 반전운동에 경의와 연대를 표합니다.

지금 벌어지고 있는 일은 위대한 러시아 혁명가 레닌이 말한 "제국주의 간 충돌"입니다. (말 그대로) 최전선에서는 우크라이나에 대한 러시아의 야만적인 공격이 벌어지고 있지만, 미국도 이 갈등의 중요한 당사자입니다. 며칠 전 윌리엄 풀브라이트의 책 제목이 새삼 떠올랐습니다. 미국의 베트남전쟁에 반대한 미국 정치인인 윌리엄 풀브라이트는 《강대국의 오만》이라는 책을 썼습니다. 오늘날 우리는 두 강대국, 러시아와 미국 모두의 오만을 목도하고 있습니다.

우선, 러시아 제국주의의 오만이 있습니다. 이 오만은 특히 푸틴의 연설이 잘 드러냅니다.* 푸틴은 탱크로 밀어붙이고 특수부대와 공수

---

* 푸틴은 2월 24일 대국민 연설에서 "러시아를 방해하는 모든 시도는 과거에 본 적 없는 결과로 이어질 것"이라고 했다.

부대를 투입해서 순식간에 우크라이나를 정복하려 했죠. 그러나 사태는 그의 뜻대로 풀리지 않고 있습니다.

동시에 미국과 그 동맹국들의 오만도 있습니다. 그들은 그들 자신이 직접 우크라이나 전쟁에 휘말리는 일을 피하려고 가장 강력한 금융 제재를 러시아에 가했습니다. 러시아의 중앙은행과 대형 은행들을 국제 금융 시스템에서 사실상 배제했죠. 여기서 주목할 만한 사실은 미국이 국제 금융 시스템에 대한 자신의 통제력과 달러가 세계경제에서 하는 구실을 이용해 이런 방식을 점점 더 많이 취해 왔다는 것입니다. 어떤 점에서 보면, 미국이 제재라는 무기를 집어 든 것은 자연스러운 일이죠.

어떤 면에서 제재는 폭력의 한 형태이기도 합니다. 물론 주거용 아파트를 폭격하는 것 같은, 우크라이나에서 벌어지는 폭력만큼이나 끔찍한 폭력은 아니지만 말이죠. 아마 서방은 제재를 러시아의 공격을 되받아치는 손쉬운 방책으로 여겼을 것입니다. 유럽연합은 2015년에 그리스 시리자 정부를 상대로도 제재를 휘두른 바 있죠. 당시 그리스 정부가 긴축을 거부하자, 유럽연합은 그리스 은행 체계를 폐쇄시켜 항복을 강요했죠.

그러나 그리스와 달리 러시아는 세계에서 두 번째로 강력한 핵무기 강국입니다. 푸틴이 핵무기 체계의 경계 수준을 높이고 스위치를 켜 두라고 명령한 것은 아마 이런 금융 제재에 대한 직접적 대응이었을 것입니다.

이처럼 서로가 응전을 거듭하며 갈등을 고조시키는 논리가 전개되고 있습니다. 극도로 위험한 상황이죠. 이제 서방은 다음 스텝이 무엇이냐는 물음에 직면했습니다.

이번 위기의 또 다른 측면은 이것이 세계적 수준의 쟁탈전이라는 것입니다. "유럽 전쟁"이라는 말이 많습니다. 사실이죠. 유럽에서 벌어지는 전쟁이니 말입니다. 그러나 이 갈등에는 전 세계가 엮여 있습니다. 금융 제재의 결과로 러시아는 그 제재의 압력을 버티려고 중국에 더 기대게 될 것입니다. 미국도 여기에 응수하고 있습니다. 미국은 전前 미군 합동참모본부 의장 마이크 뮬런이 이끄는 대표단을 대만에 보냈습니다. 중국이 대만을 무력으로 합병하려 할 때, 미국이 대만을 지원해 주겠다고 대만 정부를 안심시키려 합니다.

이처럼 세계적 수준에서 제국주의 충돌이 벌어지고 있고 그 충돌이 고조되고 있습니다. 실로 매우 위험한 상황입니다.

제재에 반대해야 할 의무

토마시: 감사합니다. 다시 클레어에게 제재 문제에 관해 들어 보겠습니다. 얼마 전 미국이 제재로 러시아에 응수했을 뿐 아니라, 제재에 어떤 태도를 취해야 하는지 좌파 진영 내에서 논쟁이 벌어지고 있거든요.

클레어: 그렇습니다. 제재는 반전운동 내에서 중요하게 거론되는 요구입니다. 전쟁에 반대하는 많은 사람들이 상식처럼 생각하는 것이기도 합니다. 러시아 지배층이 금융적 불이익을 당하게 해서 그들이 벌이던 일을 멈추게 압력을 넣자는 것은 좋은 아이디어인 듯 보입니다. 제재를 비군사적 개입으로 생각하는 사람들도 있죠.

그러나 제재가 정말로 그런 효과를 내는지는 엄밀히 따져 봐야 합니다. 러시아는 크림반도를 병합한 이래, 특정 올리가르히들에 대한 표적 제재를 여러 해 동안 받았습니다. 그래서 러시아는 제재를 이미 예상하고 있었을 것이고, 그런 이유로 상당한 외환을 쌓아 왔습니다. 그리고 러시아에 대한 지난 8년간의 제재는 이번 전쟁을 막지 못했습니다. 오히려 지금 전쟁에 이르는 데 일조했죠.

그러나 제재 요구는 국내와 재외 우크라이나인들 사이에서 제기되고 있기 때문에 만만찮게 다뤄야 하는 문제입니다. 그래서 저는 지난 며칠 동안 인터넷을 샅샅이 뒤져 봤습니다. 제재가 긴장을 완화하는 데에 도움이 된 사례가 하나라도 있는지 말이죠. 미국 코넬대학교에서 바로 이런 것을 연구한 니콜러스 멀더 교수가 있습니다. 멀더는 서방이 세계 여러 나라에 가한 제재들을 매우 오랜 시간 연구한 끝에, 제재가 실제로 정치적 억지 효과를 낸다는 증거는 거의 없다고 결론을 내렸습니다. 미국의 제재가 전쟁을 막는 데 효과를 낸 사례는 거의 없습니다.

물론, 제재는 국제분쟁에 대처하는 지배계급의 주된 전략입니다. 바이든과 그 밖의 미국 지배층이 제재를 선호하는 이유는 절대적인 필요가 제기되지 않는 한 직접적인 군사행동에 나서기를 원하지 않기 때문입니다.

미국은 여러 전쟁에서 패배했습니다. 최근에는 아프가니스탄에서 패했죠. 그래서 미국 지배층이 제재 운운하는 것은, 실제로 우크라이나인들에게 도움이 되는 일은 아무것도 하지 않으면서도 마치 우크라이나인들을 돕는 것처럼 보이기 위한 방편이라고 봅니다.

서방에 있는 우리들은 제재가 아무런 [전쟁 억제] 효과가 없음을 지적해야 할 의무가 있습니다. 물론 제재가 아무런 타격을 가하지 않는 것은 아닙니다. 그러나 제재는 지배층만을 타격하지 않습니다. 그 타격은 평범한 사람들에게 쉽게 떠넘겨질 수 있습니다. 이란·이라크·베네수엘라·쿠바에서 바로 그런 일이 벌어졌죠.

러시아 경제는 명백히 그런 나라들보다 큽니다. 그럼에도 이번 주에 러시아에서도 제재의 영향이 나타났습니다. 환율이 추락했고 사람들은 현금인출기 앞에 길게 줄을 섰죠. 러시아의 (아마 대개 전쟁에 반대할) 평범한 사람들의 삶을 더 고달프게 만드는 것이 전쟁을 멈추는 데 과연 무슨 도움이 될까요?

마지막으로 제재가 매우 선택적으로 적용된다는 점을 지적하고 싶습니다. 이는 서방 제국주의의 위선과 자기 이익 추구에 관해 시사하는 바가 많습니다.

러시아 경제는 거의 전적으로 에너지와 천연자원 수출에 의존합니다. 그 수출은 대부분 유럽으로 가죠. 유럽에서 소비되는 천연가스의 3분의 1이 러시아에서 우크라이나를 거쳐 옵니다. 독일이 소비하는 가스의 40퍼센트가 러시아에서 옵니다. 이 가스 공급(판매)을 차단하면 러시아 경제에 심대한 타격을 줍니다.

그러나 유럽연합의 핵심을 이루는 부국들은 러시아의 가스 수출에 대한 제재를 바라지 않습니다. 그랬다가는 국내에서도 커다란 에너지 위기를 초래할 것이기 때문이죠.

그래서 유럽연합이 제재를 통해 러시아에 맞서고 우크라이나인들과 함께한다는 말이 많지만, 유럽연합의 강대국들은 사실 자신의 이해관계에 따라 러시아와 상호 의존 관계에 있고, 그 관계가 위험에 처하는 것을 꺼려합니다.

푸틴은 왜 우크라이나 전체를 공격하는 걸까?

토마시: 시청자 질문이 들어왔는데요. "저는 푸틴이 우크라이나 동남부의 돈바스 지역을 병합하는 데 그칠 것이라고 생각했습니다. 푸틴은 왜 우크라이나 전체를 공격하는 걸까요?"

알렉스: 많은 사람들이 놀랐을 것입니다. 저도 놀랐죠. 푸틴이 그렇게까지 나아갈 줄은 몰랐습니다. 그러나 이것은 제가 앞서 말한 오만과 편집증을 반영하는 것 같습니다. 푸틴은 우크라이나가 러시아의 일부라는 생각에 실제로 사로잡혀 있는 것처럼 보입니다.

그러나 이것은 상황이 가하는 압력의 결과이기도 할 것입니다. 러시아가 자신이 이미 장악하고 있는 두 분리주의 지역만 장악한다 해도, 결국 우크라이나군과 교전에 교전을 거듭하다 전면전으로 치달을 가능성이 큽니다. 그래서 다음과 같은 광적인 논리가 작동하는 것입니다.

'키예프에서 저들을 끝장내 버리자. 키예프로 가자. 미국이 2003년 이라크의 바그다드에서 그랬던 것처럼 재빨리 키예프로 쳐들어가서 파시스트 괴물의* 목을 따는 거다. 그들을 제거하면 꼭두각시

---

* 러시아 지배자들은 우크라이나 정부를 제멋대로 이렇게 일컫습니다. 물론 그 정부는 우파 정부이지만 파시스트가 지배적이지는 않습니다 — 캘리니코스.

정권을 세울 수 있겠지. 그럼 만사형통이다.'

그러나 이런 속셈은 먹히지 않을 것입니다. 클레어가 잘 지적했듯이, 우크라이나 서부는 동부보다 훨씬 더 민족주의적이고, 그곳에서 러시아군은 상당한 저항에 부딪힐 것입니다. 따라서 푸틴은 2003년에 미국이 이라크에서 겪은 것과 같은 불리한 상황으로 걸어 들어가고 있는 것일 수 있습니다. 그러나 이것은 평범한 우크라이나인들과 러시아인들, 그리고 세계의 나머지 사람들에게도 여러 면에서 나쁜 소식입니다.

클레어: 푸틴 같은 자의 머릿속을 상상해 보는 것은 매우 어려운 일 같아요. 그가 우크라이나를 완전히 점령하려는 심산일 수도 있지만, 알렉스가 지적했듯이 이는 대중에게 상당한 미움을 살 것이고 아래로부터 커다란 저항에 부딪힐 것입니다. 단지 우크라이나 서부 지역에서만 저항이 일어나는 건 아닐 것입니다. 러시아와 문화적·경제적으로 더 밀접한 동부 지역 사람들도 최근의 공격으로 러시아에 더 등을 돌리게 됐을 것입니다.

푸틴은 우크라이나에 친러 꼭두각시 정권을 세우려는 심산일지도 모릅니다. 현재 우크라이나의 젤렌스키 정부는 나토에 가입하려 하고 유럽연합에 가입하겠다고 추파를 던지는 등 친서방적이기 때문이죠. 그런 일을 방지할 누군가를 정부 수반에 앉히겠다는 거죠.

그러나 그런 목표를 얼마나 쉽게 달성할 수 있을지는 모르겠습니다. 러시아는 이미 도네츠크·루한스크 두 지역을 통제하고 있는데, 정확히 어떤 이유로 전면 침공까지 감행했는지는 잘 이해되지 않습니다.

그러나 여기에는 어떤 위기감과 편집증이 작용하고 있다고 봅니다. 나토는 세력을 계속 확장해 왔고, 러시아는 과거의 위성국들과 자신이 통제하던 지역에 대한 통제력을 크게 잃었습니다. 그리고 2020년에는 러시아와 가장 가깝고 러시아에 의존적이고 러시아의 접경국인 벨라루스의 운명이 [대규모 반독재 항쟁 때문에] 불투명해지기도 했죠.

그래서 우크라이나가 더욱 중요한 것입니다. 이곳은 러시아가 서방에 내주지 않은 최후의 지역 중 하나입니다. 그만큼 러시아 지배자들은 뭔가 대응이 필요하다는 위기감을 느꼈을 것입니다. 그럼에도 푸틴이 이토록 빠르게 판돈을 올린 것은 놀랍습니다.

미국의 아프가니스탄 전쟁 패배와 푸틴의 편집증

토마시: 최근 몇 년간 미국의 여러 경쟁국들은 세계 곳곳에서 미국의 힘이 상대적으로 쇠락하는 상황을 이용해 득을 보려 했습니다. 여전히 미국은 제일가는 군사적 초강대국이지만 2000년대에 심각한 패배를 겪었죠. 미국이 겪은 패배, 특히 2021년 아프가니스탄에서 겪은 패배는 푸틴을 얼마나 대담하게 만들었을까요?

알렉스: 러시아와 중국 측 선전가들은 이제 미국은 끝났고 자신들이야말로 새로 떠오르는 태양이라고 주장합니다. 또, 극우의 부상과 도널드 트럼프의 당선 등을 가리키며 자유주의적 자본주의가 위기로 끝났다고 주장합니다. 이제 미국을 제쳐 버릴 수 있다는 것입니다.

이런 생각은 러시아보다 중국에서 더 강합니다. 푸틴이 침공 전에

한 연설은 매우 시사적입니다. 이 연설은 푸틴이 자신감 넘치는 것이 아니라 포위돼 있다고 느끼고 있음을 보여 줍니다. 비록 미국의 취약성을 영악하게 이용해 러시아 제국주의의 이득을 취하고, 사하라사막 이남 지역에 용병을 보내 영향력을 키워 왔지만 말이죠. 오히려 푸틴은 [옛 소련 소속 공화국이었다가 독립한 국가들, 이른바] "가까운 외국"에서 압박감을 느낍니다.

이 점을 기억하셔야 합니다. 이는 미국의 역대 정부들이 잇달아 저지른 제국주의적 실책을 반영하기도 합니다. 푸틴의 전임자인 보리스 옐친은 1990년대에 나토에 가입시켜 달라고 했다가 정중하게 거절당했죠. 푸틴도 막 부상해서 대통령이 됐을 때(그때 미국 대통령은 조지 W 부시였는데) 나토에 가입을 요청했지만 단칼에 거절당했습니다.

푸틴 입장에서 보면, 러시아는 나토에 끼지도 못하고 크림반도 문제로 G7에서 쫓겨났습니다. 그리고 서방은 점점 가까이 엄습해 오고 있었죠. 그런 와중에 서방은 나토에 가입하고 싶어 하는 우크라이나 정부에 대한 지원을 늘리고 있었던 것입니다.

물론 이 중 어느 것도 푸틴의 침공을 정당화하지는 못합니다. 그러나 이는 서로가 서로를 두려워하면서도 경멸하는 상황을 자아냈고, 이런 상황은 지배자들을 극도로 위험한 행동으로 이끌 수 있습니다.

흔히들 푸틴만을 유일한 괴물로 취급합니다. 그러나 리처드 닉슨을 보십시오. 1970년대 초 닉슨이 미국 대통령이 된 이후 미국은 베트남을 무자비하게 폭격하고, 하이퐁항을 기뢰로 봉쇄하고, 인도차이나반도의 나머지 지역을 쑥대밭으로 만들고, 캄보디아를 파괴했습니다.

물론 우리는 제국주의 체제에 관한 얘기를 하고 있지만, 이 체제는 지금 보시는 것처럼 권력을 갈망하고 편집증적 특성을 보이는 자들을 선택합니다.

클레어: 저도 동의합니다만, 하나만 더 덧붙이고자 합니다.

미국 지배계급과 정치 엘리트들은 대부분 지금은 전쟁을 선호하지 않습니다. 너무 많은 전쟁에서 졌고 전쟁 때문에 인기를 잃었고 막대한 자원을 써 버렸기 때문이죠. 그들은 이제 그런 곳에서 미국에 친화적이고 미국에 득이 되는 정권을 세우려 합니다. 지상전은 원하지 않아요. 이라크나 시리아에서 벌였던 것과 같은 강도 높은 개입을 원하지 않습니다.

그래서 우크라이나가 미국의 원조를 세계에서 세 번째로 많이 받는 나라가 되고, 나토가 우크라이나군에 무기와 자금을 대 주는 전례 없는 행보를 취하는 것입니다. 즉, 자신이 직접 휘말리기는 싫은 것이죠.

그러나 현재 미국 지배계급 내에, 특히 공화당 내에는 국제적 충돌에 대한 개입을 이보다도 더 줄이고자 하는 자들이 있습니다. 트럼프와 같은 정치를 추구하는 자들이죠. 그들은 공화당 내의 트럼프 파벌입니다. 그들은 더 보호주의적이고 더 비개입주의적이며, 신자유주의를 민주당과는 다르게 평가하고, 더 고립적인 미국을 선호합니다. 지배계급 내에서는 이런 논쟁이 계속 벌어질 테지만 어느 쪽도 분명 전쟁을 선호하지는 않습니다.

미국 반전운동의 상황은?

토마시: 그렇다면 미국과 영국의 반전운동에 대한 지배계급의 대응에 대해서도 듣고 싶은데요. 실제로 여기 영국의 분위기는 매우 험악합니다. 특히 서방과 나토, 그들이 저지른 일, 나토의 확장에 관해 조금이라도 비판적인 말을 하면 언론들은 푸틴의 앞잡이라는 비난을 퍼붓습니다. 예컨대 영국의 교원노조는 서방을 매우 온건하게 비판하는 성명을 발표했다가 곧바로 언론의 지탄을 받았습니다.

반면, 좌파 진영 내의 상당수는 이에 문제 제기를 하지 않고 있습니다. [교원노조를 제외한] 나머지 노동조합들은 서방과 미국을 비판하기를 회피하고 있고, 전쟁저지연합이 낸 [러시아와 나토 모두를 비판하는] 성명서에 연명했던 노동당 의원 11명은 [연명을 철회하라는 당 대표의 협박에] 그야말로 무기력하게 연명을 철회했습니다. 심지어 노동당 좌파 성향의 상원 의원들도 물러섰습니다. 상원 의원은 공천 걱정을 할 필요가 없는데도 말이죠.

미국의 반전운동에 대한 미국 지배계급의 반응은 어떤가요? 클레어의 말을 들은 다음 영국 상황에 관해 알렉스의 말을 들어 보겠습니다.

클레어: 나토와 미국의 구실에 관해 언급하거나, 키예프가 폭격받는 동안 예멘과 소말리아 등 미군이 관여하고 있는 곳에서도 폭격이 벌어지고 있다고 지적하기라도 하면 엄청난 비난이 쏟아집니다. 굉장히 방어적이고 신경질적인 반응이 나오죠. 이런 상황은 소박한 반제국주의의 한계를 시험대에 올립니다. 지금 상황은 '러시아 대 나

머지'가 아니고, 러시아와 서방을 모두 반대해야 하는 상황이기 때문이죠.

광범한 좌파가 러시아 제국주의에만 초점을 맞추는 협소한 시야에 사로잡혀 있습니다. 게다가 지난 몇 년간 민주당은 러시아가 미국 대선에 개입해 트럼프를 당선시켰다는 의혹을 제기하며 러시아에 대한 공포(또는 혐오)를 부추겼는데(실제로는 그에 대한 조사로 아무것도 밝히지 못했습니다), 이 또한 이런 협소한 시야를 강화했습니다.

요즘 서방에서 벌어지는 시위에는 푸틴을 히틀러에 빗댄 포스터가 등장하는데요. 이것은 그다지 유익하지 않은 비유라고 생각합니다. 오히려 히틀러에게 살해된 사람들을 어느 정도 모욕하는 일이라고도 생각합니다. 히틀러가 아니어도 얼마든지 고삐 풀린 전쟁광이 될 수 있습니다. 세계의 대부분이 그런 사람들에 의해 운영되고 있습니다.

지금까지는 광범한 좌파들의 상황을 말씀드렸습니다. 이들은 러시아 제국주의만을 비판하는 실로 협소한 시야에 갇혀 있죠.

반면, 훨씬 작지만 결코 무의미하지 않은 일부 좌파는 러시아를 제국주의로 보지 못하는 시야에 갇혀 있습니다. 영국도 그런지는 모르겠지만 확실히 미국에서는 진영 논리가 소규모로 부활하고 있습니다. 즉, 미국의 개입과 전쟁은 강력하게 규탄하면서 러시아 제국주의나 서방이 아닌 제국주의에 관해서는 침묵하거나 심지어는 옹호하는 사람들이 있습니다. 그런 사람들은 '적(미국 제국주의)의 적은 친구'라는 함정에 빠진 것이죠.

이런 진영 논리는 미국 내 최대 사회주의 조직인 민주사회당DSA 에도 얼마간 영향을 미치고 있습니다. 민주사회당 지도부의 일부와, 라틴아메리카 등지의 반미反美 좌파 정당들과 교류하고 있는 민주사 회당 내 몇몇 정파들이 [그런 영향을 받고 있는데], 그 결과 민주사회당 국제위원회는 러시아를 언급조차 않고 나토의 확장만 비판하는 성 명서를 (침공 전에) 내기도 했습니다(물론, 침공 이후에는 러시아와 나토를 모두 비판하는 조금 더 균형 잡힌 입장을 내기는 했지만 말 입니다).

우리가 제국의 심장부에 살고 있기 때문에 어느 정도 이해는 됩 니다. 우리는 우리 자신의 지배자들과 그들의 전쟁 몰이에 맞설 의 무가 있죠. 이것은 반전운동의 기본입니다. 즉, "주적은 국내에" 있습 니다.

그러나 진영 논리는 러시아도 나름의 제국주의 강대국이라는 사 실을 간과합니다. 물론, 미국보다는 작은 제국주의죠. 그러나 러시아 도 엄연히 제국이고 나름의 야심이 있습니다.

앞서 말했듯이 러시아는 나토가 나머지 유럽을 엄습하는 것에 분개하고 있습니다. 그래서 옛 제국의 복원을 꾀하고, 1990년대와 2000년대에 체첸 독립운동을 분쇄하고, 2008년에 조지아와 전쟁을 벌이고, 2014년에 크림반도를 병합하고, 수많은 사람들을 살해한 시 리아 독재 정권을 지원하고, 카자흐스탄 시위를 진압했죠. 그리고 현 재 우크라이나에서 벌이는 전쟁도 옛 식민지와 옛 동맹국들을 되찾 으려는 시도의 일환입니다.

단지 서방 제국주의만 문제인 것처럼 말해서는 안 됩니다. 우리는 제국주의 간 경쟁 체제에 살고 있습니다. 궁극적으로 우리는 러시아든 미국이든 오로지 자신의 지정학적·경제적 이익을 위해 움직인다는 사실을 이해해야 합니다. 그들은 그들의 조준선에 누가 걸리든 개의치 않습니다. 그리고 이번에는 우크라이나인들이 걸린 것이죠.

마지막으로 말씀 드리고 싶은 것은, 많은 우크라이나인들이 서방에 기대를 걸며 이러저러한 유형의 개입을 요구한다는 겁니다.

저는 전략적인 이유로 그런 요구에 동의하지 않지만, 우크라이나인들이 왜 그러는지는 이해가 됩니다. 러시아가 주적으로 보이기 때문입니다. 그들은 러시아의 그늘 아래 살았고, 그들의 할아버지 할머니는 소련의 점령과 학살, [소련이 일으킨] 기근을 기억할 것입니다. 반면 서방을 보면 삶의 질이 더 높아 보입니다. 서방에서는 인권이 보호된다고 우크라이나인들은 말하죠.

우리는 이에 관해 전략적인 토론을 할 수 있어야 합니다. 즉, 서방 제국주의 진영에 편입되는 데 따르는 위험과 문제점과 강제가 있다는 점, 그리고 그런 것으로 제국주의는 사람들을 속박할 것이며 그런 속박은 사람들에게 선택의 여지를 주지 않는다는 점을 주장할 수 있어야 합니다.

그리고 궁극적으로 우리는 제국주의 자체를 날려 버려서 서방이냐 러시아냐 하는 딜레마를 벗어나고자 합니다. 그러나 그렇게 하려면 우리는 러시아의 공격에 맞서 우크라이나인들을 지지한다는 점을 분명히 해야 합니다.

그런 점에서 저는 알렉스가 한 말을 되풀이하고자 합니다. 저도 러시아 동지들이 전쟁에 반대해 사람들을 거리로 불러내기 위해 벌이는 활동에 깊은 감명을 받았습니다. 이런 일이 키예프와 모스크바와 런던과 워싱턴 DC에서 벌어져야 합니다. 우리는 모든 진영에서 모든 제국주의 전쟁에 반대하는 국제 운동의 일부가 돼야 합니다. 이것만이 우리가 취해야 할 입장이고, 좌파들 사이에서 토론돼야 할 방향이라고 생각합니다.

토마시: 2014년 [러시아가 크림반도를 병합했을 때] 좌파와 반전운동 내에서 지배적인 입장은 진영 논리였던 것 같습니다. 러시아를 제국주의의 일부로 보지 않는 견해였죠. 그러나 지금은 우크라이나 문제를 러시아가 우크라이나를 짓밟는 것으로만 보는 견해가 훨씬 우세한 것 같습니다. 영국에서는 확실히 그렇습니다.

왜 자기 진영 제국주의를 반대해야 할까?

토마시: 우리가 보기에 쟁점은 무엇이 제국주의에 맞서는 최선의 방법이냐 하는 것입니다. 우리는 자기가 속한 진영의 제국주의에 반대해야 합니다. 알렉스, 이것이 바로 폴 메이슨과 벌인 논쟁의 핵심 쟁점이었죠?* 이런 주장은 어디서 기원한 것인가요? 그리고 심지어 "워싱턴도 모스크바도 아니다" 하고 말하면서도 실제로는 "워싱턴도" 부분을 망각하는 좌파들에게 할 수 있는 최선의 응답은 무엇일까요?

알렉스: "워싱턴도 모스크바도 아닌 국제사회주의"라는 구호는 영

---

* 이 책 5장에 알렉스 캘리니코스의 폴 메이슨 반박 글이 실려 있다.

국 사회주의노동자당과 국제사회주의경향IST의 창시자인 토니 클리프가 제시한 것입니다. 이 구호는 일반적인 방향을 제시하는 것으로서 여전히 훌륭합니다.

그러나 유럽 좌파들 내에는 러시아에 맞서 우크라이나 편을 들지만 나토에 관한 얘기는 도려내 버리는 조류가 우세합니다. 이는 특히 영국에서 해악적인 영향을 끼치고 있습니다. 토마시가 말한 것처럼 영국에서는 전쟁저지연합이 낸 성명서에 연명했던 노동당 의원들이 마녀사냥을 당했죠. 그 성명서의 내용은 꽤 괜찮습니다. 러시아의 침공을 비판하고, 즉각 철군과 정전을 요구했죠. 그러나 나토를 비판하는 내용이 있었기에 마녀사냥의 표적이 됐던 겁니다. 매우 전형적인 경우죠. 영국 노동당의 현 대표 키어 스타머는 전임자[이자 좌파인] 제러미 코빈과 관련된 것은 무엇이든 당내에서 제거해 버리려 합니다.

제 생각에 코빈은 노동당 역사상 유일하게 제국주의에 반대한 노동당 대표였습니다. 노동당은 대체로 제국주의를 확고하게 지지했습니다. 아니, 대체로 지지하는 것을 넘어서 영국 제국주의와 미국 제국주의를 능동적으로 뒷받침했죠.

코빈은 개혁주의 정치의 한계를 넘지 않았지만, 관록 있는 반전운동가이고, 라틴아메리카와 중동, 특히 팔레스타인 해방 운동을 지지한, 반제국주의 입장이 분명한 인물이었습니다. 그래서 영국의 핵심지배자들이 코빈을 끌어내리려 했던 것입니다.

스타머는 코빈의 흔적을 노동당에서 모두 없애 버리려 합니다. 그럼으로써 신노동당의 전통을 복원하고(이 전통은 끔찍한 아프가니

스탄 전쟁과 이라크 전쟁으로 이 나라를 이끌었습니다), 수많은 사
람들의 죽음을 초래한 현 총리 보리스 존슨의 무능함을 이용해 총
리가 되더라도 영국 지배계급에 충성할 것임을 보이려 합니다.

한편, 유럽에서 가장 강력한 국가는 독일입니다. 독일에서는 사민
당이 복잡한 연정을 주도하고 있죠. 사민당 총리 숄츠는 군비 지출
을 급격히 늘리고 나토를 확고하게 지지하는 쪽으로 급격한 방향 전
환을 한 것으로 보입니다.

보수 정당인 기민당 소속이자 숄츠의 전임자였던 앙겔라 메르켈
은 (재임 기간에) 미국이 주도하는 이런저런 구상과 거리를 뒀고, 러
시아와 미국 사이에서 균형을 취했습니다. 안보는 미국에 기대고 에
너지는 러시아에 기댔기 때문이죠. 그러나 이제 독일은 미국 쪽으로
더 기울었습니다. 이는 독일 좌파와 다른 유럽 나라 좌파들에게도
영향을 미칠 것입니다.

이런 상황에서 우리는 러시아 제국주의에 반대한다는 점을 분명
하게 드러내야 합니다. 우리는 침략자들에 맞설 우크라이나인들의
권리를 인정해야 합니다.

그러나 영국 정부를 보십시오. 영국 정부는 유럽의 주요 국가 정
부들 중에서 가장 전쟁에 환장한 정부입니다. 영국 정부는 러시아
올리가르히에게 '런던으로 와라, 런던에 정착하고 런던에서 돈을 투
자하고 자녀들을 사립학교에 보내고 호화 저택을 구입하라' 하고 여
러 해 동안 손짓해 놓고서, 이제 와서는 모든 수단을 동원해 그들을
공격하고 있습니다. 러시아의 영향을 모조리 근절하려는 것처럼 굴
고 있죠.

저는 그저 도덕적 훈계를 하려는 게 아닙니다. 서방이 하는 짓이 매우 위험하다는 것입니다.

시청자 중 한 분이 제재에 관해 질문을 하셨는데요. 물론입니다. 제재에 관해 분명히 지적해야 할 것이 있습니다. 이런 제재들은 엄청나게 위험합니다. 서방은 러시아를 상대로 금융 세계의 핵폭탄이라고 할 만한 무기를 휘두르고 있는 것입니다. 실제로 많은 핵폭탄을 보유하고 있는 국가를 상대로 말이죠. 매우 위험한 짓입니다. 우리는 이런 것과 분명히 선을 그어야 합니다.

토마시: 네, 제재에 관한 질문이 올라왔네요. "제재는 실로 우려를 자아냅니다. 서방이 위선적이라는 것도 이해가 됩니다. 그러나 모든 제재를 반대해야 할까요?" 제재가 평범한 사람들에게 가하는 타격이 어떤지 묻는 질문도 올라왔네요. 로잘리에게 러시아에 대한 제재가 낳을 결과에 관해 들어 보겠습니다.

로잘리: 저의 커다란 걱정 하나는 제재 때문에 정치적 망명을 하려는 사람들이 나라를 떠나기 어렵게 되지 않을까 하는 것입니다. 환율이 급격히 오르고 항공편이 취소됐죠. 그래서 최악의 상황이 벌어졌을 때 나라를 떠나기가 매우 어려워질 것입니다.

그 최악의 상황이 무엇인지도 덧붙이고 싶습니다. 어제 정부는 외세를 도와 러시아의 안보를 위협하면 형법상 반역죄를 적용해 징역 12~20년 형에 처할 것이라고 했습니다. 이 법은 느슨하게 규정돼 있어서 사실상 누구나 처벌할 수 있습니다. 이 법에 따르면 금전적인 도움을 주거나 정보를 제공하는 행위도 기소 대상이 됩니다. 예컨대 우크라이나인들을 인도적으로 지원하는 모금에 동참했다가 처벌받을 수도 있는 것이죠. 이런 엄혹한 상황에도 나라를 떠날 수 없게 되는 것입니다.

알렉스: 앞서 말했듯이 저는 제재가 평화를 성취하는 수단이 되기는커녕 두 제국주의 간 긴장을 강화시킬 것이라고 봅니다.

영국 반전운동의 상황은?

토마시: 그럼 이제, 영국 내 반전운동에 대한 반응들 얘기로 되돌아가려고 합니다. 노동당 좌파 의원들이 전쟁저지연합의 성명에 대한 연명을 철회한 것은 좌파에게 얼마나 심각한 영향을 줄까요? 스타머는 자신이 영국 국익의 "책임 있는" 대표자가 될 수 있다는 것을 영국 국가기구에 보이려고 온갖 짓을 하고 있지만, 노동당 내 좌파는 여전히 '남아서 싸우겠다'고 얘기하고 있기 때문에 이런 질문을 던집니다. 사실 사태는 그렇게 흘러가고 있지 않죠.

알렉스: 솔직히 말해 노동당 좌파 의원들의 행보는 정말 한심합니다. 노동당의 역사를 보면 수많은 당 대표가 너무 좌파적이라는 이유로 퇴출됐습니다. 어나이린 베번이 그랬죠. 스태퍼드 크립스도 나치에 맞서는 방법을 둘러싼 문제로 비슷하게 당에서 쫓겨났었죠. 크립스는 1930년대 말에 파시즘에 맞선 인민전선을 지지했습니다. 그럼에도 그들은 나중에 노동당의 원로 지도자가 됐습니다. 당에서 쫓겨난다고 해서 꼭 정치 인생이 끝나는 것은 아닙니다.

노동당 좌파 의원들의 연명 철회 사건이 보여 주듯, 코빈이 노동당 의원단에서 배제된 이래 노동당 좌파 내에서 지배적인 경향은

'충돌을 피하고 웅크리고 있다가 더 나은 때를 기다리자'는 겁니다. 그러나 이 어려운 시기에 사람들을 지도하고 방향을 제시하려 하지 않으면, 그저 광야에서 시들어 사라지고 말 것입니다.

2015년에 왜 사람들이 코빈에 기대를 걸었습니까? 신노동당 전통이 노동당을 실패로 이끌던 때에, 전쟁에 맞서고 난민과 연대하고 파업 노동자들의 피켓 라인과 학생 시위에 함께한 멋들어진 이력을 갖춘 인물이 등장해서 그랬던 것만은 아닙니다. 코빈이 과거 [노동당 좌파의 지도자] 토니 벤이 그랬던 것처럼 사람들을 지도할 태세가 돼 있었기 때문입니다.

전쟁과 평화 같은 근본적인 문제에서 항복해서는 결코 훗날을 도모할 수 없습니다. 그것은 정치적 자살 행위입니다.

물론, 저는 사회주의노동자당의 당원이고 노동당에 대한 혁명적 대안을 건설해야 한다고 생각하지만, 현 상황을 결코 고소해하지 않습니다. 노동당 내 좌파가 그렇게 항복한 것에 참담함을 느낍니다. 이는 반전운동을 약화시킬 것입니다.

[코빈을 지지한 국회의원] 다이앤 애벗 같은 이들이 전쟁에 반대하는 운동을 벌이며, 전쟁저지연합이 제시했던 것과 같은 입장으로 목소리를 내야 합니다. 지금처럼 항복하는 것은 좌파 전체를 약화시킬 일입니다.

아직 노동당 안에 남아 있는 사회주의자들은 자신들에게 남은 선택에 관해 심각하게 고민해 봐야 합니다. 연명을 철회한 노동당 좌파 의원들의 행보는 노동당 안에서는 좌파의 미래가 없다는 것을 시사하기 때문입니다.

토마시: 시청자 질문을 하나 더 소개하기 전에, 클레어에게서 미국 좌파들의 대응은 어떤지 듣고 싶습니다. 민주사회당과 샌더스를 중심으로 모인 많은 사람들은 성과를 내려면 바이든 정부와 밀착해야 한다고 주장하는데요. 그들은 반전 입장을 채택하려 하는 반면, 바이든은 명백히 갈등을 키우고 있지 않나요?

클레어: 네. 그들은 곤경에 처했습니다. 안타깝게도, 미국에서는 의원들이 반전 성명에 이름을 올렸다가 압력을 받아 철회하는 상황까지도 가지 못했습니다.

민주사회당 소속의, 미국 민주당 내 극좌파들은 이런 종류의 반전 성명을 최대한 활용하려 하지도 않습니다. 오카시오코르테스 같은 민주당 내 좌파나 저말 보면 같은 민주당 내 진보 의원들조차 그저 러시아 반대를 외치거나 제재를 촉구하는 입장을 들고 나왔죠. 그들은 평화를 촉구한다면서 평화를 가져다주지 못할 수단들을 촉구합니다.

미국의 반전운동을 재건하기 위해 정말로 많은 노력이 필요합니다. 그래야 이 정치인들이 그나마 더 나은 입장을 채택하도록 압력을 가할 수 있겠죠.

서방의 위선을 보여 주는 난민 문제

토마시: 난민 현황도 궁금합니다. 많은 사람들이 우크라이나를 빠져나왔는데요, 여기서 각국 지배자들의 위선이 많이 드러나는 것 같습니다. 영국에서도 그러한데 우선 미국 상황을 물어보고 싶습니

다. 난민 문제에 관해 바이든 정부에 압력을 넣을 가능성이 생겼다고 보시나요?

클레어: 네, 그렇다고 봅니다. 이민자 권리 운동은 현재 상황을 이용해 지배자들의 위선을 꼬집어야 합니다. 그 위선은 정말 기가 찹니다.

제가 알기로 현재 50만 명이 우크라이나를 빠져나왔습니다. 루마니아에서는 사람들이 국경으로 차를 몰고 가 일렬로 세우고는 우크라이나 난민들을 반갑게 맞이해 줬습니다. 무기력감을 느낀다면 그 모습을 찍은 영상을 보시길 바랍니다. 인접국들이 우크라이나인들이 임시로 피난처를 찾기에 용이하도록 비자 요건을 완화하다니 정말 신나는 일이죠.

그러나 그런 광경을 보면 2021년 유럽으로 들어오려던 시리아인·이라크인·쿠르드인 난민을 떠올리지 않을 수 없습니다. 기억하시겠지만 당시 수많은 난민이 벨라루스-폴란드 국경 지대의 숲에서 오도 가도 못하고 있었습니다. 러시아는 그 지역에 불안정을 조성하려고 난민들을 그곳으로 보냈습니다. 그 난민들은 차가운 날씨에 숲속에 내팽개쳐졌습니다. 그들은 유럽으로 건너가 피난처를 얻으려 했건만 폴란드와 리투아니아는 계속해서 그들을 돌려보냈습니다.

차이는 명백합니다. 국경을 건너는 흑인과 유색인종은 국경을 건너는 백인과 똑같은 대우를 받을 수 없다는 것입니다. 여기에 분노하고 냉소하는 것은 어떤 점에서 자연스럽습니다.

그러나 다른 측면에서 보면, 이것은 사람들이 우크라이나인들에게 거의 본능적으로 동정심을 느낀다는 것입니다. 그리고 바로 이를 출발점으로 삼아, 모든 난민이 같은 대우를 받고 국경에서 환영받을 자격이 있다고 설득하는 대화를 걸 수 있습니다.

이것이 전장에 있지 않은 우리가 할 수 있는 한 가지 일입니다. 즉, 국경을 즉각 열어서 우크라이나 난민을 환영하고, 탄압을 피해 도망쳐 온 모든 난민을 똑같이 환영하라고 촉구하는 것입니다. 그래서 미국에 있는 우리는 우크라이나인들을 환영한다고 말하지만, 아이티인들도 환영한다고 말하는 것입니다. 이것은 유익한 토론이 될 수 있습니다.

토마시: 중요한 지적이네요. 영국에서는 이민을 담당하는 질 나쁜 보수당 장관이, 우크라이나인들에게 "영국으로 들어오려면 과수원에 일하러 오는 사람들이 쓰는 비자를 받아라. 그것이 최선의 방법이다" 하는 망언을 했죠. 이런 위선은 꽤나 저열해서 서방의 위선을 드러내는 사례가 될 수 있을 것 같습니다.

"러시아의 반전 시위대를 위해 우리가 할 수 있는 일은 무엇일까요?"

토마시: 또 다른 시청자 질문도 있는데요. "러시아의 반전 시위대를 위해 우리가 할 수 있는 일은 무엇일까요? 해외의 반전운동에 연대를 표하는 방법은 무엇일까요? 이를 위해 좌파가 취할 수 있는 최선의 방법은 무엇일까요?"

클레어: 자신이 있는 곳에서 강력한 반전운동을 건설하는 것이 러시아의 반전운동을 돕는 첫 번째 길입니다. 러시아인들이 자신의 지

도자들에게 항의하고 우리가 우리의 지도자들에게 항의할수록 세계의 반전운동은 더 강력해질 것입니다.

당장 어떤 실용적인 지원을 해줄 수 있을지는 모르겠어요. 미국에서는 이제 보드카를 마시지 않겠다거나 모스코(모스크바)뮬 칵테일을 키예프뮬로 부르겠다고 하는 식의 별 생각 없는 반응들이 나오는데요. 물론 그런 반응들이 왜 나오는지는 이해가 됩니다.

그러나 현 상황에서 러시아 대중은 적이 아니라는 것을 매우 분명히 해야 합니다. 러시아 대중은 같은 편입니다. 우크라이나 대중과 러시아 대중과 우리는 같은 편인 것이죠. 제국주의 지배자들에 맞서는 같은 편인 것입니다.

알렉스: 간단히만 말씀드리면, 2000년대 초의 반전운동에서 배운 것을 떠올려야 합니다. 이제 2월이 지났는데요. 지난 2월 15일은 2003년에 미국과 영국이 준비하고 있던 이라크 침공에 반대하는 거대한 시위가 벌어진 지 19년째 되는 날이었습니다.

앞으로 일어날 일을 내다보기는 힘듭니다. 온갖 시나리오가 펼쳐질 수 있고, 많은 것들이 정치적 의지에, 특히 러시아 국가를 장악한 푸틴 등의 정치적 의지가 어떤지, 그들이 지금의 어려움에 비춰 실제로 성취하고자 하는 것이 무엇인지에 달려 있습니다. 따라서 전쟁이 얼마나 지속될 것인지 내다보기는 어렵습니다.

그러나 전쟁이 계속된다면 우리는 국제적 반전운동을 건설하는 우리의 소임을 다해야 합니다. 그 운동은 우크라이나 침공과 점령에 반대하는 동시에 이런 상황을 낳은, 경쟁하는 동맹들의 체제 자체를 일소하려 해야 합니다.

토마시: 알렉스의 마지막 지적이 매우 중요하다고 생각합니다. 전쟁에 맞설 가장 효과적인 방법을 알려면 무엇이 전쟁을 추동하고 있는지 생각해 봐야 합니다. 그리고 우크라이나의 비극은 우크라이나가 이 경쟁하는 제국주의 강대국들에 의해 역사적으로 갈가리 찢겨 왔다는 것이죠. 지금의 위기는 이를 매우 뚜렷하게 보여 줍니다.

서방의 나토를 반대하는 것은 러시아 문제를 축소하거나 무시하기 위해서가 아닙니다. 이런 전쟁을 낳는 경쟁 체제에 반대하는 가장 좋은 방법이기 때문입니다. 물론, 우리는 푸틴에 맞서 싸우는 우리 동지들을 지지합니다.

"'민주주의 대 권위주의' 담론에 현혹돼선 안 됩니다"

토마시: 또 다른 시청자 질문인데요, 꽤 자주 부딪히게 되는 물음인 것 같습니다. "일부 좌파는 나토와 같은 편에 서야 한다고 주장합니다. 서방은 그래도 의회민주주의 국가들로 이뤄져 있는데 러시아는 그렇지 않고, 그래서 우크라이나인들의 상황은 더 나빠질 것이라면서 말입니다. 여기에는 어떻게 답해야 할까요?"

클레어: 까다로운 문제죠. 물론, 서방에는 러시아에 존재하지 않는 일종의 민주주의가 존재합니다. 그러나 우리는 지금과 같은 긴장이 체제와 관련 있는 것임을 지적해야 합니다.

제국주의 세력권들이 경쟁하는 상황에서 한쪽을 선택하는 것은 궁극적으로 해결책일 수 없습니다. 우크라이나인들이 서방과 일시적으로 동맹을 맺게 되는 상황이 올 수도 있습니다. 그러나 서방과 이런 '민주주의' 국가에 사는 사람들로서 우리는 그에 따르는 위험과 문제점들을 지적할 의무가 있습니다.

어떤 사람들은 나토가 유럽에서 확장되는 것을 마치 우크라이나 인들이 러시아와 나토 중 어느 한쪽을 고르면 되는 중립적 사건인 것처럼 묘사합니다. 그러나 옛 소련에 속했던 나라들이 나토에 합류하면 많은 강제와 경제적 압력이 따라옵니다. 나토가 벌이는 전쟁에 사람들을 보내야 하고, 온갖 경제 구조조정을 해야 합니다. 그런 구조조정은 특히 유럽연합의 동쪽 끝에 사는 사람들을 가난하게 만들었습니다.

유럽연합의 부유한 국가들은 언제나 난민을 유럽연합의 동쪽 끝과 남쪽 끝에 있는 나라들에 떠넘겨 왔고, 언제나 긴축을 요구하며, 그 나라의 평범한 사람들에게 항상 뭔가를 내놓으라고 요구합니다.

이처럼 그들이 보기에 우리는 국경 너머의 저 민주주의하에 살지만, 그 민주주의가 지금 벌어진 일의 궁극적 해결책이 되지 못합니다. 이런 점을 지적하고 토론해야 한다고 생각합니다.

알렉스: 오늘날 세계가, 미국이 이끄는 민주주의 국가들의 동맹과 중국·러시아가 이끄는 전제적인 지배 체제들로 나뉘어 있다는 식의 견해가 팽배하고, 특히 미국이 이런 견해를 퍼뜨리고 있다는 점을 아셔야 합니다. 이것이 서방 언론과 이데올로기 기구에서 우세한 서사이며, 여기에 결코 현혹돼서는 안 됩니다.

서방 자본주의뿐 아니라 중국에게도 에너지 생산 때문에 필수적인 지역, 즉 중동을 보십시오. 여기에 있는 미국의 핵심 동맹국들은 가장 잔혹한 군주정이라는 사실을 기억하셔야 합니다. 살인자 무함

마드 빈살만이 이끄는 사우디아라비아 정권을 떠올려 보십시오. 사우디아라비아는 여러 해 동안 예멘에서 끔찍한 전쟁을 벌였습니다. 이집트의 엘시시 정권은 어떻습니까? 엘시시는 이집트 혁명을 분쇄하면서 극도로 무자비한 독재 정권을 세웠습니다. 이들은 결코 주변적인 국가가 아니라 미국의 핵심 동맹국들입니다. 그리고 수십 년 동안 그런 형태로 유지됐죠.

따라서 서방이 민주주의의 고향이라는 주장은 틀렸습니다. 민주주의란 아래로부터 건설되는 것입니다.

저는 미국이 좌우 양극화 때문에 머지않아 내전에 휩싸일 것이라고 예측하는 책을 읽고 있는데요. 그런 예측이 맞다고 생각하지는 않지만, 이 책은 보수파가 고등법원을 지배하고 있고 공화당이 주의회에서 유색 인종의 투표권을 공격하는 등 미국에서 민주주의가 얼마나 제약되고 있는지를 잘 보여 줍니다.

민주주의는 최종적인 (완결된) 형태로 그냥 주어지는 것이 아닙니다. 대중이 자신의 투쟁으로 만들어 내는 것입니다. 민주주의는 그런 투쟁으로 유지되고 확장돼 온 것입니다. 민주주의는 당신이 어느 진영에 속해 있느냐에 달려 있는 것이 아닙니다.

토마시: 이런 민주주의 투쟁에 대한 억압으로 러시아 정부가 새로운 탄압을 벌이고 있다는 소식을 로잘리가 전하고자 합니다.

로잘리: 네, 새로운 탄압에 대한 소식이 있습니다. 우크라이나 영토에서 러시아군이 벌이는 일에 관해 소위 "가짜 뉴스"를 퍼트리는 사람을 최대 징역 15년 형에 처할 수 있게 하는 법안이 러시아 의회(두마)를 통과했다고 합니다.

어디에서 희망을 찾을 수 있을까?

토마시: 이제 토론을 마무리하고자 합니다. 우크라이나의 상황은 정말 위태롭습니다. 그리고 제국주의 경쟁 체제가 2014년과 오늘날의 위기를 추동했죠. 우크라이나에 사는 사람들은 어디에서 희망을 찾을 수 있을까요?

클레어: 그들 스스로에게, 그리고 그들과 연대하는 러시아의 노동 대중에게, 폴란드 등 국경 너머에 있는 노동 대중에게 있다고 생각합니다. 희망은 현재 저항하고 있는 우크라이나인들에 대한 전폭적인 연대에 있습니다.

우크라이나는 정말 슬프고 끔찍한 상황입니다. 그리고 난민 운동과 반전운동에 희망이 있습니다. 여기에 우리의 자원을 쏟아부어야 합니다. 그리하여 전쟁이 끝나고 러시아의 개입이 중단되면, 서로 경쟁하는 제국주의 세력권을 뛰어넘는 미래의 가능성에 관해 비로소 대화할 수 있을 것입니다.

알렉스: 앞서 말했듯이 앞으로 벌어질 일을 내다보기는 매우 어렵습니다. 그러나 현실적으로 봤을 때, 러시아군이 비록 시작은 좋지 못했지만 워낙 규모가 크고 가용 자원이 많기 때문에, 갈수록 야만적인 수단으로 우크라이나에서 저항을 분쇄하고, 군사적 승리를 선언하기에 충분한 영역을 장악할 가능성이 커 보입니다.

그러나 저는 저항의 수준에서 희망을 봅니다. 이것은 푸틴이 말한 바, 즉 러시아인들과 우크라이나인들 사이에는 매우 밀접한 유대가 존재한다는 점을 반영하는 것이기도 합니다. 러시아의 우크라이나 침공은 마치 잉글랜드가 스코틀랜드를 침공하는 것과 똑같은 일입니다.

그리고 러시아군 사령부는 병사들을 우크라이나에 투입하는 데서 이와 관련된 어려움을 분명 겪고 있습니다. 병사들은 그토록 밀접한 유대가 있는 사람들과 싸우게 될 것이라고 예상하지 못했기 때문입니다. 이것은 흥미롭고 중요한 점이며, 러시아 사회 자체에도 장기적으로 온갖 영향을 미칠 것입니다. 위에서 시키는 명령에 대한 반응으로 나타날 그 영향은 단지 평화운동에만 한정되지 않을 것입니다.

근본적인 과제를 로잘리가 잘 지적했습니다. 우리는 제국주의 전쟁을 계급 전쟁으로 전환시키려고 최선을 다해야 합니다. 전쟁이 계속되고 서방과 동방의 대치가 지속된다면 갈수록 많은 노동자들과 청년 등이 전쟁에 반대하기 시작하는 조건이 형성될 것입니다. 그러면 단지 전쟁을 멈추는 데에 그치지 않고 이 추악한 제국주의 체제 자체를 날려 버리기 위한 기반을 닦는 운동을 건설할 수 있을 것입니다.

토마시: 전적으로 동의합니다. 그리고 이번 주 일요일 3월 6일에 영국의 전쟁저지연합 등이 개최하는 '국제 공동 행동의 날'이 있습니다. 경쟁하는 지배계급의 전쟁 몰이에 맞서 거리로 나와 할 수 있는 일을 해 달라고 호소드립니다.

상황이 험악하지만 작은 희망의 불씨도 있습니다. 러시아에서 많은 사람들이 전쟁에 맞서려 하고 서방에도 전쟁에 반대하는 사람들이 있습니다. 우리도 전쟁에 반대하기 위해 노력해야 합니다. 국제주의를 구현해야 합니다.

　좌파가 전쟁 몰이에 굴복했던 1914년, 상황은 쉽지 않았습니다. 그러나 여기에 맞서 "주적은 국내에 있다"고 외친 혁명가들이 있었습니다. "주적은 국내에 있다"는 것은 상대편 제국주의 열강이 선하다고 보는 것이 아닙니다. 자국 지배계급에 맞서는 것이 애초에 이런 전쟁을 만들어 내는 체제에 맞서는 가장 좋은 방법이기 때문이라고 그 혁명가들은 힘주어 말했습니다.

　모든 패널에게 감사드립니다. 특히 러시아에서 온 로잘리에게 감사드립니다.

출처: Tomáš Tengely-Evans, Alex Callinicos, Clare Lemlich, Rosalie, "Live: War in Ukraine — how should the left respond?", https://www.youtube.com/c/swpTvUk(1 March 2022).

 영상 바로 보기

2장

우크라이나는
어떤 곳인가?

전쟁과 억압으로 점철된 역사

수백 년 동안, 우크라이나와 거기 사는 다양한 소수민족들은 제정 러시아의 통치 아래 심하게 억압받았다. 제정 러시아는 1720년부터 소수 언어 공동체를 없애고 러시아어 사용을 강요했다. 이와 대조적으로 볼셰비키는 러시아제국을 분쇄하고 억압받는 민족의 자결권을 옹호했다.

그러나 1917년 러시아 혁명에 뒤이은 내전 때문에, 볼셰비키는 자신의 정책을 실행하는 데 심각한 어려움을 겪었다. [우크라이나에서는] 혁명을 전복하려고 러시아를 침공한 제국주의자들과 손잡은 우크라이나의 잔인한 반동 세력들 때문에 더욱 그랬다. 우크라이나 내에 분열이 심각했다.

우크라이나 동부는 대부분 산업화된 지역으로, 인구 다수가 노동계급이었다. 이 노동계급은 볼셰비키에 친화적이었고 러시아어를 구사했다. 서부는 농촌 지역으로, 농민과 혁명에 회의적인 계급들이 다수였다.

1917년 [러시아에서] 2월 혁명이 벌어지자, 중간계급 출신 우크라이나 민족주의자들이 '라다' 정부를 세웠다. 라다 정부는 10월 혁명

후 수립된 [러시아] 소비에트 정부와 볼셰비키를 인정하지 않았다. 우크라이나인들이 노동자 정부를 건설하리라 기대할 수 없었던 볼셰비키는 친제국주의적 라다 정부에 맞서 우크라이나에 군사적으로 개입했다. 1918년 1월 우크라이나 출신인 레온 트로츠키가 이끄는 적군赤軍이 우크라이나 수도 키예프를 점령하고 '우크라이나 소비에트'를 선포했다.

이 덕에 우크라이나에서 언어·교육에 관한 몇몇 중요한 권리들이 되살아났다. 하지만 우크라이나가 독립 공화국이 될지 소련의 일부가 될지를 두고 논쟁이 계속됐다.

라다 정부는 독일의 지원을 기대했다. 1918년 3월 러시아와 독일 사이에 브레스트-리토프스크 조약이 체결됐고, 러시아는 제1차세계대전에서 발을 뺐다.

그러나 이 조약에 따라 우크라이나 영토의 넓은 부분이 독일 차지가 됐다. 독일이 제1차세계대전에서 패배하고 독일 점령지에서 대규모 저항이 일어나자, 라다 정부는 통제력을 일부라도 되찾으려 애썼다. 폴란드와 반反볼셰비키 단체들이 라다 정부를 지지했다. 반혁명 세력인 백군의 편에 선 자들도 있었다. 하지만 우크라이나에서 적군에 대한 지지가 늘었는데, 학살을 거듭 겪은 유대인들 사이에서 특히 그랬다.

1919년 봄이 되자 적군이 다시 키예프를 점령했고 백군 지도자들은 밀려났다. 그러나 얼마 지나지 않아 1921년에 폴란드가 제국을 확장하려고 전쟁을 다시 일으켜, 우크라이나의 많은 부분을 떼어 갔다.

스탈린, 러시아 국수주의를 되살리다

일찍이 1918년에 스탈린은 레닌에 반대하며 "자결권 지지는 시대에 뒤떨어진 것이며, [자결권은] 사회주의 원칙보다 하위의 것이다"고 주장했다. 스탈린의 반혁명으로 만들어진 소련하에서 우크라이나의 역할은 러시아에 이은 "제2의 소비에트 공화국"이 되는 것이었다.

소련은 군사력과 경제력을 갖춘 통일 국가 건설에 몰두했다. 다른 제국주의 열강에 대한 국가자본주의적 경쟁의 일환이었다. 그러면서 소련은 볼셰비키가 철폐했던 억압을 상당 부분 부활시켰다. 1920년대 후반이 되면 소수자의 권리를 보장하는 진보적 조처들은 더는 존재하지 않게 됐다. 트로츠키는 1939년에 망명지에서 다음과 같이 썼다.

"우크라이나 서부의 대중이 크렘린[러시아 소비에트 정부]에 보내던 지지와 호의가 흔적도 남지 않았다. 우크라이나 서부, 부코비나 지역, [우크라이나 동부의] 카르파토-우크라이나의 노동자·농민 대중은 혼란에 빠졌다. 누구에 기대야 하는가? 무엇을 요구해야 하나?" 트로츠키는 반동적 지도자들이 이런 혼란을 이용해 "독립이라는 허상을 약속받는 대가로 우크라이나인들을 이런저런 제국주의 세력들에게 팔아넘겼다"고 설명했다. 우크라이나의 대규모 농경지는 소련을 먹여 살리는 데 동원됐다. 우크라이나 동남부 돈바스 지역의 대규모 석탄·철 매장지에는 공업 단지가 세워졌다.

스탈린 정권은 서구 열강과 경쟁하기 위해 짧은 시간 안에 급격한 발전을 우선 추구했다. 그 대가는 사람의 목숨으로 치렀다.

1932~1933년 기근과 농민 탄압으로 약 390만 명(추산)이 목숨을 잃었다. 집산화 정책에 따라 개인 소유 농장들이 국영 집단농장으로 대체되면서 농민들은 자기 땅에서 쫓겨났다.

저항은 체포·살해로 이어졌다. 농민들은 할당량을 충족할 때까지 곡물을 받을 수 없었기 때문에, 굶주림이 위협 수단으로 이용됐다. 1932년까지 우크라이나의 농업 생산성은 목표치를 60퍼센트밖에 채울 수 없었다. 소련 내무부의 비밀 보고서에 따르면 1940~1953년에 우크라이나에서 소련의 다른 지역으로 추방된 사람이 57만 1000명이었다. 제2차세계대전 종전 후 닥친 기근 때문에 1946~1947년에 수십만 명이 목숨을 잃기도 했다.

소련 붕괴와 위기의 새 물결

1989년 베를린장벽이 무너진 후 얼마 지나지 않아 소련 역시 위기에 빠질 것은 뻔해 보였다. 수많은 우크라이나인들은 서구에 존재한다 믿던 자유를 이제는 누릴 수 있고 생활수준도 향상되리라고 기대했다. 그들은 장차 냉전이 종식되면 우크라이나가 더는 잠재적 핵전쟁에 휘말리지 않으리라는 기대도 품었다.

1990년에 학생 시위대가 민주주의를 요구하며 도시 광장들을 점거했다. 국가가 학생들을 위협하자 수많은 노동자들이 그에 반대해 시위를 벌였다. 우크라이나 정부는 그들의 요구를 상당수 수용할 수밖에 없었고, 1991년 8월 소련으로부터의 독립을 선언했다. 이는 [소련에] 치명타였다.

우크라이나는 소련의 농업 생산, 방위 산업, 제조업 상당 부분의 기반이었다. 그런데도 당시 러시아 대통령 보리스 옐친은 소련 지도자 미하일 고르바초프를 거슬러 우크라이나의 독립을 인정했다. 옐친은 동구권 붕괴와 고르바초프 사임에 박차를 가하고자 했던 것이다. 결국 옐친의 바람대로 됐다.

하지만 옐친은 마음이 급한 나머지 크림반도와 흑해 함대의 향방 문제를 간과했다. 그러나 흑해의 제해권은 우크라이나와 러시아 양국 지배계급에게 군사적·경제적으로 사활적인 것이었다. 우크라이나의 지배자들은 함대 일부를 신생 우크라이나 해군에 편입시키려 했다. 그러나 흑해 함대 장교의 압도 다수는 러시아 충성파였다.

동시에 크림반도 전역과 중요한 항구인 세바스토폴에서 친러 분리주의 단체들이 활동을 시작해, 흑해 함대의 병사들을 포섭하려 했다. 러시아와 우크라이나는 급조된 협약을 맺어 함대를 "공유"하기로 합의했지만, 갈등과 긴장 고조 위험은 오늘날까지 전혀 해소되지 않았다.

그러는 동안 경제 위기가 우크라이나를 덮쳤다. 1993년 이래로 신자유주의적 충격요법이 우크라이나를 강타했다. 생활수준이 파탄 지경에 이르렀다. 평생 모은 저축이 휴지 조각이 돼 버렸다. 1990년에 거리로 나섰던 사람들이 품었던 희망은, 빈곤의 새 시대와 내전의 위협으로 산산조각 났다. 설상가상으로, 기회주의적 정치인들은 체제의 실패 문제에서 [대중의] 관심을 돌리기 위해 반동적 민족주의를 퍼트렸다. 이 전략의 끔찍한 대가는 얼마 지나지 않아 백일하에 드러날 터였다.

신자유주의와 부패

우크라이나 경제의 붕괴는 2008년 세계 금융 위기로 더 빨라졌다. 이것이 다음 반란의 배경이 됐다. 2013년 말 우크라이나 중앙은행의 외환 보유고는 2개월치밖에 남지 않았고, 우크라이나는 채무 불이행 위기에 놓였다.

우크라이나의 통치자들은 이제 현금이 절실해졌다. 최후의 순간에, 당시 대통령 빅토르 야누코비치는 유럽연합과의 협정 체결이 아니라 러시아와의 이면 합의에 기댔다. 야누코비치는 대개 푸틴의 추종자로 여겨지지만, 서방과 동침하던 인물이었다. 야누코비치는 2004년 '오렌지 혁명'으로 이미 한 차례 대통령 자리를 잃었지만, 2010년 선거 부정으로 점철된 과정 끝에 '재선'했다.

야누코비치의 행동은 '마이단' 시위를 촉발했다. '마이단'은 시위대가 점령한 키예프 중앙 광장의 이름을 딴 것이다. 이 운동은 비교적 작았고, 그 기반은 우크라이나가 유럽연합과 거리를 좁히길 바라는 학생들이었다. 이 학생들은 우크라이나의 부패를 낡은 스탈린주의와 연결 지었다.

야누코비치가 일명 '베르쿠트'라는 특수 부대를 투입해 시위를 유혈 진압하라고 명령한 후, 시위는 훨씬 더 커지고 정치적으로 다양해졌다.

운동에 새로 참가한 사람들 다수는 부패와 국가 폭력을 규탄했지만, 우크라이나가 서방과 러시아 중 누구와 동맹을 맺어야 하는지에는 비교적 불명확했다. 이 운동을 주도하려 애쓰던 친서방 정치인들은 나토 군사동맹 및 유럽연합과의 협상을 지지하는 여론이 우크라이나 서부에서 다수라고 재빨리 선언했다.

우크라이나 동부·남부의 러시아어 사용자들에게는 우크라이나 문화에 어긋나는 "식민주의자"라는 딱지가 붙었다. 이런 분위기 속에서 극우 단체들이 급성장했다. 그리고 민족주의를 분열 지배의 수단으로 사용하기로는 푸틴 역시 마찬가지였다. 푸틴은 우크라이나가 본질적으로 러시아의 일부라고 주장했다.

마이단 운동에 밀린 야누코비치는 2014년 2월에 러시아로 도피했다. 하지만 그로부터 1주일도 채 지나지 않아 제복을 입었지만 소속을 밝히지는 않은 군인들이 크림반도 의회를 점거하고 크림반도를 점령했다. 그 후 우크라이나에게서 크림반도가 독립할지를 묻는 주민투표가 실시됐는데, 전체 투표자의 97퍼센트가 찬성표를 던졌다고 한다. 크림반도는 푸틴에 의해 러시아로 병합됐다. 같은 해 봄, 우크라이나 동부 돈바스 지역에서는 러시아가 지원하는 분리주의자들이 독립을 요구하기 시작했고, 이는 전쟁으로 이어져 지금까지 1만 4000명이 사망했다.

또 다른 점령에 반대한다

푸틴이 루한스크와 도네츠크의 분리 독립이 러시아 헌법에 부합한다고 선언하고 러시아군을 파병한 것은 우크라이나 국가를 분열·약화시키려는 시도다. 푸틴은 우크라이나 동부·남부에서 "러시아계" 주민의 권리가 위협받고 있기 때문에 러시아군을 파병해 분리주의 세력들을 지원하는 것이라고 주장한다.

그러나 이것은 러시아가 개입한 진짜 이유가 아니다. 푸틴은 러시아가 "가까운 외국"이라 부르는 나라들[옛 소련 소속 공화국이었다가 독립한 국가들]에 계속 영향력을 행사하기 위해 군대를 이용할 것이라는 메시지를 보내고자 한다. 우크라이나에서 러시아어 사용자들은 실제로 국가한테 차별을 받고 있다. 2015년에 우크라이나 정부는 우크라이나어가 국가의 유일한 공식 언어라고 결정했다. 그리고 일부 지역의 학교에서 러시아어를 공식 제2 외국어로 사용하게 허용하는 법률을 폐지했다.

루한스크·도네츠크 지역 인구의 4분의 1에 해당하는 80만 명이 러시아 시민권을 갖고 있다고 한다. 그 지역 주민의 3분의 2는 러시아어를 모국어로 여긴다. 우크라이나 정부의 러시아어 사용 제약은 반동적 행위일 뿐, 인도적 행위가 전혀 아니다. 우크라이나 대통령 젤렌스키를 비롯한 우크라이나 전역의 많은 사람들이 계속 러시아어와 우크라이나어를 모두 사용한다. 헝가리어·루마니아어·폴란드어를 사용하는 우크라이나인들도 적잖다. 푸틴의 생각은 우크라이나가 언어적 경계, 또 이른바 민족적 경계에 따라 분리돼야 함을 시사한다. 우크라이나 사람들은 대부분 이를 완전히 터무니없는 것으로 여길 것이다.

베를린에 있는 '동유럽 및 국제 연구센터'가 2019년에 실시한 설문 조사에 따르면, 루한스크·도네츠크가 우크라이나 혹은 러시아에 속해 자치권을 얻기를 바라는 사람은 주민 중 약 3분의 1에 불과했다. 응답자의 약 20퍼센트는 분할 이전 상태로 돌아가고 싶다고 답했다. 우크라이나는 대개의 다른 나라들보다 심한 인구 강제 이동을 거치며 형성된 국가다.

2015년 이래로 우크라이나는 국내 난민* 인구가 많기로 10위 안에 드는데, 그 수가 180만 명에 이른다. 또 난민 100만 명 이상이 러시아로 피난해야 했다. 우크라이나를 조각내는 제국주의 갈등이 계속되면 불행만 더해질 것이다.

출처: Isabel Ringrose, Yuri Prasad, "Ukraine — a history of war and repression", *Socialist Worker* 2794(26 February 2022).

---

* 국내 난민 난민들 중 국경을 넘지 않고 자국의 다른 지역으로 이주한 이들을 국제기구들이 지칭하는 말.

1917년 러시아 혁명, 잠깐 자유를 맛봤을 때

'우크라이나'라는 말은 '변방'이라는 뜻이다. 우크라이나는 수백 년 동안 열강이 벌인 전쟁 속에서 고래 싸움에 새우 등 터지는 처지였다. 그러나 그런 처지에서 벗어날 수 있음을 러시아의 볼셰비키가 보여 줬다. 1917년 러시아 혁명 직후의 내전 기간에 볼셰비키가 우크라이나를 대했던 태도가 바로 그것이다.

볼셰비키의 지도자 레닌은 제정 러시아를 "여러 인민들을 가둔 감옥"이라고 불렀다. 러시아제국이 그만큼 다양한 민족을 착취하고 억압했기 때문이었다. 차르는 대★러시아인 우월주의를 내세웠고, 제국에 속한 다른 민족들이 문명화가 덜 됐다며 멸시하고 그들의 문화와 언어를 억압했다. 우크라이나에서도 러시아제국은 1870년대부터 1905년까지, 그리고 1914년부터 다시 우크라이나어 문학과 신문을 금지했다.

제1차세계대전 개전 전에 레닌은 다음과 같이 주장했다. "민족 문제에 관한 노동계급 민주주의의 강령은 다음과 같다. 어떤 나라도 어떤 언어도 특권적 지위를 누려서는 절대 안 된다. 완전한 자유 속에서 민주적인 방식으로 독립국을 세울 수 있게 하는 것이 민족들의 정치적 자결 문제를 푸는 해결책이다." 우크라이나에 관해서는 다음과 같이 말했다. "볼셰비키는 우크라이나인들이 당하는 끔찍한 멸시에 강하게 반대하고 우크라이나인과 러시아인의 완전한 평등을 요구한다."

우크라이나 농민들은 거의 다 우크라이나어를 사용했다. 동부에 사는 농민들은 러시아 지주에게, 서부에 사는 농민들은 폴란드 지주에게 혹사당했고 그래서 그 둘 다 증오의 대상이었다. 우크라이나 동부의 하리코프를 비롯한 공업 중심지에서 노동자와 관리자는 대체로 러시아계 이주민이었다. 이 같은 도시와 농촌의 차이 때문에 단일한 우크라이나 문화를 창출하려 애쓴 중간계급 민족주의 운동은 어려움을 겪었다. 도시의 혁명가들도 대체로 비슷한 어려움을 겪었다.

'라다'와 소비에트

우크라이나는 제1차세계대전 중에는 러시아와 독일이 맞붙는 전장이 됐다. 1917년 2월 러시아에서 혁명이 일어나 차르를 타도했고, 수도 페트로그라드에는 임시정부가 들어섰다. 러시아 2월 혁명 이후 우크라이나에는 '라다'라는 기구가 들어서 우크라이나를 통치했다. 라다는 민족주의자들이 주도했는데 소비에트와 달리 선출된 기관이 아니었다. 1917년 6월 라다는 '우크라이나 자치공화국'을 선포했다. 10월에는 러시아에서 볼셰비키가 '모든 권력을 소비에트로'라는 구호를 내걸고 임시정부를 몰아냈다. 라다는 '평등하고 자유로운 인민의 연방'이 되겠다고 선언했다. 러시아 소비에트 정부는 우크라이나의 독립을 인정했지만, 반대로 라다는 러시아 소비에트 정부를 인정하지 않았다.

라다는 [제국주의 열강 중 하나인] 프랑스가 재정적·기술적 지원을 해 주기를 기대했다. 라다는 카자크 기병대가 러시아 소비에트 정부를 치러 갈 때는 길을 내줬지만 볼셰비키 군대에는 그러지 않았다.

라다가 이런 군사적 책략을 부리는 한편에서 파업과 시위를 동반한 대중적 사회운동이 일어났다. 하리코프에서 라다와 경쟁하는 소비에트 정부가 생겨났고 러시아 소비에트 공화국을 인정하라고 요구했다.

우크라이나의 두 정부[라다와 소비에트]는 전쟁에 돌입했다. 이 전쟁은 빠르게 러시아에서 일어난 내전의 일부가 됐다. 제1차세계대전이 계속되고 있었지만 양쪽의 열강은 이제 갓 태어난 소비에트 국가를 목 졸라 죽이겠다는 점에서는 의견이 완전히 일치했다. 처음에 제국주의 군대들은 러시아로 직접 쳐들어갔다. 그러나 이후에는 차르 제국 출신 장군들이 이끄는 백군을 지원하는 것을 택했다.

볼셰비키는 페트로그라드를 지키던 적위대를 적군赤軍으로 확대해서 백군에 대응했다. 우크라이나 출신 유대인 레온 트로츠키가 적군을 이끌었다. 적군은 군사력에만 의존하지 않았다. 적군은 차르 시절의 지주와 지배자들이 복귀하는 것을 결코 바라지 않는 노동자, 농민, 소수민족들에게 새 세상을 약속했다. 우크라이나 대중 가운데 볼셰비키는 많지 않았지만 이 전략은 우크라이나에서 금세 효과를 봤다. 라다의 수장 볼로디미르 빈니첸코는 투덜거렸다. "우크라이나 주민의 압도 다수는 우리 편이 아니다." 갈수록 많은 세력이 라다를 등지고 볼셰비키로 넘어갔다. 적군이 진격하자 라다는 수도 키예프를 버리고 후퇴했다. 우크라이나 소비에트는 독립적인 우크라이나 소비에트 공화국 설립을 선포했다.

기층의 지지를 잃은 라다는 권력을 지키려고 독일 제국과 오스트리아·헝가리제국의 군대를 불러들였다. 이 국가들은 적극적으로 군대를 보냈다. 1918년 3월 초 이 군대는 우크라이나를 점령했다. 이 새로운 지배자들은 라다를 해산하고 우크라이나에 괴뢰 정부를 세웠다.

그러나 독일에서 대중운동이 일어나자 우크라이나를 계속 점령하기가 힘들어졌다. 1918년 말 전쟁에 반대하는 병사 반란과 파업이 잇따랐고, 독일군은 자국에서 일어난 혁명에 대처해야 해서 우크라이나에서 철군할 수밖에 없었다. 우크라이나 괴뢰 정부는 무너졌고 라다가 다시 통치권을 잡았다. 이제는 시몬 페틀류라가 라다를 이끌었다. 그러나 독일과 오스트리아·헝가리제국의 점령을 거치면서 라다에 대한 지지는 떨어진 상태였다.

해방된 우크라이나

이듬해 봄 적군은 다시 키예프로 진격했다. 적군은 이전보다 훨씬 더 환영받았다. 민족주의자들은 퇴각하면서 유대인을 학살했다.

이후 1919년에 악랄한 백군 장군 데니킨이 우크라이나를 점령했다. 데니킨은 주민들의 지지를 전혀 받지 못했고 우크라이나의 질서는 무너졌다. 네스토르 마흐노 같은 아나키스트를 포함해 혁명가들은 저마다 군대를 만들었고 농촌에는 비적들이 나타나 마을 통제권을 놓고 다퉜다.

1919년 말 적군은 백군을 몰아냈다. 마침내 평화가 오는가 싶었지만 이번에는 페틀류라가 폴란드에서 군대를 불러들였다. 적군은 폴란드군과 전쟁을 벌였다. 자기 세력권을 넓히려는 또 다른 열강의 침공에 우크라이나 민중은 또다시 희생됐다. 민족주의자들에게 폴란드 지주들에 대한 적개심은 여전했다. 그래서 민족주의자들이 보기에 페틀류라는 배신자였다.

소비에트 정부는 우크라이나의 대부분 지역에서 폴란드군을 몰아냈지만 1921년에 전쟁이 끝날 즈음의 협상 결과로 우크라이나인 400만 명은 폴란드에 속하게 됐다.

마침내 우크라이나 소비에트 공화국이 안정적으로 들어섰다. 러시아 소비에트 공화국은 우크라이나를 병합하지 않았다. 우크라이나인들은 여러 라다 정부를 거치면서 우크라이나 부르주아지에게는 기댈 것이 없다는 것을 확인했다.

1920년 레닌은 러시아 소비에트 정부가 우크라이나에 대해 어떠한 우월감도 보이지 않을 것이라고 강조했다. 레닌은 일부 볼셰비키가 "우크라이나어를 2등 언어로 격하시키려고 작위적으로 애쓰는" 것을 강하게 비난했다. 러시아 소비에트 정부는 우크라이나의 모든 공무원이 우크라이나어를 배워야 하고 우크라이나의 대토지를 러시아의 식량 공급 기지로 삼지 말고 우크라이나 농민들에게 분배해야 한다고 주장했다. 볼셰비키의 정책은 단지 말에 그치지 않았다. 차르의 속국이었던 나라 민중의 생활은 1920년대 동안 개선됐다.

볼셰비키는 차르 제국한테 억압당하던 나라들뿐 아니라 아일랜드, 터키, 중국, 인도 등 다른 제국주의에 시달리는 나라들에 대해서도 똑같은 입장을 취했다.

과거 러시아제국에 속했던 나라에서 이제는 러시아어 사용이 강요되지 않았다. 각 나라에서 학교는 자국어를 가르쳤고 정부도 자국어를 사용했다. 어떤 곳에서는 새 국가가 나서서 그동안 제약당하던 언어로 글을 쓰도록 지원했다. 많은 출판물이 쏟아져 나왔다. 토착민들이 러시아인들보다 우선해서 고용됐다. 각국 소비에트는 대학을 설립해 비非러시아계 지도자를 양성했다.

변화가 가장 극적이었던 곳은 러시아 동부 무슬림 거주 지역이었다. 러시아의 2월 혁명을 보고 무슬림 수백만 명이 급진화했다. 최초의 전全러시아 무슬림 의회가 1917년 5월 1일 모스크바에서 열렸다. 대표자 1000명 중 200명이 여성이었다. 중앙아시아와 캅카스 지역에서는 샤리아 사법 제도[이슬람 율법]가 등장했다.

비극이게도 이런 시절은 오래가지 못했다. 이오시프 스탈린이 지독한 반혁명을 일으켜 러시아를 이끌게 돼서다. 스탈린은 러시아만의 힘으로 제국주의 열강에 맞서는 데 필요한 군사력과 경제력을 갖추기 위해 볼셰비키가 없앤 억압 정책들을 되살렸다. 1939년에 망명 중이던 트로츠키는 이를 돌아보면서 다음과 같이 썼다.

우크라이나 서부의 대중이 크렘린[러시아 소비에트 정부]에 보내던 지지와 공감은 흔적도 남지 않았다.

최근 우크라이나에서 피비린내 나는 '숙청'이 벌어진 이후 우크라이나 서부의 그 누구도 이제는 크렘린의 관할 아래 들어오려 하지 않는다. 비록 지금도 이름은 우크라이나 소비에트 공화국이지만 말이다.

우크라이나 서부, 부코비나 지역, [우크라이나 동부의] 카르파토-우크라이나의 노동자·농민 대중은 혼란에 빠졌다. 누구에게 기대야 하는가? 무엇을 요구해야 하나?

이런 상황 때문에 가장 반동적인 패거리가 자연스레 지도력을 갖게 된다. 이 패거리는 각자의 '민족주의'를 내세우며 독립이라는 허상을 약속받는 대가로 우크라이나인들을 이런저런 제국주의 세력들에게 팔아 넘겼다.*

통탄스럽게도, 최근의 사건을 보면 오늘날에도 변한 것이 거의 없는 듯하다.

출처: Ken Olende, "Ukraine's taste of freedom", *Socialist Worker* 2394(11 March 2014).

---

* Leon Trotsky, "Problem of the Ukraine" (April 1939), https://www.marxists.org/archive/trotsky/1939/ukraine.html

2014년 마이단 시위와 위기의 고조

우크라이나 정부에 대한 상반된 묘사가 있다. 누군가는 우크라이나 정부를 러시아의 침략에 맞선 자유와 해방의 등대로 본다. 다른 누군가는 우크라이나 정부가 파시스트·나치 세력의 소굴이라고 주장한다. 진실을 이해하려면 지난 8년을 반드시 돌아봐야 한다.

2014년부터 충돌에 휩싸인 우크라이나에서는 1만 4000명이 넘는 사람들이 죽고 200만 명이 넘는 난민이 생겼다. 2014년에 우크라이나에서는 당시 대통령 빅토르 야누코비치에 맞선 대중 시위가 벌어졌다. 그 시위는 정권과 올리가르히(엄청 부유하고 정치적 영향력도 막강한 기업주들)의 부패에 대한 분노로 가득했다.

대통령 일가 저택에 쳐들어간 시위 참가자들은 사치스러운 광경에 입을 다물 수 없었다. 동판 기와, 개인 동물원, 지하 사격장, 18홀 골프 코스, 테니스장, 볼링장, 금으로 도금한 비데 등. 이 모든 것이 국민 35퍼센트가 빈곤선 이하에서 사는 나라에 있었다.

우크라이나는 옛 소련의 일부였던 국가들 중에서 [소련 해체의] 타격이 가장 심했던 곳 중 하나였다. 1990년대에는 인플레이션이 극심했고 2008년에는 세계 금융 위기로 큰 타격을 입었다. 세계은행의 수치에 따르면 2013년에 우크라이나는 1990년일 때보다 더 가난했고, 지금도 그렇다. 2013년이 되면, 우크라이나 지배계급은 유럽연합·국제통화기금이나 러시아의 구제금융이 절실히 필요했다.

동시에 흑해에서 카스피해에 이르는 지역에서 서방(미국·나토·유럽연합) 대 러시아의 제국주의적 경쟁이 심화됐다. 이런 긴장으로 2008년 조지아에서 전쟁이 벌어졌고 그 일대를 둘러싼 긴장이 첨예해졌다. 그 결과, 유럽연합이냐 러시아 주도의 유라시아관세동맹EACU이냐 어느 경제 블록에 협조할 것인가 하는 문제가 군사적으로도 나토와 러시아 중 어느 쪽에 협조할 것인가 하는 문제와 직결됐다.

마이단 시위

각 측과의 '협상'은 상호 배타적이었고, 이는 러시아 시장과 서방 시장 모두에 의존하는 우크라이나 경제에 엄청난 긴장을 일으켰다. 어디를 택하든 우크라이나 노동자들에게는 커다란 대가가 요구됐다. 얼마간 망설이던 야누코비치는 러시아에 기댔다.

이는 '마이단' 시위를 촉발했다. 마이단은 우크라이나 수도 키예프의 중심지에 있는 독립광장의 이름을 딴 것이다. 마이단 시위는 부패와 경제적 어려움에 대한 분노를 유럽연합과의 협력 협정 체결 요구로 모았다. 이것은 우크라이나 대중을 매우 첨예하게 가르는 쟁점인 것으로 드러났다.

마이단 시위 전에도 올리가르히와 정치인들은 오랫동안 러시아계 주민과 우크라이나계 주민 사이의 지역적·민족적 분열을 조장해 왔다. 이를 통해 정치적 기반을 다지고, 대중의 분노를 엉뚱한 데로 돌렸다.

2008년 경제 위기 이후에는 이 전략의 일부 요소들이 더 강도 높게 이용됐다. 우크라이나 민족주의자들에 의해, 동부의 러시아어 사용자들은 외적과 내통하는 공작원으로 그려졌다. 반면, 서부의 우크라이나어 사용자들은 모두가 러시아계 주민과 러시아어 사용자를 혐오하는 추악한 나치 협력자들인 양 그려졌다.

그러나 그런 반동적인 견해는 어느 쪽에서도 다수를 대표하지 않았다. 언어와 민족을 둘러싼 오래된 분열은 사실 약해지고 있었다. 2003~2010년에 우크라이나어나 러시아어 중 하나만 사용하는 청년층의 비율은 감소했다. 러시아어와 우크라이나어를 모두 사용하는 사람의 비율은 2003년 19퍼센트에서 2010년 40퍼센트로 증가했다. 우크라이나계든 러시아계든 대다수는 이중 언어 사용자다. 이들은 서로 결혼하기도 하고 두 언어로 대화를 나누기도 한다. 2009년이 되면, 민족 간 분열을 사회문제로 여기는 우크라이나인의 수는 [이전의] 50퍼센트에서 37퍼센트로 줄었다.

그러나 우크라이나 지배계급이 2008년 경제 위기 이후 분열을 부추기면서, 2014년에 이 수치는 다시 73퍼센트로 급증했다. 그러나 1990년에 벌어진 독립 투쟁 당시 저항과 파업을 벌인 우크라이나인들은 단결의 가능성을 보여 줬다. 동부의 돈바스 지역에서 광원 파업이 일어나자 우크라이나 민족주의의 아성인 서부에서도 광업 중심지들이 파업에 합류했다. 당시 동부의 도네츠크와 루한스크에서도 우크라이나 독립 지지 여론은 83퍼센트 아래로 떨어진 적이 없었다.

유럽연합과의 협정을 요구하는 마이단 시위의 규모는 크지 않았다. 그러나 경찰의 무자비한 대응이 사태를 변화시켰다. 특히, 악명 높은 베르쿠트("검독수리")의 폭력이 이런 변화를 자극했다. 베르쿠트는 옛 소련 시절 특수목적기동대OMON의 후신으로, 극도로 유대인 혐오적 성향을 보이는 집단이다. 베르쿠트는 마구잡이로 폭력을 휘두르며 시위대를 광장에서 몰아내고, 곤봉을 들고 거리에서 시위대를 추격했다. 그러면서 시위가 수십만 명 규모로 늘어났다. 시위대의 많은 수는 유럽연합이나 러시아를 지지하기보다는 경찰 폭력에 항의했다.

2014년 1월과 2월에 보안 경찰은 저격수를 배치해 시위 참가자와 경찰 모두 목숨을 잃게 하는 등 인명 살상을 수반하는 방법에 의존했다. 100명 넘게 목숨을 잃고 2500여 명이 다쳤다. 우크라이나의 파시스트와 극우들은 스스로를 베르쿠트의 희생자이자 그들에게 가장 결연하게 맞설 세력으로 포장했다. 배타적 민족주의자들은 분열을 크게 증폭시켰다. 유럽연합·나토·미국은 서둘러 친서방 정권을 세우고 강화하려 했고, 러시아는 분열을 조장하고 동부의 러시아계 주민들 사이에서 공포를 조장했다.

야누코비치가 모스크바로 도망치고 그의 '우크라이나 지역당'이 붕괴하면서 친서방 정권이 세워졌다. 이로써 서방과 러시아는 각자 우크라이나에 자신의 이익을 대리하는 세력을 구축했다. 서방은 새 우크라이나 정부와 그 정부가 동부에서 벌이는 '대테러 작전'을 지지했다. 러시아는 2014년 2월 크림반도를 병합하고 도네츠크와 루한스크의 분리주의 세력에 물질적·정치적 지원을 제공했다. 분리주의 세력을 이끄는 인물들은 대★러시아 민족주의자들이었다.

이고르 기르킨은 '도네츠크인민공화국'의 '국방부 장관'으로 임명
됐다. 기르킨은 두 차례의 체첸 전쟁에 참전하고, 보스니아에서 세르
비아가 벌인 인종 청소에 참여하기도 한 자다. 기르킨은 몰도바에서
떨어져 나온 분리주의 국가에서 러시아의 꼭두각시 세력을 조직하
는 것을 돕고, 러시아가 크림반도를 병합하는 데서도 일정한 구실을
했다. 기르킨은 슬라브족으로 이뤄진 러시아제국의 부활을 꿈꾼다.

우크라이나 정부도 가장 반동적인 민족주의자들에게 구애하며,
홀로코스트에 연루된 나치 부역자들의 유산을 미화했다. 우크라이
나 정부가 동부에서 '대테러 작전'을 벌이기로 결정하자 극우와 파시
스트들은 여기에 지지를 보내고 자원했으며, 이는 분열을 더 강화시
켰다.

격화되는 충돌

2014년 5월, 나치 조직인 '우파 구역'이 이끄는 극우 민족주의자
들이 우크라이나 서부 오데사에서 친러 시위 참가자 43명을 학살했
다. 이 사건은 우크라이나군이 마리우폴에서 민간인들을 살해한 사
건과 맞물렸고, 편들기를 주저하던 많은 동부 주민들을 양극화시켰
다. 그러나 동부에서든 서부에서든 극우·파시스트·민족주의자들은
결코 우크라이나인 대다수를 대변한 적이 없다.

좌파 일각에서는 마이단 시위와 그 후에 벌어진 일을 쿠데타로
묘사한다. 이것은 틀린 묘사다. 마이단 시위의 결과는 민주주의도,

자결권의 승리도 아니었다. 마이단 시위의 비극은 그것이 우크라이나를 분열시킨 제국주의 경쟁에 희생됐다는 것이다. 이제 양 진영은 상대 진영의 가장 반동적인 세력을 문제 삼는다. 양쪽 모두에 파시스트와 나치가 있다.

그러나 이런 분열에도 불구하고, 평화와 갈등 종식을 향한 열망은 침공 전까지 상당했다. 불과 석 달 전인 2021년 말에 실시된 설문 조사에서도 우크라이나인 35퍼센트가 나토 가입에 반대했다. 이것은 심지어 우크라이나에서 분리된 루한스크와 도네츠크 지역을 제외하고 이뤄진 조사였다. 나토 가입은 우크라이나 동부에서 지지가 가장 적었는데, 이곳은 러시아 침공의 직격탄을 맞은 지역이다. 따라서 침공 직전까지도 나토를 둘러싼 우크라이나인들의 여론은 엇갈려 있었던 것이다.

일각에서는 현 우크라이나 대통령 젤렌스키를 우크라이나판 만델라로 치켜세운다. 반면 혹자는 젤렌스키를 나치 조력자로 취급한다. 둘 다 틀린 얘기다. 사실 젤렌스키는 유대인이며 정치 아웃사이더로, 2019년 2차 대선 투표에서 구태의연한 상대 후보들을 압도적 표차로 누르고 당선했다. 그는 평화 공약을 내세웠고 갈등을 끝내겠다고 약속했다. 그러나 그런 입장으로는 러시아와 나토 국가들의 경쟁을 극복하거나 우크라이나 국가 내에서 지배적인 친서방 세력을 이겨낼 수 없었다. 이제 젤렌스키는 갈등을 확대하는 것만을 유일한 대응책으로 여긴다. 우크라이나의 비극은 러시아와 나토 간 제국주의 경쟁의 한복판에 있었다는 것이다.

2014~2015년에 러시아와 유럽연합(특히 독일·프랑스)의 중재로

민스크협정이 체결됐다. 그러나 이 협정은 우크라이나 내의 갈등과 분열을 그저 일시 정지시켰을 뿐이다. 협상 테이블에 우크라이나는 없었다. 그리고 일시 정지된 갈등의 근저에서 긴장은 증대했을 뿐이다. 러시아는 우크라이나가 유럽연합과 나토로 더 기울지 않게 하려고 우크라이나 내의 분리주의 공화국들에 '자치권'을 보장해 주려 했다. 그사이에 유럽연합 강대국들과 우크라이나 정부는 민스크협정의 일부 내용에 기대어 우크라이나와 나토·유럽연합의 관계를 더 밀접하게 하려 했다.

2021년 말이 되면 러시아는, 유럽연합의 우월한 경제력과 우크라이나 정부와 나토의 군사적 협력 증대에 러시아가 밀리고 있다고 여겼다. 블라디미르 푸틴은 서방과 우크라이나 정부의 이런 행보가 옛 소련의 일부였던 러시아 접경국들에 대한 러시아의 지배력을 위협한다고 보고, 무지막지한 군사력을 휘두르기로 결심했던 것이다.

출처: Rob Ferguson, "Ukraine — the shadow of 2014 on today's war", *Socialist Worker* 2796(12 March 2022).

우크라이나의 극우는 누구이고
어떻게 성장했나?

우크라이나 대통령 젤렌스키는 대체로 우파이고 미국 제국주의를 지지하지만, 나치는 아니다. 그러나 우크라이나의 극우 조직들은 그 자체로는 규모가 매우 작지만, 우크라이나 정부가 부추긴 애국 열풍 덕에 성장하고 있다.

다른 여러 국가들과 마찬가지로 우크라이나 지배자들은 국민 단결 정서를 형성하려고 애쓴다. 우크라이나 지배자들은 블라디미르 푸틴에 대항할 동기를 부여하고 사람들을 결속시킬 접착제 구실을 할 수 있는 사상과 과거 인물들을 띄워 주고 있다. 이는 2014년에 러시아가 크림반도를 침공한 이래 급격히 가속됐다. 2022년 3월에 한 우크라이나 소설가가 〈이코노미스트〉에 썼듯, "이 나라에는 원래 국민 신화가 없었지만, 지금은 어디에나 있다."

2014년 우크라이나 정부는 러시아 정권에 대한 적대감을 강화하는 캠페인을 주도면밀하게 벌이기 시작했다. 이전부터 진행된 과정을 바탕으로 이뤄진 이런 노력은, 파시스트들이 좋아하는 나치 협력자 스테판 반데라 같은 "반反소련" 인사들을 미화하는 것으로 나타났다. [1940년대 초] 반데라가 이끈 '우크라이나 민족주의자 조직'은 [나치 친위대를 도와] 유대계·폴란드계 우크라이나인 수십만 명을 살해한 전력이 있다.

이미 2009년까지 우크라이나 서부에는 반데라를 기념하는 상징물 30개와 박물관 4곳이 들어섰다. 당시 우크라이나의 우파 대통령 빅토르 유셴코는 2010년에 퇴임하면서 반데라를 '우크라이나의 영웅'으로 선정했다. [2008년] 금융 위기 이후 긴축의 고통이 느껴지기 시작한 상황에서 민족 간 분열을 부각하려는 노력의 일환이었다.

반데라의 영웅 칭호는 2011년 유셴코의 후임자 빅토르 야누코비치에 의해 취소됐다. 그러나 야누코비치가 2014년 마이단 시위로 퇴진하자 키예프 시의회는 키예프의 모스크바가街를 스테판 반데라가로 이름을 고쳤다. 러시아가 우크라이나 동부를 침공한 이후였다.

2021년 우크라이나 서부의 한 지방의회는 대형 경기장 이름을 로만 슈케비치의 이름을 따서 변경했다. 슈케비치는 나치 친위대 소속 '슈츠만샤프트 201' 대대의 지휘관이었다. 슈츠만샤프트 201은 나치가 구성한 우크라이나인 대대로 벨라루스에서 유대인 학살에 가담하고 우크라이나에서 나치 반대자를 색출했다.

적흑기赤黑旗 같은 반데라 지지자들의 상징이 '순수한' 국민적 이미지가 됐고, 이런 상징들은 현재 몇몇 우크라이나 지지 시위에서도 등장하고 있다. 따라서 우크라이나에서 아조우 연대 같은 파시스트 단체가 성장할 수 있다는 것은 놀라운 일이 아니다.

아조우 연대는 2014년에 파시스트 조직과 백인 우월주의 조직들이 통합되며 만들어졌다. 이 단체의 지도자는 나치이자 유대인 혐오자인 안드리 빌레츠키였다.

2014년 11월 당시 우크라이나 대통령 페트로 포로셴코는 아조우 연대가 주방위군에 편입되자 이들을 "최상의 전사"라고 부르며 칭송했다. 아조우 연대 대원들은 로마인·성소수자·이민자들을 공격하기 시작했다.

아조우 연대는 나토가 우크라이나에 지원한 막대한 무기들에 접근할 수 있었고, 이제 정부의 중심부로 더욱 가까이 자리를 잡고 있다. 아조우 연대의 정치 기구의 지도적 인사인 올레나 세미얀카는 자신이 현재 여당 의원 보좌관이라고 독일 주간지 〈디 차이트〉에 말했다. 세미얀카는 세계 각지에서 전투에 참가하러 오는 자원자들을 모아 국제 여단을 구성하는 임무에서 그 의원을 보좌하고 있다고 덧붙였다.

2015년에 캐나다와 미국은 나치와의 연관성을 이유로 아조우 연대에 지원과 훈련을 제공하지 않겠다고 발표했다. 그러나 이듬해 미국은 국방부의 압력으로 이 제한을 해제했다.

우크라이나의 또 다른 극우 무장 운동으로는 '우파 구역'이 있다. '우파 구역'도 러시아의 지원을 받는 우크라이나 동부의 분리주의자들과 싸운다. 러시아의 공격이 거세시자 '우파 구역'은 우크라이나 지배자들의 지원을 받으며 성장했다. 2021년 12월 '우파 구역' 단원인 드미트로 코츠유바일로는 젤렌스키에게서 '우크라이나의 영웅' 칭호를 받았다. '우파 구역'과 우크라이나 국가의 관계는 매우 밀접해, 어린 학생들이 '우파 구역'의 훈련 캠프를 방문하는 것이 특별한 일이 아닐 정도다. 이곳에서 학생들은 반데라 같은 자들을 미화하는 역사관觀에 의거해 우크라이나 역사를 배운다. 우파적 역사관을 강화한 것이 매우 위험한 결과를 낳았다.

출처: Sam Ord, "Azov, the far right and 'national myths' in Ukraine", *Socialist Worker* 2797(20 March 2022).

볼로디미르 젤렌스키는 누구인가?

우크라이나 대통령 볼로디미르 젤렌스키는 러시아의 침공에 맞서 나라를 지키는 '국민 영웅'으로 칭송받는다. 젤렌스키는 자신이 러시아의 "넘버 원 타깃"이라고 내세운다. 일부 언론은 젤렌스키가 영화 〈패딩턴〉의 우크라이나어 더빙을 맡았던 것을 비롯해 그의 코미디언·배우 이력을 우호적으로 조명한다.

러시아가 우크라이나에서 패배하는 것은 환영해야 마땅한 일이다. 그렇다고 젤렌스키의 이력을 미화해서는 안 된다. 2015년에 젤렌스키는 TV 시트콤에 출연해, 얼떨결에 대통령이 된 교사 역할을 맡았다. 2019년에 실제로 대권을 잡은 젤렌스키의 정당 '국민의 종복'은 그 시트콤의 제목에서 따온 것이다.

젤렌스키는 부패를 끝장내고 정부를 "청소"하겠다고 공약했다. 그러나 취임 두 달 만에 당시 미국 대통령 트럼프가 같이 연루된 부패 혐의를 받았다. 미국에서는 그 스캔들로 트럼프 탄핵 재판이 열렸다.

젤렌스키가 취임 후 처음에 한 일 중 하나는 안드리 보흐단을 비서실장에 임명한 것이다. 보흐단은 우크라이나 올리가르히들의 변호사였다. 그리고 우크라이나의 부패 관련 법에 따르면 2024년까지 공직을 맡을 자격이 없는 사람이었다.

젤렌스키는 이전 대통령들의 비밀 해외 순방을 비판했지만, 자신도 2020년 1월 오만 방문을 둘러싼 불투명성 문제로 논란의 대상이 됐다. 2021년 10월 국제탐사보도언론인협회가 폭로한 금융 기밀 문서인 "판도라 페이퍼스"가 폭로됐을 때도 젤렌스키는 스캔들에 휩싸였다. 반부패 공약을 내세웠건만, 정작 그 자신과 측근들은 [조세 피난처인] 영국령 버진아일랜드, 키프로스, 벨리즈에 역외 회사를 여럿 소유하고 있었던 것이다. 이런 부패 의혹들이 제기되고 팬데믹 대응 실패가 분노를 사자, 젤렌스키는 더 강경한 반反러시아·반反푸틴 태도를 취했다.

출처: Sophie Squire, "Ukrainian president Volodymyr Zelensky is no clean break from corruption", *Socialist Worker* 2794(01 March 2022).

3장

위기에서 전쟁으로

동유럽에 놓인 강대국들의 이해관계

1989년 베를린장벽 붕괴와 1991년 소련 붕괴는 자본주의 옹호자들을 의기양양하게 만든 사건이었다. 1990년대는 "역사의 종말"에 이르는 중대한 전환점이 될 것이라고 이들은 주장했다. 경쟁 이데올로기인 공산주의가 종식됐으니 앞으로는 전쟁이 일어나지 않을 것이며, 적어도 1945년 이후의 냉전에 견줄 만한 규모와 지속성을 띤 일은 앞으로 벌어지지 않으리라는 것이었다.

그 전까지 양 진영으로 갈려 있던 유럽은 이제 서방의 확고한 우위하에 재통합되고, 절멸의 위협에 시달리지 않을 것이라고 자본주의 옹호자들은 주장했다. 처음부터 이 주장은 근거 없는 믿음에 지나지 않았다.

동구권이 붕괴되자 그 여파로 옛 소련이나 동구권에 속했던 국가들 사이에서 잇달아 전쟁이 일어났다. 유고슬라비아가 붕괴한 잔해 위에서 부상한 분리 독립 세력들이 1991년부터 10년 동안 전쟁을 벌였다. 미국·유럽·러시아도 자신의 경쟁 우위를 위해 그 싸움에서 저마다 다른 "민족 집단"들을 지원했다. 1994년과 1999년에는 체첸 전쟁이 벌어졌다. 체첸이 러시아연방에서 벗어나 서방의 보호를 받으려 하면서 벌어진 전쟁이었다. 2008년에도 남南오세티야 지역의 통제권을 두고 러시아와 조지아 사이에 전쟁이 벌어졌다. 오세티야는 두 국가 사이의 캅카스 산맥에 걸쳐 있는 곳이다.

같은 정치적 단층선이 2014년에는 우크라이나 내전을 낳았고, 그 과정에서 러시아가 크림반도를 점령했다. 대규모 병력이 다시 러시아, 우크라이나, 다른 동유럽 나라들에 집결해 있는 지금, 유럽은 새로운 전쟁 직전 상황으로 치달을 수 있다.

이런 사례들에서, 나토 군사동맹을 동쪽으로 확장하려는 미국의 집요한 노력은 자기 제국을 넓히려는 유럽연합의 소망과 언제나 맞물렸다. 이는 소련이 몰락하던 1991년에 미국이 당시 소련 대통령 미하일 고르바초프에게 한 약속을 대놓고 위반하는 것이었다.

미국 정부는 냉전 종식을 계기로 유럽 대륙의 판도를 적극 재편하고 미국식 신자유주의적 자본주의를 동쪽으로 확장하려 했다. 미국이 자신이 주도하는 나토를 통해 군사적 확장을 이끌면, 유럽연합이 경제적으로 중부·동부 유럽으로 진출하는 식이었다.

미국이 보기에 러시아는 신자유주의로 통째로 집어삼킬 수 없는 강대국으로, 따라서 포위·약화·고립시켜야 하는 국가였다. 유럽연합을 주도하는 경제 강국 독일은 중부 유럽에서 이 상황을 한껏 이용했다. 독일은 자국을 위한 저임금 숙련 노동자, 제조업 중심지, 원자재 공급처, 시장을 확보했다. 하지만 유럽연합의 욕망은 끝이 없었고, 그래서 유럽연합은 러시아와 국경을 직접 맞댄 나라들로까지 진출하려 했다.

러시아에서 공급되는 값싼 에너지·원자재와 국내외의 위협에 대처하기 위해 러시아의 군사 지원에 의존하던 나라들은, 유럽연합의 유혹을 계속 받고 있다. 유럽연합은 투자, 현대화, 국제적 인정을 약속하고, 나토 회원국이 되면 군사적 보호도 보장해 주겠다고 한다.

그런데 미국과 유럽, 나토와 유럽연합은 동쪽으로 세력을 확장한다는 야욕으로 굳게 단결한 듯 보이지만, 그 단결은 보기보다 훨씬 취약하다. 미국과 유럽 모두 전면전에 휘말리기를 바라지는 않지만, 서방이 러시아를 얼마나 압박해야 할지를 두고는 의견이 갈린다. 이는 미국과 유럽의 전략적 필요가 서로 다른 것을 반영한다.

미국이 보기에, 유럽은 자신의 영향권 내에 있는 작지만 전략적으로 필수적인 제국으로 대對러시아 경쟁의 하위 파트너다. 한편, 유럽연합 회원국들은 저마다 나름의 목표가 있는데, 이는 미국의 목표와 어긋날 수 있다.

몇몇 국가들, 예컨대 덴마크는 리투아니아 나토 공군기지에 전투기를 배치하고 발트해에 구축함을 띄웠으며, 영국은 우크라이나에 무기 공급을 서두르고 있다. 반면 독일 지배계급은 [전쟁 전인] 지금은 비교적 신중하다. 독일 정부는 우크라이나로의 무기 수출을 일절 거부했다. 〈뉴욕 타임스〉에 따르면 독일은 에스토니아에 있는 독일산 곡사포를 우크라이나로 이전해 달라는 요청도 물리치고 있다.

독일의 새 정부가 평화를 추구해서 그런 것은 전혀 아니다. 오히려 독일 지배계급은 러시아산 천연가스가 유럽으로 계속 흘러들어 오기를 바라며 노심초사하고 있다. 특히 대규모 해저 가스관 노르트스트림2가 우크라이나 문제를 이유로 러시아에 가해질 경제제재의 대상이 되지 않게 하려 한다.

2022년 1월 말 독일의 우파 정당인 기민당의 새 대표는, 우크라이나와의 대립을 이유로 러시아를 국제 결제망에서 제외하는 것에 우려를 표했다. 독일의 경제적 이익을 해칠 것이라는 이유에서다.

심지어 1월 초 독일 해군총감 카이아힘 쇤바흐는 러시아 대통령 블라디미르 푸틴이 존중받아야 마땅한 사람이고 러시아가 점령한 크림반도가 우크라이나에 반환돼서는 "절대 안 된다"고 말했다. 쇤바흐는 주제넘는 발언을 했다는 이유로 사임해야 했지만, 그의 견해는 독일 지배층 사이에서 뚜렷한 공감대를 얻고 있다.

독일이 미국의 경제적 도전자라면 러시아는 사뭇 다른 부류의 도전자다. 러시아는 냉전 종식 직후 크게 쇠락하긴 했지만 여전히 핵무기로 무장하고 대군을 거느린 강대국이다. 또, 러시아는 막대한 석유·천연가스 매장량을 보유하고 있다. 푸틴은 이를 이용해 군대를 다시 무장시키고 훈련시켰다. 덕분에 러시아는 국경 너머 먼 곳에까지 영향력을 행사할 수 있게 됐다. 일례로, 러시아는 시리아 내전에 개입해 독재자 바샤르 알아사드를 지원했다.

푸틴은 제국주의 체제 내의 적극적 행위자다. 푸틴은 러시아의 이익을 지키는 구실을 하는 외국의 억압적 정권들을 보호하면서도, 필요에 따라서는 그들을 약화시키기도 했다. 러시아는 이웃 나라들이 친서방으로 기울거나 푸틴을 우습게 보고 줄타기를 하는 듯하면, 그 나라 안의 반정부 세력들에게 돈과 무기를 지원해 줬다. 러시아는 친러 국가들의 독재자들을 강화시켜 주기도 했다. 이것이 바로 2020년에 벨라루스에서 대통령 알렉산드르 루카셴코에 맞선 항쟁이 일어난 후 벌어진 일이다.

2009년까지 옛 동구권 국가 중 12곳이 나토에 가입했고, 그중 11 개국은 유럽연합에도 가입했다. 2014년에는 조지아, 몰도바, 우크라 이나가 유럽연합과 자유무역협정을 맺었다. 러시아의 힘과 제국주 의적 위상을 유지하기 위해 푸틴은 이런 모든 움직임에 제동을 걸 려 한다. 필요하면 군사력도 동원하려 한다. 그래서 러시아군 약 10 만 명과 탱크, 무기가 우크라이나와의 국경에 집결하고, 우크라이나 가 대규모 민병대에게 게릴라 훈련을 시키고 있는 것이다. 이는 미국 과 그 동맹국들이 이 지역의 군사적 긴장을 높일 태세를 갖추고 있 는 이유기도 하다.

러시아와 우크라이나 정부는 시민들을 자기 편으로 끌어들이려 고 극단적인 국수주의 언사를 동원하고 있다. 영국·미국·유럽연합

그림 4. 러시아·유럽 주변 지역의 주요 파이프라인

출처: 〈노동자 연대〉

은 이런 의도적인 분열 조장을 부채질하고 있다. 상황이 결국 전쟁이나 내전으로 치닫는다면, 가장 커다란 희생을 치를 것은 분명 당사국 모두의 노동계급 대중과 가난한 사람들일 것이다.

천연가스를 둘러싼 갈등

미국과 러시아가 벌이는 갈등에는 천연가스와 가스관, 그에 대한 통제권을 둘러싼 갈등이 얽혀 있다. 2022년 1월 말 미국은 러시아가 우크라이나를 침공하면 러시아와 독일을 잇는 가스관 사업을 좌절시키겠다고 협박했다. 막 완공된 해저 가스관 노르트스트림2는 러시아에서 발트해를 거쳐 독일로 천연가스를 공급하는 가스관으로, 러시아 국영 에너지 기업 가스프롬이 소유하고 있다. 독일에서 몇몇 법적 절차만 거치면 가동이 가능하다. 그런데 1월 26일 미국 정부는 러시아가 우크라이나를 침공하면 "이 사업이 더 진전되지 않도록 독일과 협력할 것"이라고 넌지시 흘린 것이다.

앞으로 미국은 유럽 국가들이 러시아한테서 천연가스를 구입하지 못하게 하는 식으로 러시아를 제재할 수도 있다. 러시아는 러시아대로 천연가스 공급을 끊어서 미국을 편드는 유럽 국가들에 본때를 보이겠다고 위협할 수 있다.*

---

* 실제로 전쟁이 일어나자 미국은 러시아산 천연가스 수입을 중단하는 제재를 가했고 러시아는 '비우호국'이 천연가스를 구입할 때는 루블화로만 지불할 수 있게 하는 조치를 취했다.

노르트스트림2, 더 일반적으로 천연가스는 러시아에 매우 중요하다. 이미 유럽 국가들은 천연가스 소비량의 35~40퍼센트를 러시아에서 수입하고 있으며, 유럽의 주요 에너지 기업 다섯 곳이 노르트스트림2에 투자했다. 이렇게 러시아가 유럽에서 갖게 되는 영향력에 미국은 우려하는 것이다. 천연가스는 정치경제학자 사이먼 브롬리가 말한 "전략적 재화"가 됐다.

제국주의는 자본주의 국가들 간 경쟁 체제로, 이 경쟁 체제에서는 언제나 핵심 천연자원을 둘러싼 쟁투가 벌어져 왔다. 이런 쟁투는 단지 국민국가와 연계된 대기업들의 이윤을 보호하기 위한 것만이 아니다. 핵심 자원들에 대한 통제권을 거머쥐면 자국 국가를 강화시키고 다른 국가들에 대한 영향력을 얻을 수 있기 때문이다.

그래서 예컨대 이라크의 석유를 장악하는 것은 2003년 미국이 이라크를 침공한 이유의 하나였다. 돈 때문에 이라크의 석유가 필요했던 것은 아니었다. 미국은 중동에서 자신의 지배력을 재확립하기를 바랐다. 석유를 통제하고 이에 대한 경쟁국의 접근을 차단하는 것은 바로 그런 노력의 일환이었다.

오늘날 유럽 국가들은 갈수록 수입산 천연가스에 더 의존하게 됐다. 그러면서 천연가스는 국가 간 경쟁의 초점이 됐다. 예컨대 그리스와 터키는 키프로스 해역에 매장된 천연가스에 대한 통제권을 둘러싸고 여러 해 동안 서로 으르렁댔다. 그리스, 키프로스, 이스라엘, 이탈리아는 그곳에 매장된 천연가스를 자기들끼리 갈라 먹는 협약을 맺었다. 여기서 터키는 의도적으로 배제됐다. 그 천연가스로 벌어들일 돈 자체는 부차적이었다. 핵심은 터키가 지중해 동부에서 지배적 강국이 되지 못하게 막는 것이었다. 미국은 1월 초에 이 협약에 대한 지지를 철회했다. 자신의 동맹국들인 그리스와 터키의 갈등이 깊어지는 것을 막으려는 시도였다.

터키는 이미 천연가스 통제권을 두고 러시아와의 갈등에 휘말린 바 있다. 2020년에 벌어진 아제르바이잔-아르메니아 전쟁이 그것이다. 유럽으로 가는 주요 송유관·가스관이 지나는 곳에서 벌어진 이 전쟁에서 터키와 러시아는 서로 다른 편을 들었다.

송유관·가스관 통제권은 러시아가 유럽에 대한 영향력을 키우는 중요한 수단이다. 미국은 이를 못마땅해 했다. 2021년 7월 유럽의회에 제출된 한 보고서는 다음과 같이 지적한다. "반대자들에게 노르트스트림2는 러시아가 에너지·환경 문제에 관한 유럽 수준과 일국 수준의 결정에서 얼마나 큰 영향력을 행사하는지를 보여 주는 사례다. 그래서 미국 국무부는 이 사업을 러시아가 '자신의 해로운 영향력을 유럽으로 더 확장시키는' 수단으로 묘사한다."

노르트스트림2는 전쟁의 유일한 이유는 아니지만, 미국과 러시아가 갈등하는 한 요인이다. 이는 서방의 목표가 평범한 우크라이나인들에 대한 보호와는 아무 상관이 없으며, 자본주의의 핵심인 파괴적 경쟁을 위한 것임을 보여 준다.

출처: Yuri Prasad, Nick Clark, "From cold war to new cold war — the situation in eastern Europe", *Socialist Worker* 2790(29 January 2022).

고조되는 전쟁 위기

지금 우크라이나를 두고 러시아와 서방 사이에 군사적 긴장이 벌어지고 있다.[*] 지금 이 순간에도 이 지역에 강대국들의 군대가 대거 집결해 있다.

한편에는 러시아군이 있다. 러시아는 2021년 말부터 우크라이나 국경에 10만 명의 병력을 투입했고, 최근 벨라루스에 3만 명의 병력을 투입해 기동훈련을 벌였다. 훈련 장소는 우크라이나 수도 키예프에서 고작 200킬로미터 거리였다.

다른 편에는 미군과 나토군이 있다. 미국은 우크라이나를 지키겠다며 지중해 동부에 항모 전단을 배치하고, 최정예 전투부대 수천 명을 동유럽에 증파했다. 폴란드와 발트 3국에는 나토의 신속 기동군이 투입됐고, 영국 등도 소규모지만 파병을 약속했다. 우크라이나 역시 러시아와 인접한 동남부 돈바스 지역에 400킬로미터에 이르는 참호를 파고 군대를 결집시켰으며, 서방에 더 많은 지원을 요구하고 있다.

---

[*] 이 글은 러시아의 우크라이나 침공 일주일 전인 2022년 2월 17일 쓰였다.

이들은 무엇을 두고 대치하는가?

푸틴은 우크라이나 접경지에 배치한 병력을 이용해 미국에게서 우크라이나의 나토 가입을 받지 않겠다는 약속을 얻어 내고자 한다. 또 러시아 국경 인근에 나토 미사일 기지를 설치하지 말고, 나토 병력을 냉전 때만큼 서쪽으로 물리라고도 요구한다. 그러나 바이든은 이 요구를 수용하고 싶어 하지 않는다. 러시아를 견제하고 러시아 인근 지역으로 영향력을 확대하고자 하기 때문이다.

주류 언론들은 이번 위기를 러시아와 우크라이나 간의 문제인 것처럼 다루지만 현재의 위기는 **제국주의 간 충돌**이다. 우크라이나를 두고 열강이 결집해 일촉즉발의 위기가 벌어지고 있는 데서 보듯이 말이다.

우크라이나가 어떤 나라길래

현재 위기의 직접적 계기는 우크라이나의 나토 가입을 둘러싼 것으로, 푸틴이 나토의 확장을 경계하면서 위기가 촉발된 것이다. 나토 확장 문제는 옛 소련이 해체되고 냉전이 끝난 1990~1991년으로 거슬러 올라간다. 그런데 이 문제를 이해하려면 먼저 우크라이나 역사를 짧게 살펴봐야 한다.

오늘날 우크라이나가 된 이 지역은 유럽과 러시아 사이에 위치해서 오랫동안 양쪽 모두의 영향을 받으면서 양쪽의 문화가 교차하는 곳이었다. 그런 만큼 20세기 들어 양쪽 세력 모두에 시달리며 전쟁의 참상을 겪기도 했다. 우크라이나는 러시아 혁명에서 매우 중요한 지역이었고, 스탈린의 농업 강제 집산화 정책으로 큰 고통을 겪었다. 또, 제2차세계대전 때는 나치의 학살을 겪었다. 냉전기에 우크라이나는 소련(소비에트연방)의 일부였지만, 소련이 위기에 빠지면서 민족주의가 강해졌고, 1991년 소련으로부터 독립을 선언했다.

우크라이나는 독립 후에도 러시아와 지리적으로나 경제적으로나 관계가 밀접했지만, 러시아와 서방 사이에서 줄타기를 하려 했다. 우크라이나 지배층 일부는 독일 같은 서유럽 국가들과 무역을 늘리고 시장 자본주의를 도입하는 것이 득이 되리라 봤다. 지배계급은 여러 분파로 나뉘어 격렬한 쟁투를 벌였다. 그러는 동안 우크라이나의 평범한 대중의 삶은 전혀 나아지지 않았다.

우크라이나는 2014년에 친서방 쪽으로 기울었는데, 그러자 러시아의 푸틴은 우크라이나에 개입해 크림반도를 점령했다. 현재 우크라이나 정부도 친서방 성향이다.

미국과 서유럽, 영향권을 넓히다

우크라이나가 친서방으로 기운 것은 미국과 서유럽 국가들이 이 지역으로 영향력을 확장해 온 것과 맞물려 있다. 이들은 옛 소련의 위성국이었던 국가들로 영향권을 거침없이 넓혀 갔다. 여기서 우크라이나는 특히 중요한 지역이다. 우크라이나가 확실히 서방의 영향권에 들면, 서방이 중앙아시아의 막대한 천연자원에 손을 뻗치고 러시아를 제압하기도 훨씬 수월해질 것이다.

미국과 서유럽의 영향력 확장은 나토의 동진과 발맞춘 것이다. 군사적 보호를 약속하며 동유럽 국가들을 나토 회원국으로 받아들인 것이다. 이는 미국이 러시아와 했던 약속을 대놓고 어긴 것이다. 1990년 당시 소련 대통령 미하일 고르바초프는 통일 독일의 나토 가입을 인정해 주는 대가로 미국에게서 나토를 동쪽으로 확장하지 않겠다는 약속을 받았다. 그러나 얼마 지나지 않아 미국 클린턴 정부는 이 약속을 손바닥 뒤집듯 뒤집었다. 소련 해체로 러시아가 종이호랑이가 된 틈을 타 미국은 이 지역에서 영향력을 확대하려고 공세적 동진을 했다. 그 과정에서 참혹한 전쟁도 벌어졌다. 1990년대 발칸 전쟁이 대표적 사례다. 나토의 공세적 동진은 서유럽 부국들의 이해관계와도 맞아떨어졌다. 이들은 동구권에서 값싼 노동력과 수출 시장을 얻어 내려고 미국에 적극 협조했다. 특히, 독일이 여기서 크게 득을 봤다. 그래서 2009년이 되면 옛 동구권 국가 중 12곳이 나토에 가입하고 그중 11곳은 유럽연합에도 가입하게 됐다.

러시아의 대응

러시아는 소련 해체 후 매우 약해진 상태여서 1990년대에는 서방 열강의 동진에 별 대응을 하지 못했지만 2000년대에 고유가와 푸틴 집권이 맞물리면서 상황이 변했다. 푸틴은 풍부한 천연자원과 군사 강국이라는 이점을 활용해 러시아의 위상을 끌어올릴 수 있었다. 석유와 가스를 수출해 번 돈으로 군대를 재무장했고, 러시아산 에너지를 수입하는 국가들에 대한 국제적 영향력도 키웠다. 최근에는 리비아 내전과 시리아 내전에도 개입했고, 사하라사막 이남 아프라

카에도 영향력을 뻗치고 있다. 반면 미국은 2000년대 초 이라크 전쟁의 수렁에 빠졌고, 2008년에는 경제 위기의 진앙지가 돼 위상이 전만 못하게 됐다.

푸틴은 이 틈을 타서 옛 소련의 일부였던 공화국들에 대한 제국주의적 이익을 관철하기 시작했다. 2008년 조지아 침공이 그런 사례였다. 침공의 명분은 조지아가 친러시아계 소수민족을 핍박한다는 것이었지만, 진정한 이유는 조지아가 나토 가입을 신청한 것이었다.

또 다른 사례는 2014년 우크라이나에 개입해 크림반도를 점령한 것이다. 당시 우크라이나는 정치 불안정이 심각했고, 반부패 대중운동으로 친러 성향인 당시 대통령이 탄핵됐다. 그러나 이 운동은 유럽연합에 환상이 있었고, 노동자들은 친러 민족주의와 반러 민족주의로 분열돼 있었다. 이를 틈타 친서방 우파 정부가 집권해 유럽연합·나토 쪽과 거리를 좁히려 했다.

그러자 푸틴은 이에 대응해 크림반도를 점령했다. 크림반도는 지중해로 통하는 바다인 흑해에서 영향력을 행사하는 데에 중요한 곳이다. 이후 푸틴은 우크라이나의 친러 세력을 지원해 우크라이나 내분열을 조장하고 저강도 전쟁을 벌여 왔다. 러시아가 크림반도를 점령하면서 러시아와 서방 사이의 갈등은 더 깊어졌다. 당시 미국은 중국의 부상에 대응하려는 '아시아로의 중심축 이동' 전략을 추진하고 있었고, 그래서 러시아의 이와 같은 지역적 도전에 충분히 대응하지 못했다.

미국의 위세가 장기간에 걸쳐 상대적으로 약화되는 상황에서 러시아는 미국의 약점을 파고들며 지역적 수준에서 힘과 영향력을 행사할 기회를 잡으려 한다. 러시아가 2020년 아제르바이잔-아르메니아 전쟁에 배후에서 개입한 것, 2021년 폴란드-벨라루스 국경에서 아프가니스탄 난민을 두고 벌어진 분쟁에 개입한 것, 2022년 1월 카자흐스탄에서 대중 항쟁이 벌어졌을 때 파병해 항쟁을 진압한 것도 그런 사례다.

러시아와 미국의 위험한 치킨 게임

그러면 이번 위기는 어떻게 전개될까?

미국은 전쟁 위험성을 부풀려서 얘기하고 있다. 얼마 전에도 미국 대통령 바이든은 러시아가 2월 16일에 우크라이나에 대한 군사행동을 개시할 것이라고 말했다. 그 후 서방 국가들과 한국이 줄줄이 우크라이나 주재 자국민 철수 명령을 내렸다. 미국은 푸틴이 군사행동을 하지 않았을 때 '거봐라, 푸틴은 결국 군사행동을 하지 못했다'며 푸틴을 약하게 보이게 하는 효과를 내려고 전쟁 위험을 부풀리는 것이다. 그런데 이것은 정확히 같은 이유로 푸틴의 침공을 부추기게 되는 위험한 도박이다. 물론, 실제로 푸틴이 우크라이나를 점령하지는 않을 듯하다. 역사적 경험으로 보건대 그런 선택이 러시아에 큰 짐이 될 것임을 푸틴도 모르지 않을 것이다.

요컨대 바이든과 푸틴 모두 러시아가 우크라이나를 점령하지는 않을 것이라는 판단하에 우크라이나를 둘러싸고 치킨 게임을 벌이고 있는 것이다. 푸틴은 우크라이나 접경에 배치한 군사력을 이용해 미국한테서 최대한의 양보를 얻어 내려 하고, 바이든도 러시아 인근 지역에 대한 영향력을 확대하고자 푸틴을 최대한 압박하려 한다. 그러나 이런 치킨 게임이 언제나 당사자들의 의도대로 관리되는 것은 아니다. 지금처럼 긴장이 첨예한 상황에서는 어느 한쪽의 사소한 계산 착오나 우발적 사건으로도 충돌이 시작될 수 있다. 그리고 일단 충돌이 시작되면 관련국 모두가 도미노처럼 거기에 말려들지도 모른다.

이번 위기에 걸린 러시아와 서방의 이해관계가 모두 만만치 않다는 점도 치킨 게임을 위험으로 이끄는 요인이다. 우크라이나가 나토에 가입하면, 러시아는 수도 모스크바에서 고작 700킬로미터 떨어진 곳에 나토군이 들어서는 것을 목도하게 될 수도 있다. 그러면 러시아의 주요 도시들이 나토의 단거리탄도미사일 사정권에 들어간다. 반면 미국이 러시아의 요구를 받아들여 우크라이나의 나토 가입 불허를 공식화하면, 대對러시아 안보를 보장받으려 나토에 가입한 동유럽 국가들 모두가 동요할 것이고, 이 지역에서 미국과 서방의 영향력이 약해질 수 있다. 또, 미국은 중국에 잘못된 메시지를 주지 않기 위해서라도 이번 위기에서 호락호락 물러서기 어렵다. 푸틴이 우크라이나를 가져가게 두면, 시진핑은 중국이 대만을 가져가도 된다고 생각할 수 있는 것이다.

그래서 러시아와 미국은 서로 전쟁을 원치 않으면서도 상대가 먼저 물러서기를 바라며 계속 뻗대고 있는 것이다. 그러나 이런 치킨 게임은 수많은 사람들의 목숨을 걸고 벌이는 위험한 도박이다.

강대국들 간 경쟁 체제가 위기의 근본 동인

이번 사태의 본질을 러시아와 우크라이나 사이의 문제라고 보는 시각이 많다. 일부 좌파들조차 러시아의 평화협정 위반이 이번 사태를 낳았다고 본다. 그러나 이런 시각으로는 이번 사태가 제국주의 간 충돌이라는 점, 강대국들 간의 경쟁 압박이 근본 동인이라는 점을 놓치게 된다.

제국주의는 강대국들 간의 경쟁 체제다. 흔히 '제국주의'를 강대국의 약소국 지배로 생각한다. 물론, 그런 제국은 몇천 년 전부터 있었다. 그러나 자본주의적 제국주의의 특징은 경제적 경쟁과 지정학적 경쟁이 결합된다는 것이다. 국가들은 자신의 힘을 국제적으로 관철시키기 위해 강력한 자본, 산업 기반, 기술이 필요하다. 자본도 해외로 진출해서 경쟁하려면 강력한 국가의 지원이 필요하다.

제국주의를 체제로 이해하는 것이 중요하다. 미국은 최강 제국주의 국가이지만, 제국주의를 미국으로 환원해서는 안 된다. 제국주의 체제하에서는 경제적 쟁투와 지정학적 쟁투가 교차·결합돼 벌어지고, 그 체제 안에서 움직이는 국가들은 모두 경쟁에서 살아남아야 한다는 엄청난 압박을 받게 된다. 이 압력이 바로 쟁투가 끊이지 않게 만드는 체제의 본성이다.

따라서 일부 좌파들처럼 지금 러시아가 미국에 본때를 보여 준다며 은근히 좋아하는 것은 잘못이다. 그런 사람들은 미국만 제국주의라고 보고 러시아나 중국은 그에 맞선 진보적 대안이라고 여긴다. 그러나 앞서 살펴봤듯이 러시아 역시 미국과 마찬가지로 제국주의 국가다.

그러면 이번 위기에 어떤 태도를 취해야 할까?

친서방 국가하에 있는 우리는, 미국과 서방에 대한 반대를 출발로 삼아야 한다. 그러잖아도 한국 정부는 최근 러시아에 맞서 미국과의 공조를 약속했다. 우리는 미국과 그 동맹들이 러시아를 상대로 위험한 게임을 벌이는 데에, 그리고 한국 정부가 이에 협력하는 데에 반대해야 한다.

그렇지만 그렇다고 러시아의 푸틴을 친구로 여겨서도 안 된다. '적의 적이 친구'는 아니다.

서방과 러시아가 치닫는 위험한 갈등과 충돌에서 가장 큰 희생을 치를 것은 당사국 모두의 평범한 노동자 대중이다. 우리는 그들이 자국 지배자들에 맞서고 전쟁을 낳는 제국주의 체제에 반대하고 서로 연대하기를 바라야 한다. 강대국 간의 파괴적 경쟁을 끝낼 힘은 바로 이들에게 있다.

출처: 김준효, "러시아 vs 우크라이나·서방, 전쟁으로 가나?", https://www.youtube.com/c/노동자연대TV, 〈노동자 연대〉 405호(2022년 2월 22일)에 게재.

 영상 바로 보기

전쟁으로 향하는 서방과 러시아의 치킨 게임

[1961~1964년 미국 법무부 장관을 지낸] 로버트 케네디는 냉전 시기 최대 위기였던 1962년 10월 쿠바 미사일 위기를 회고하는 책을 내면서, 제목을 [그 위기가 지속된 기간을 따서] 《13일》이라고 지었다. 그러나 오늘날 우크라이나를 둘러싼 위기는 몇 달 동안 계속되고 있고 심지어 악화되고 있는 것 같다.

게다가 어떤 점에서 이 충돌은 실질적이기보다는 상징적이다. 러시아 대통령 블라디미르 푸틴의 핵심 요구는 우크라이나의 나토 가입을 받지 않겠다고 미국이 보장하라는 것이다.

그러나 우크라이나의 나토 가입이 성사될 가능성은 극도로 희박하다. 새로운 국가가 나토에 가입하려면 30개 회원국 모두가 동의해야 한다. 그리고 적어도 한 국가는 여기에 거부권을 행사할 것이 거의 확실하다. 뭐하러 러시아와의 전쟁 위험을 감수하겠는가? 심지어 우크라이나의 친서방 대통령 젤렌스키도 우크라이나의 나토 가입은 "꿈에서나 일어날 일"일지도 모른다고 언젠가 말한 바 있다. 푸틴은 십중팔구 벌어지지 않을 일이라도 벌어지지 않게 보장하라고 요구하고 있는 것이다. 그러나 바이든은 십중팔구 벌어지지 않을 일이라

해도 그것의 방지를 보장해 주지는 않으려 한다.

도대체 왜 이런 일이 벌어지고 있는 것일까? 어느 쪽도 굽히는 모습을 보일 수 없는 처지에 있기 때문이다. 푸틴은 나토가 동유럽과 흑해를 잠식해 들어오는 것에 실질적 안보 우려를 하고 있다. 그러나 더 근본적으로 푸틴은 미국이 러시아 제국주의를 (한때 오바마가 거만한 태도로 일컬은 것처럼) "역내 강국"이 아니라 세계적 수준의 플레이어로 인정해 주기를 바란다.

한편, 바이든의 국내 정책은 국회에서 공화당에게 저지당하고 있다. 여론조사에서 그의 지지율은 급격히 떨어졌다. 게다가 그의 발목을 잡은 것은 지정학적 후퇴, 즉 2021년 8월 아프가니스탄 함락이었다. 〈파이낸셜 타임스〉의 "스왐프 노츠" 칼럼은 다음과 같이 지적한다.

바이든의 국정 수행 지지율이 추락한 시점은 탈레반이 카불을 장악한 날짜와 거의 일치한다고 할 수 있다. 바이든 지지율이 마지막으로 50퍼센트를 넘었던 때는 미국이 지원하는 아프가니스탄 정부가 사라지기 일주일 전이었다. 그 후 바이든 지지율은 줄곧 50퍼센트 아래에 있었다. 그리고 지금은 40퍼센트 선에 겨우 턱걸이하고 있다.

바이든은 우크라이나에서 푸틴을 굴복시키면, 국내에서 정치 판세를 다시 뒤집을 수 있을지도 모른다고 기대하는 것이다. 그래서 우크라이나 위기가, 종종 비교 대상이 되는 쿠바 위기와 달리 좀처럼 해결되지 않는 것이다. 쿠바 위기는 당시 소련 지도자인 니키타 흐루쇼프가 핵미사일을 쿠바에 배치하기로 하면서 촉발됐다. 당시 미국의 존 F 케네디 정부가 쿠바 혁명정부를 무너뜨리려 하는 것에 맞서 흐루쇼프는 쿠바 정부를 지키려 했다.

케네디는 미사일이 배치되고 있다는 것을 알게 되자 쿠바를 상대로 해상봉쇄를 단행했다. 세계는 핵전쟁으로 치닫는 듯했다. 그러자 흐루쇼프는 추가로 미사일을 싣고 가던 소련 군함의 뱃머리를 돌리라고 지시했다. 당시 미국 국무부 장관 딘 러스크는 다음과 같이 말했다고 한다. "우리는 눈싸움을 하고 있었는데, 방금 상대방이 눈을 살짝 감은 것 같다."

사실 양측 모두가 눈을 감았다. 시어도어 부르히스가 문서보관소의 자료를 꼼꼼히 검토해 최근에 낸 흥미로운 연구서인 《두 10월의 총성 없는 총》은 케네디와 흐루쇼프 모두 핵전쟁을 상상도 할 수 없는 일로 여겼다는 것을 보여 준다. 케네디와 흐루쇼프는 스파이들과 기자들을 통해 수개월간 비밀리에 의사를 주고받았다. 케네디는 두 가지를 양보해 흐루쇼프로 하여금 신속하게 미사일을 철수하게 하는 데 성공했다. 케네디는 쿠바를 침공하지 않을 것이며, 소련을 겨냥해 터키와 이탈리아에 배치한 핵미사일을 철수시키겠다고 약속했다. 케네디와 흐루쇼프는 이 중 둘째 약속을 비밀에 부치기로 합의했다. 케네디가 그해 11월에 열리는 중간선거에서 공화당에 공격받지 않도록 하기 위해서였다. 케네디는 쿠바 미사일 위기에서 승자로 떠올랐다. 그러나 흐루쇼프는 먼저 굽힌 사람으로 묘사되는 것에 개의치 않았다. 케네디에게서 기대 이상의 양보를 받아 냈기 때문이다.

그러나 이번에는 바이든과 푸틴 모두 먼저 굽힌 사람으로 비치기를 바라지 않는다는 점이 중요하다. 우크라이나를 둘러싼 갈등은 패배를 겪은 두 제국주의 열강의 갈등이다. 러시아는 냉전의 패배자였고 미국은 중동의 패배자였다. 그래서 둘의 조합은 위험하다.

출처: Alex Callinicos, "Why the Ukraine crisis has dragged on", *Socialist Worker* 2793(21 February 2022).

러시아, 우크라이나를 침공하다

2022년 2월 24일 이른 시각에 대규모의 러시아군이 우크라이나로 밀고 들어오면서 전쟁이 시작됐다. 사회주의자들은 군사 공격에 반대하고, 러시아 대통령 푸틴이 우크라이나에서 즉각 전군을 철수시키라고 요구해야 한다. 동시에, 분쟁을 키울 나토의 행위 일체에도 반대해야 한다.

침공은 새벽 5시(현지 시각)에 푸틴의 등골 서늘한 연설 이후 시작됐다. 푸틴은 무자비한 전쟁을 벌이겠다고 위협하고 반동적 대★러시아 국수주의에 호소했다. "우리를 방해하려 들거나, 나아가 러시아와 러시아인들을 위협하는 자는 누구든 러시아가 즉각 대응할 것임을 알아야 한다." 그 결과 "역사상 유례없는 대가를 치르는 것을 보게 될 것이다. … 앞으로 있을 수 있는 유혈 사태의 책임은 전적으로 우크라이나 정권에 있을 것이다."

이른 아침, 300만 명이 거주하는 우크라이나 수도 키예프에서 폭발음과 공습경보가 울려 퍼졌고 사람들은 대피소로 몰려들었다. 우크라이나군은 러시아군이 폭격을 개시했다고 밝혔다. 미사일은 키예프, 우크라이나 북동부 도시 하리코프, 중부 도시 드니프로 등의 인근에 있는 군 시설과 공항을 겨냥한 것이었다. 오전 7시가 되자, 러시아군이 하리코프 인근으로 진군해 도시를 점령 혹은 포위할 태세를 갖췄다는 보도가 나왔다.

한편, 크라마토르스크를 비롯한 우크라이나 동남부에 러시아의 포격이 쏟아졌다. 우크라이나 동남부의 분리주의 '도네츠크인민공화국'·'루한스크인민공화국' 지도자들은 2월 23일에 "우크라이나군의 공세에 맞선 반격을 도울" 군사적 지원을 러시아군에 요청했다. 2월 21일 푸틴이 이들의 독립을 인정한 뒤 벌어진 일이다. 푸틴은 2014년에 크림반도를 점령했고, 우크라이나가 서방 쪽으로 기우는 것을 저지하려 2014년 이래로 도네츠크·루한스크주州의 분리주의 반군을 지원해 왔다. 강대국들의 지원을 받는 세력들의 지역적 충돌은 금세 더 큰 격돌로 비화할 수 있다.

러시아의 침공에 대응해, 미국과 서방의 정치인들은 우크라이나의 민주주의나 자결권을 옹호하겠다고 나섰다. 미국 대통령 바이든은 "러시아군의 명분 없고 부정의한 공격"을 규탄했다. 영국 보수당 총리 보리스 존슨은 푸틴이 "유혈과 파괴의 길을 택했다"며 "영국과 우리의 동맹들은 단호히 대응하겠다"고 했다.

그러나 유혈과 파괴는 바로 미국과 나토가 만들어 온 것이다. 전세계에서 제국주의적 이익을 확보하기 위해 "명분 없고 부정의한 공격"을 해 온 바로 그 강대국들이 푸틴을 비난하는 것은 역겨운 위선이다. 그들은 이라크와 아프가니스탄에서 벌어진 끔찍한 전쟁의 장본인이며, 팔레스타인인들을 억압하는 이스라엘의 정착민 식민주의를 뒷받침해 왔다.

우크라이나에서의 분쟁은 우크라이나를 둘러싼 서방과 러시아의 제국주의적 경쟁에서 비롯했다. 그리고 평범한 우크라이나 사람들은 서방 제국주의와 러시아 제국주의 양측 모두의 장기짝이 되고 있다.

서방과 친서방 국가들에 있는 사회주의자들의 주된 임무는 서방 제국주의에 대한 반대를 건설하는 것이다. 우크라이나를 전쟁으로 몰아넣는 제국주의 경쟁 체제에 맞선 더 광범한 투쟁의 일환으로서 말이다. 그렇다고 "적의 적이 친구"인 것은 아니다. 서방의 경쟁자라고 해서 반反제국주의적인 것은 아니라는 것이다.

우리는 우리 자신의 지배자들에 대한 반대를 건설하지만, 전쟁을 낳은 제국주의 경쟁 체제에 맞선 투쟁의 일부로서 그렇게 한다.

출처: "러시아, 우크라이나 침공: 전쟁 반대! — 러시아 군대 철수! 나토 군사 행동 반대!", 〈노동자 연대〉, 405호(2022년 2월 24일).

4장
더한층 위험해지는 세계

확전 위험을 높이는 나토

2022년 3월 24일 군사동맹인 나토의 정상들이 나토의 동유럽 확장을 강화하고 확대하기 위해 회의를 열었다. 벨기에 브뤼셀에서 열린 전쟁 회의에 참석한 정상들은 세계의 세력균형을 재편하고 이라크·아프가니스탄 전쟁 패배 이후 실추된 서방의 권위를 과시할 기회를 찾아냈다.

정상회담이 끝나고 나토 사무총장 옌스 스톨텐베르그는 다음과 같이 밝혔다. "러시아가 전례 없는 대가를 계속 치르게 할 것이다. 지도자들은 불가리아·헝가리·루마니아·슬로바키아 네 곳에 나토 전투단 추가 투입을 승인했다. 현재 다국적 나토 전투단 8개 부대가 발트해에서 흑해에 이르는 지역에 배치돼 있다." 스톨텐베르그는 다음과 같이 강조했다. "미군 10만 병력이 나토의 노력을 지원하고 있다. 사상 최초로 5개 항공모함 전단이 북극해에서 지중해에 이르는 해역에 배치되는 등 대규모 공군·해군 병력이 나토의 노력을 뒷받침하고 있다."

서방이 지배력을 확장하려 하는 위험한 순간이 펼쳐지고 있는 것이다. 정상회담에 앞서 미국 대통령 바이든은 백악관에서 기업가들을 만나 미국이 어떻게 "새로운 세계 질서"를 주도할지를 논했다. 바이든은 "여기 모인 우리는 모두 자본가"라고 기업가들을 안심시키고는 다음과 같이 말했다. "세계는 지금 변곡점에 있다고 본다. 서너 세대에 한 번씩 찾아오는 변곡점 말이다. 며칠 전 비밀회의에서 한 군 최고 인사가 말하기를, 1900~1946년에 6000만 명이 죽었다고 한다. 그러나 그 후 우리는 자유주의 세계 질서를 확립했다. 현재 수많은 사람이 죽고 있지만 혼돈에 빠진 상황은 아니다." 이어서 바이든은 핵심 메시지를 전했다. "지금은 전환기다. 새로운 세계 질서가 세워지고 있고 미국이 이를 주도해야 한다." 이는 러시아뿐 아니라 중국에게도 미국의 힘을 재천명하려는 시도로 이어질 것이다.

나토 정상회담은 다음의 공동성명을 채택했다. "러시아의 우크라이나 전쟁은 유럽의 평화를 깨뜨렸다." 1999년 나토가 벌인 유고슬라비아 전쟁은 평화를 깨뜨린 게 아니라는 듯이 말이다. 이어서 공동성명은 다음과 같이 과시했다. "2014년 이후 우리는 우크라이나군 병력을 훈련시켜서 우크라이나군의 군사적 역량과 자질을 높이고 그들을 강인하게 만들었다." 공동성명은 "러시아에 부과한 대규모 제재"를 높이 샀다. 그리고 이렇게 으름장을 놓았다. "최근 발표된 중국 당국자들의 공개 논평에 우려를 표하며, 러시아의 거짓말, 특히 나토와 이 전쟁에 관한 거짓말을 퍼뜨리기를 중단하라고 중국에 촉구하는 바이다."

영국 총리 보리스 존슨은 정상회담 참석 직전 우크라이나에 미사일 6000기를 추가 지원하겠다고 발표했다. 이 지원에는 대전차미사일, 고폭탄 무기 외에 우크라이나군에 대한 2500만 파운드[약 403억

원] 규모의 추가 재정 지원도 포함돼 있다. 핵전쟁 중에 미군의 공중 기지로 사용할 수 있도록 설계된 "심판의 날 항공기"가 영국 상공을 날아가는 모습이 항공기 애호가들에게 포착되기도 했다. 이 보잉 747 E4-B기는 공중에 며칠 동안 떠 있을 수 있고 핵폭발 때 나오는 전자기파도 견딜 수 있다. 냉전 이래 미국은 이 2억 달러짜리 항공기들을 계속 보유해 왔다. 'GRIM99: 나이트워치'로 불리는 이 비행기가 바이든의 유럽 방문을 지원하기 위해 이륙하는 모습이 포착됐던 것이다.

나토 정상회담의 결정은 우크라이나 대통령 젤렌스키의 요청에 대한 응답이기도 했다. 3월 23일 젤렌스키는 서방 국가들의 노력이 부족하다고 맹비난했다. "자유는 무장돼야 한다. 우크라이나 영공은 안전하지 않다." 나토 정상회담은 "누가 친구고, 누가 동반자고, 누가 돈에 넘어갔는지"를 보여 줄 것이라고 젤렌스키는 말했다.

비행 금지 구역을 설정하라고 젤렌스키가 서방을 계속 압박하리라는 것은 자명하다. 비행 금지 구역을 설정하면 러시아 비행기가 격추되고, 러시아 방공망이 파괴되는 결과로 이어질 것이다. 이는 핵전쟁으로 이어질 수 있다. 3월 23일 푸틴의 대변인 드미트리 페스코프는 러시아가 "실존적 위협"을 느끼면 핵무기를 쓸 수도 있다고 경고했다.

비행 금지 구역이 설정되지 않는다 해도 앞으로 동유럽에는 갈수록 더 많은 무기와 군대가 쏟아져 들어올 것이다. 확전 가능성을 훨씬 더 높일 일이다. 스톨텐베르그는 육·해·공에서 쓸 살상 기술에 더 많은 돈을 쓰는 시대가 열릴 것이라고 기대했다. 그러면서 이렇게 인정했다. "그렇지만 안보는 공짜가 아니다. 더 많은 일을 하려면 더 많은 돈이 들 것이다." 안 그래도 생활고 위기에 처한 노동계급 사람들에게서 무기와 장군들을 위한 돈을 더 많이 갈취할 것이라는 뜻이다.

반전운동은 러시아의 침공만이 아니라 나토의 확장·확전에도 단호하게 반대하는 대응을 강화해야 한다.

출처: Charlie Kimber, "Nato summit was a council of war for military escalation", *Socialist Worker* 2798(24 March 2022).

스웨덴·핀란드의 나토 가입,
확전 위험 키운다

우크라이나 전쟁은 미국이 군사동맹인 나토의 동진을 추진한 것이 범죄적일 만큼 어리석었다는 점을 드러냈다. 그중 가장 어리석었던 것은, 러시아와 국경을 맞댄 옛 소련 소속 공화국들을 나토로 끌어들이려 애쓴 것이다. [전쟁까지 벌어진] 우크라이나와 조지아 모두 실제로 나토에 가입하지는 않았지만 말이다.

그렇지만 옛 소련 소속의 세 공화국, 즉 발트 3국(라트비아·리투아니아·에스토니아)은 나토에 가입했다. 이 세 국가와 핀란드는 차르 제국 시절 러시아에 병합됐지만, 1917년 러시아 혁명 시기에 독립을 쟁취했다. 제2차세계대전 초, 당시 소련 스탈린 정권은 나치 독일을 상대로 완충지를 확보하는 데 골몰했고, 이 국가들을 다시 병합하려 했다. 핀란드의 경우는 병합에 실패했다. 핀란드를 상대로 벌인 1939~1940년 '겨울 전쟁'에서 소련군은 망신을 당했다(푸틴의 지지부진한 우크라이나 침공은 점차 이 전쟁과 비교되고 있다). 그러나 소련은 발트 3국 병합에는 성공했다. 발트 3국은 1991년 소련에서 독립한 후 부리나케 미국 편에 붙었다.

발트 3국은 저 유명한 나토 헌장 5조에 눈독을 들였는데, 그 조항에 따르면 나토 회원국들은 서로를 지켜 주기 위해 전쟁도 불사할 의무가 있다. 이 세 국가는 러시아의 역외 영토 칼리닌그라드와 러시아의 속국 벨라루스에 가로막혀 나머지 유럽연합·나토 동맹국들과 거의 완전히 단절돼 있다.

이 국가들을 보호할 수 있는 것은 미국의 핵전쟁 위협뿐이었다. 그런 위험천만한 안전 보장을 한 것이 잘 이해가 되지 않는다면, 미국이 러시아가 허약해서 저항하지 못할 것이라고 보고 나토를 동쪽으로 확장했다는 점을 기억해야 한다. 그렇지만 블라디미르 푸틴의 잔혹한 우크라이나 침공이 보여 주듯, 나토의 확장은 위험하고 파괴적인 제국주의 간 경쟁으로 이어졌을 뿐이다.

그림 5. 발트해를 둘러싼 나토와 러시아의 대립 구도

이 침공이 야기한 나쁜 결과 하나는 몇몇 국가, 특히 핀란드와 스웨덴의 나토 가입 논의를 부추긴 것이다. 스웨덴의 지정학적 궤적은 스칸디나비아반도 서쪽의 다른 국가들[덴마크, 노르웨이]과 구별된다. 양차 세계대전 때 스웨덴은 참전하지 않았다. 무역 파트너이자 이웃한 강대국인 독일 쪽으로 살짝 기울어 있었지만 말이다. 냉전기에도 스웨덴은 중립을 지켰다. 그때는 서방 쪽으로 살짝 기울어 있었는데, 부분적 이유는 세계시장에 통합돼 있었기 때문이다. 반면 덴마크와 노르웨이는 나토에 가입했다. 다만, 나토군 주둔과 영토 내 핵무기 배치를 모면할 구실을 여럿 달았다. 핀란드는 1939~1940년 전쟁에서 커다란 대가를 치르며 소련을 격퇴하고서 [1941년] 독일의 소련 침공에 동참했다. 1945년 이후 핀란드는 미·소 양국의 합의에 따라 냉전에서 중립이 됐다. 소련 쪽으로 살짝 기울어 있기는 했지만 말이다. 핀란드와 스웨덴 모두 1995년에 유럽연합에 가입했다. 둘 모두 나토에는 가입하지 않았다. 다만, 나토와 '평화를 위한 파트너십' 관계를 맺었고, 이는 나토의 동진을 [동진이 아닌 것처럼 보이게] 위장하는 효과를 냈다.

그런데 러시아가 우크라이나를 침공한 이후, 두 국가 모두에서 나토 가입 논의가 만만찮게 떠올랐다. 지도를 흘낏 보기만 해도, 나토의 군사 전략가들이 두 국가의 나토 가입을 왜 반길지 알 수 있다. 스웨덴과 핀란드 덕분에 발트 3국은 취약하게 돌출된 서방 측 국가라는 처지에서 벗어나게 될 것이다.

그래서 발트 3국 정부들은 스웨덴·핀란드의 나토 가입과 발트해에서 서방의 군사력 확대를 주장하고 있다. 러시아의 반응은 전 대통령이자 현 국가안보회의 부의장 드미트리 메드베데프에게서 나왔다. 2022년 4월 14일 메드베데프는 다음과 같이 말했다. "만약 스웨덴과 핀란드가 나토에 가입하면, 나토에 면한 러시아 국경의 길이가 갑절 이상이 된다. 당연히도 이 국경의 경계가 강화돼야 할 것이다. … 그러면 발트해는 더는 비핵지대일 수 없다. 균형이 회복돼야 하는 것이다." 칼리닌그라드에는 2016년 이래로 이스칸데르 순항미사일이 배치돼 있다. 이 미사일에 핵탄두가 탑재돼 있는지는 알 수 없지만 말이다. 다시 말해, 스웨덴·핀란드의 나토 가입은 유럽의 군사적 분할을 가속화할 것이다.

서방과 러시아 사이의 더 광범한 전쟁의 위험이 커질 것이다. 스웨덴의 집권 사민당은 이 문제를 두고 분열해 있다. 스칸디나비아반도의 좌파들은 핀란드와 스웨덴의 중립을 유지하라고 요구하는 운동을 강력하게 벌여야 한다.

출처: Alex Callinicos, "More states in Nato threatens wider war", *Socialist Worker* 2801(19 April 2022).

러시아 정권 교체가 목표라고 실토한 바이든

　미국 대통령 바이든이 러시아 정권 교체와 몇 년에 걸친 전쟁을 선포한 것은 가뜩이나 무시무시하게 위험한 상황을 크게 악화시켰다. 바이든은 2022년 3월 26일 폴란드에서 한 연설에서 러시아 대통령 블라디미르 푸틴이 "권좌에 남아 있어서는 안 된다"고 했다. 바이든의 말은 러시아에서 새로운 혁명이 벌어지기를 기대한다는 뜻이 아니었다. 바이든은 우크라이나 전쟁이 러시아 대통령을 끌어내릴 때까지 멈춰서는 안 된다는, 완전히 새로운 전쟁 목표를 제시한 것이다.

　다른 나라의 수장이 누가 될지 혹은 될 수 없는지를 마음대로 할 수 있다고 믿는 것은 군사력에 기댄 미국의 오만함을 보여 준다. 그리고 러시아가 패배하면 서방은 우크라이나가 미국의 힘과 나토군에 완전히 종속되기를 바란다는 것이 이로써 훨씬 분명해졌다. 설사 우크라이나에서 죽음을 멈출 협상이 이뤄지더라도 푸틴이 권좌에 남는 한 바이든이 보기에는 충분치 못하다는 것이다. 바이든은 악몽 같은 미래 전망을 제시하며 이를 분명히 했다. "이 전투에서 우리는 현실을 똑바로 봐야 한다." 바이든은 이렇게 말했다. "이 전투에서 며칠이나 몇 달 안에 이길 수는 없을 것이다. 이제 우리는 긴 호흡으로 이 싸움에 매진해야 한다. 대가가 따를 것이지만, 이는 우리가 치러야만 하는 대가다."

우크라이나와 그 밖의 모든 곳에서 피로 대가를 치르고 삶이 파탄 나는 것은 평범한 사람들일 것이다. 바이든의 연설은 갈등이 빠르고 심각하게 더 고조될 것임을, 푸틴이 권좌에 있는 한 무시무시한 충돌이 계속될 것임을 뜻한다.

백악관은 즉시 바이든의 발언을 "명확히 하"려 들었다. 바이든의 연설이 공식 정책 발표가 아니었다고 주장한 것이다. 그렇지만 이 연설은 그 전 며칠간 벌어진 맹렬한 확전과 정확히 맞아떨어진다. 바이든의 "실언"은 이전까지 자유니 민주주의니 하는 말들에 가려져 있던 것을 대놓고 끄집어낸 것이다.

바이든의 노골적 발언에 동맹들은 당황했고 측근들은 패닉에 빠졌다. 3월 27일에 미국 국무부 장관 앤터니 블링컨은 이렇게 말했다. "우리는 러시아의 정권을 교체한다는 전략을 갖고 있지 않다. 다른 나라에 대해서도 그런 전략은 없다." 유럽연합 외교안보정책 고위대표 주제프 보렐, 프랑스 대통령 에마뉘엘 마크롱, 심지어 영국 보리스 존슨 총리실도 바이든의 발언과 선을 그었다.

바이든이 실수한 것이다. 바이든은 '그들만의 리그' 안에서만 공유했어야 했을 견해를 수면 위로 끄집어냈다. 이는 세계 많은 사람들이 가진 믿음, 즉 러시아의 침공은 끔찍하지만 미국 역시 살인마 깡패라는 믿음을 강화할 것이다.

바이든은 이 연설로 유럽 순방 일정을 끝냈다. 바이든은 이번에 나토·G7·유럽연합 회원국들과 정상회담을 했고, 우크라이나 국경 인근 폴란드 동부의 미군 기지를 방문했다. 그 결과, 발트해에서 흑해에 이르기까지 수만 대군이 주둔한 나토 "동쪽 방면"의 군사화가 심화됐다. 3월 26일 영국 국방부 장관은, 나토의 흑해 지역 "공중감시 작전"에 참가하기 위해 전투기 '유로파이터 타이푼'을 루마니아에 배치하고 있다고 발표했다.

폴란드 지도자들은 나토 "평화유지군"을 우크라이나에 파병하라고 계속 압박하고 있다. 그것이 "제3차세계대전"을 뜻하는 일이라고 벨라루스 독재자 알렉산드르 루카셴코가 말했는데도 말이다. 우크라이나 지도자 젤렌스키는 비행 금지 구역 설정을 계속 요구하고 있다. 그러면 러시아 전투기를 격추하고 러시아 방공 시설에 공격을 퍼붓게 될 텐데도 말이다. 이는 핵무장 국가들 이 직접 전쟁을 벌이는 것으로 나아갈 수 있다.

미국은 나토를 이용해 29개국을 미국에 군사적으로 묶어 두려하는 한편, 경제적 연결도 강화하고 있다. 미국은 유럽으로 액화천연가스를 더 많이 수송하는 데 박차를 가하고 있는데, 이는 러시아산 에너지 공급을 대체하려는 것이기도 하다. 3월 25일 미국 정부 발표에 따르면, 미국은 늦어도 2030년까지 매년 500억 세제곱미터의 액화천연가스를 유럽에 공급하고자 한다. 이로써 유럽연합이 수입하는 러시아산 가스의 약 3분의 1을 벌충할 것이다. 또 이는 유럽연합이 2021년에 수입한 것의 곱절 이상인데, 이 수입량 자체가 이미 기록적 수치였다.

미국은 러시아 제재 수위도 높이고 있다. 바이든의 유럽 순방 동안 바이든 정부는 미국이 "러시아의 침공에 편의를 제공하는" 제3국에 제재를 부과할 준비가 됐다고 말했다. 중국과 인도의 개인·기업으로 금융 제재를 확대할 수 있다는 것이다. 이는 세계경제의 혼란을 심화시킬 수 있다. 제재로 이미 가난한 사람들 수억 명에 타격을 입히는 식품 가격 급등과 식량 부족 사태가 이어지고 있다.

한편, 러시아의 잔혹한 공격이 계속되는 가운데 수십만 명이 마리우폴에 갇혀 있다. 우크라이나 남부 항구도시 마리우폴의 사람들은 몇 주에 걸친 러시아군의 공격에 시달려 왔다.

러시아의 침공, 나토, 모든 제국주의자들의 유혈 낭자한 행보에 반대하는 것이 그 어느 때보다 사활적으로 중요하다.

출처: Charlie Kimber, "Biden says regime change in Russia is US war aim", *Socialist Worker* 2798(27 March 2022).

우크라이나 전쟁을 둘러싼 시진핑의 모순

우크라이나 전쟁은 미·중 갈등과도 얽혀 있다. 바이든은 2022년 3월 18일 시진핑과 전화 통화를 하며, "중국이 러시아에 물질적 지원을 제공하면 그 즉시 대가를 치르게 하겠다"고 으름댔다. 이날 바이든과 시진핑은 우크라이나 전쟁을 놓고 110분간이나 통화했다. 그렇지만 서로 입장 차이만을 확인하는 데 그쳤을 뿐이다.

중국 지배 관료 내에서는 이 통화를 두고 중국의 중재자로서 위상 강화를 반기는 분위기였다. 〈런민르바오〉(인민일보)는 이례적으로 시진핑이 전화 통화 중에 한 발언을 기사화하기도 했다.

일부 국가들의 보이콧이 있긴 했어도 중국은 동계올림픽을 통해 시진핑의 장기 집권을 위한 축제 분위기를 띄웠다. 양회(전국인민대표대회와 중국인민정치협상회의)도 무난하게 끝났다. '쌍순환'이나 '공동부유'나 '홍콩 국가보안법' 같은 중요한 안건도 없었다. 리커창 총리가 정부 업무 보고 때 안정을 76번이나 외칠 정도로 이번 양회의 핵심 키워드는 '안정'이었다.

그러나 시진핑 정부의 중국이 처한 상황이 대내외적으로 그리 녹록하지는 않다. 대외 관계를 살펴보면, 우크라이나 전쟁이 지속되면서 시진핑은 사실 난감한 처지에 있다.

우크라이나를 침공한 푸틴이 시진핑의 제휴자인 것은 분명하다. 지난 3월 2일 러시아에 철군을 요구하는 유엔 긴급특별총회 결의에서도 중국은 인도와 함께 기권했다(북한과 시리아 등 5개국은 반대했다).

푸틴의 우크라이나 침공으로 시진핑은 반사이익을 누릴 가능성이 있다. 첫째, 자원 확보 면에서 이득을 챙길 수 있다. 2014년 크림반도 병합 전쟁 때처럼 중국은 러시아산 원유와 천연가스를 값싸게 수입할 수 있다. 심지어 러시아의 주요 시설이나 자원을 헐값에 매입할 수도 있을 것이다. 둘째, 제국주의 세계 체제 속에서 미국에 대항하는 우군을 확보할 뿐 아니라 당장은 미·중 무역 전쟁이 가하는 압박을 완화할 수 있다.(이 요인은 시진핑에게 양날의 칼일 수도 있다. 푸틴에게 군사적 지원을 제공할 경우 중국이 러시아와 한 묶음으로 서방의 제재를 받을 수 있기 때문이다.)

그러나 시진핑이 (중재자가 아니라) 푸틴을 명확하게 지지하기가 어렵게 만드는 요인들이 존재한다. 첫째, 경제적 이해관계다. 시진핑이 푸틴의 편에 분명하게 설 경우, 경제적 손실이 만만치 않을 수 있다. 2021년 중국의 대외무역을 보면, 미국과는 6570억 달러, 유럽연합과는 8280억 달러를 기록한 데 반해, 러시아와는 1400억 달러에 지나지 않는다. 그래서 서방 국가들이 러시아를 국제 결제망에서 퇴출시키는 조치에 대항해 러시아와 중국이 공동의 결제망을 구축하거나 달러화가 아닌 국제통화를 만들 것이라는 예측이 당장은 실현되기가 힘들다.

둘째, 우크라이나 전쟁 문제와 관련해 국내의 반발 문제도 무시하기 힘들다. 현재 중국에서는 우크라이나 참상을 보도하거나 러시아의 침공을 비난하면 반역 행위로 처벌받고 있다. 그렇지만 중국이 러시아를 편들 경우 치러야 할 대가가 크다고 우려하는 지적이 여기저기서 나오고 있다. 3월 11일 중국 국무원 산하 공공정책연구소의 부주석이자 상하이 당교 교수인 후웨이는 미국 카터센터가 발간하는 온라인 잡지 〈미중인식모니터USCNPM〉에서 다음과 같이 말했다. "중국이 푸틴 대통령과의 관계를 단절하지 않으면 세계에서 고립될 것이다." 또한 중국의 저명한 역사학자 5명이 러시아의 침공을 정의롭지 못한 전쟁이라고 비난하는 성명을 발표했다.

셋째, 우크라이나 전쟁과 푸틴에 대한 시진핑의 태도가 자칫 대만 문제에서 부메랑이 돼 돌아올 수 있다. 평소 중국은 신장 위구르, 티베트, 대만 문제 때문에 영토 보전과 주권 불가침, 내정간섭 반대 등을 강조해 왔다. 그러나 시진핑이 독립국 우크라이나를 침공한 푸틴을 명확하게 편들 경우 뜨거운 쟁점인 신장 위구르나 대만 문제에 대한 서방 국가들의 개입을 막을 논리와 명분이 약화된다. 이 때문에 중국은 유엔 특별 결의안 투표에서 반대가 아니라 기권을 했고, 우크라이나 전쟁에 대해 '침략'이라는 표현을 사용하지 않고 대화를 통한 해결을 강조하고 있다.

문일현 중국 정법대 교수는 러시아의 진퇴가 중국 공산당의 정치적 안정과 밀접한 연관이 있다며, 중국 일각에서는 "우크라이나 전쟁이 '시진핑의 전쟁'이라는 견해도 있다"고 했다. 그는 중국이 처한 딜레마를 다음과 같은 말로 잘 나타냈다. "러시아가 패배하면 그다음

타깃이 중국이 될 것이라는 점에서 러시아가 버텨 주길 바라는 마음이 들겠지만, 러시아를 지원하다가 전 세계의 타깃이 되는 상황을 바라지 않는 측면도 있다."

출처: 이정구, "우크라이나 전쟁을 둘러싼 시진핑의 모순", 〈노동자 연대〉 409호(2022년 3월 22일).

미·중·러의 복잡한 삼각 경쟁

우크라이나 정부와 그 지지자들은 제3차세계대전이 시작되고 있다고 말한다. 어떤 면에서 이는 러시아를 상대로 한 훨씬 위험한 충돌에 서방을 끌어들이려고 하는 말이다. 동시에 이 말은 러시아와 나토·미국·유럽연합을 등에 업은 우크라이나 사이의 충돌에서 세계의 많은 국가들이 어느 편도 들지 않고 있다는 사실을 무시하는 얘기다.

가장 중요한 사례는 중국이다. 러시아의 우크라이나 침공 직전에 시진핑과 푸틴은 "무제한적 파트너십"을 맺었다. 그러나 그간 중국 언론들이 미국과 나토를 강하게 비판하기는 했지만 분명 중국은 서방의 고강도 경제제재가 자신에게도 옮겨붙을까 봐 우려한다.

이런 태도는 세계 최대 제국주의 열강인 미국·중국·러시아 사이에서 벌어지는 삼각 경쟁의 복잡성을 보여 주는 한 징후다. 그렇지만 상당수 개발도상국·빈국이 어느 한쪽을 편들기를 거부하고 있다는 점도 특기할 만하다.

이번 침공을 두고 2월 말에 열린 유엔 총회를 보라. 러시아 규탄 결의안에 141개국이 찬성 투표했다. 러시아를 따라 반대 투표한 국가는 벨라루스·에리트레아·시리아·북한 네 국가뿐이었다. 그렇지만 35개국이 기권 표를 던졌다. 중국·쿠바·인도·이란·이라크·파키스탄·남아프리카공화국 등이 그런 국가들이다. 대다수 아프리카 국가들은 기권 표를 던지거나 아예 표결에 불참했다. 더군다나 정치경제학자 데이비드 애들러가 〈가디언〉에서 지적했듯이, 러시아 규탄 결의안에 찬성표를 던진 국가들을 지도상에 표시해 보면 "미국과 그 동맹국들의 러시아 제재에 동참한 국가들을 표시한 지도와 매우 다르다."

둘의 차이는 정말이지 충격적이다. 미국, 영국, 캐나다, 한국, 스위스, 일본, 호주, 뉴질랜드, 대만, 싱가포르, 유럽연합. 이 굳건한 연합을 제외하면, 푸틴 정부를 상대로 한 경제 전쟁에 동참한 국가는 거의 없다. 외려 세계에서 손꼽히는 여러 대국인, 중국, 인도, 브라질, 방글라데시, 파키스탄, 인도네시아, 심지어 나토 가입국인 터키도 제재 동참을 거부했다.

애들러는 이것이 1950년대 냉전에서 편들기를 거부한 신생 독립국들이 '비동맹운동'으로 결집한 것과 같은 일이 또다시 벌어질 신호탄일 수도 있다고 본다. 내가 보기에 그럴 가능성은 낮다. 각국이 편들기를 거부하는 동기가 매우 다르기 때문이다. 그렇지만 지금 벌어지는 일은 미국 헤게모니의 쇠퇴를 보여 준다.

그래서 인도는 이 삼각 경쟁 속에서 줄타기를 하고 있는 것이다. 인도는 중국에 맞서서는 미국과 긴밀하게 공조하지만, 러시아와는

1950년대 이래로 동맹 관계이고 여전히 러시아는 인도의 주요 무기 공급국이다. 〈파이낸셜 타임스〉는 다음과 같이 보도한다. "인도 중앙은행은 루피화-루블화 무역협정을 위한 초벌적 합의를 진행하고 있다. 이 협정이 성사되면 러시아가 서방의 제재로 국제 결제망에서 쫓겨난 상황에서도 인도는 러시아에 계속 수출할 수 있다."

페르시아만 연안국들은 또 다른 흥미로운 사례다. 역사적으로 사우디아라비아·아랍에미리트 같은 국가들은 미국 국방부에 안보를 의존해 왔다. 그렇지만 상황이 바뀌고 있다. 첫째, 페르시아만 연안의 전제 군주국들은 미국에 불만이 있다. 이들은 아랍 항쟁과 이란에 맞서는 데에서 바라는 만큼 미국의 지원을 받지 못했다. 둘째, 미국이 중동에서 발을 일부 뺀 덕에 러시아가 시리아 내전에 개입해 중동에서 중요한 세력이 됐다. 이 때문에 심지어 이스라엘도 러시아의 심기를 거스르기를 꺼린다. 셋째, 러시아는 에너지 생산국들의 모임인 오펙플러스의 중요한 파트너다. 그래서 페르시아만 연안국들은 유가를 낮추기 위해 석유를 증산해 달라는 미국 대통령 바이든의 요청에 응하지 않은 것이다. 〈블룸버그〉에 따르면 사우디아라비아는 중국에 수출하는 석유의 대금 일부를 위안화로 받는 것을 고려하고 있다고 한다.

이는 많은 정부들이 서방을 편들기를 주저하는 이유 하나를 잘 보여 준다. 미국과 미국의 유럽 동맹국들은 러시아를 강타하려고 세계 금융 시스템에 대한 지배력을 이용했다. 이는 분명 많은 국가들을 겁먹게 했다. 동시에 그런 국가들이 금융거래에서 달러가 아닌 대안을 모색하는 계기도 됐다. 그런 점에서 서방 지지로 결집이 이뤄지지 않고 있는 지금 상황은, 미국 경제가 쇠퇴한 결과이자 미국이 금융에서 우위를 점한 결과다.

출처: Alex Callinicos, "The world is far from unanimous behind the US over Ukraine", *Socialist Worker* 2797(23 March 2022).

더 격해지는 군비경쟁

우크라이나 전쟁은 주요 국가들의 군비경쟁이 더 가속되는 계기가 되고 있다. 제국주의 간 갈등의 악화 속에 장기적으로 더 큰 위험으로 가는 길이 열리고 있는 것이다.

전쟁 발발 전에도 미·중·러의 갈등을 비롯한 불안정이 증대하면서 주요 국가들의 군비는 경쟁적으로 증가하고 있었다. 2020년에는 팬데믹으로 세계경제가 수축되는 와중에, 전 세계 국내총생산 대비 군사비 지출 비중은 더 늘었다(스톡홀름국제평화연구소 자료). 특히 아시아의 군비 증가세가 두드러졌다. 2010~2020년에 아시아 국가들의 군사비 지출은 52.7퍼센트나 늘었다. 중국은 무려 76퍼센트가 늘었고, 한국(41퍼센트), 인도(34퍼센트), 호주(33퍼센트)가 그 뒤를 이었다. 러시아도 2011~2020년에 군사비를 26퍼센트 늘렸다.

물론 여전히 압도적인 군사 최강국은 미국이다. 미국은 2020년 현재 전 세계 군사비 지출의 39퍼센트를 차지해, 다른 경쟁국들을 압도한다. 그렇지만 미국은 유일 초강대국으로서 유럽·중동·동아시아 등지에서 경쟁국들의 도전을 모두 제압해야 한다는 부담을 안고 있다.

우크라이나 전쟁은 군비경쟁 추세에 기름을 붓고 있다. 나토 동맹국인 미국과 서유럽 국가들은 동유럽에 군대를 증파하고, 우크라이나 무기 지원을 확대하는 등 확전 위험을 키우고 있다. 동시에 서방이 주도하는 기존 국제 질서를 위협하는 중국·러시아를 견제하기 위한 준비에 열을 올리고 있다.

미국 바이든 정부는 4.2퍼센트 증액된 2023년도 국방 예산안을 의회에 제출했다. 국방부 장관 로이드 오스틴은 "중국의 도전과 러시아의 심각한 위협을 다루기 위한" 장비 획득과 군 현대화를 위해 증액이 필요했다고 했다. 바이든 정부는 극초음속 무기와 인공지능 기술 개발에 국방 예산 중 1300억 달러 이상 쓸 예정이다. 그리고 1459억 달러는 F-35 전투기, B-21 폭격기 구입 등 전력 강화에 들어간다. 핵무기 현대화에도 수백억 달러를 쓸 예정이다. 7700억 달러가 넘는 미국의 국방 예산안은 의회 논의 과정에서 더 늘어날 수 있다. 공화당 원내 지도부 등 상당수 의원들이 바이든이 제시한 증액 규모가 적다고 불평하니 말이다.

전쟁이 벌어진 유럽에서도 군비경쟁의 불이 붙었다. 특히, 독일은 국방 예산을 일회적으로 1000억 유로(약 135조 원)로 책정했다. 이는 지난해 국방 예산의 갑절 이상이다. 독일은 국내총생산의 1.5퍼센트 수준인 연간 군사비 지출 비중을 2024년까지 2퍼센트로 올린다는 방침이다. 독일만이 아니라 이탈리아, 스웨덴 등 다른 서유럽 국가들도 군사비를 국내총생산 대비 2퍼센트 선으로 올리려 한다. '국내총생산의 2퍼센트'는 그동안 미국이 나토 동맹국들에 요구한 군사비 수준이다. 유럽의 군비 증강은 우크라이나 전쟁 장기화 조짐과 맞물려 제국주의 간 갈등을 새로운 차원으로 끌어올릴 수 있다.

우크라이나 전쟁의 여파는 아시아에도 크게 미치고 있다. 대만, 남중국해 등 전쟁이 일어날 만한 화약고가 아시아에 즐비하기에, 아시아 지배자들에게 남의 일 같지 않은 것이다.

중국은 최근 국방 예산을 7.1퍼센트 늘렸는데(1조 4500억 위안) 이것은 경제성장률보다 높은 것이다. 중국의 군비 증강은 유사시 서태평양에서 미군을 밀어내기 위한 것이며, 대만 점령을 염두에 둔 군사적 준비이기도 하다. 그래서 대만도 중국의 군비 증강에 상당한 압박을 받고 있다. 대만 정부가 유명무실화된 징병제를 다시 부활시키려 하는 까닭이다.

일본 방위 예산도 2021년 처음으로 국내총생산 대비 1퍼센트를 넘었다. 지난달 일본 총리 기시다는 총선을 앞두고 일본 방위 예산을 국내총생산 대비 2퍼센트 수준으로 확충하겠다고 공약했다. 전 일본 총리이자 자민당 내 최대 계파의 수장인 아베는 이에 만족하지 않고 당장 내년도 방위 예산을 11퍼센트나 올리자고 주장한다. 일본 기시다 내각은 이른바 '적 기지 공격 능력' 보유를 공식화하려 한다. 이는 상대국을 선제공격할 원거리 타격 수단을 보유하겠다는 의미다. 당연히 '평화헌법'에 어긋나는 조처이지만, 기시다 내각은 2022년 국가안전보장전략·방위계획대강 등의 안보 전략 문서를 개정해 이를 관철하려 한다.

앞서 언급했듯이, 한국도 이런 군비경쟁에 일조하고 있다. 매년 국방 예산을 크게 늘리면서 핵 추진 잠수함과 경항공모함 건조까지 추진 중이다. 한국의 국방과학연구소는 3월 30일 고체 연료를 이용한 로켓 시험 발사에도 성공했다. 이는 "우리 군도 [북한처럼] 대륙간 탄도미사일ICBM급 장거리 미사일의 개발 잠재력을 확보했다는 의미" 다(《동아일보》).

아시아의 이런 경쟁을 보며 우려하지 않을 수 없다. 마치 제2차세계대전이 일어나기 전인 1930년대 강대국들의 군비경쟁을 연상케 한다. 각국 정부는 국민의 안녕과 방어적 목적을 위해 군비를 늘리는 게 불가피하다고 주장한다. 그러나 그들은 자국 지배계급의 이익을 위해, 즉 시장과 자원 확보, 국가의 국제적 영향력 제고를 위해 더 강하고, 더 많은 무기를 원할 뿐이다. 평범한 사람들에게 군비경쟁은 엄청난 낭비다. 기후 위기, 팬데믹 위기 등에 대처할 소중한 자원이 백해무익한 곳에 쓰이고 있는 것이다.

우크라이나 전쟁을 계기로 세계는 더 위험한 방향으로 나아가고 있다. 이것을 막으려면 제국주의에 반대해야 한다. 그리고 이 경쟁 속에서 한몫 잡으려 하는 한국 정부의 군비 증강 계획과 친제국주의 정책에도 반대해야 한다.

출처: 김영익, "7700억 달러, 1조 4500억 위안, 1000억 유로 … — 우크라이나 전쟁으로 더 격해진 군비경쟁", 〈노동자 연대〉 411호(2022년 4월 5일).

중국을 겨냥한 미·영·호주의
극초음속 미사일 개발

 미국·영국·호주 [오커스 동맹국] 지도자들이 러시아의 부차 대학 살이 폭로된 바로 다음 날인 2022년 4월 5일(미국 현지 시각) 무시 무시한 신무기 개발을 위한 협력에 박차를 가하기로 했다. 여기에는 전쟁 기구 나토를 강화할 뿐 아니라 중국과의 대결을 대비한다는 목적도 있다. 4월 5일 자 백악관 성명에 따르면, 미국 대통령 바이든 과 영국 총리 보리스 존슨, 호주 총리 스콧 모리슨은 "기존의 핵 추 진 잠수함 능력"에 대한 협력을 재확인했다. 그런데 다음과 같이 덧 붙였다. "극초음속 능력, 극초음속 대항 능력, 전자전 능력을 위한 새 로운 3자 협력을 시작할 것."

 〈파이낸셜 타임스〉는 다음과 같이 지적했다. "이 합의는 인도-태 평양 지역에서 중국의 부상에 맞서 3국의 협력을 증진시키기 위한 최근의 노력을 보여 준다." 극초음속 미사일의 비행 속도는 음속의 5 배가 넘는다. 미국은 극초음속 미사일 개발에서 중국이 앞서 있으니 미국·영국·호주가 격차를 좁히려 애써야 한다고 말한다.

러시아가 우크라이나에서 저지른 학살에 전 세계 언론이 집중하는 틈을 타, 3월 중순 미국은 극초음속 미사일 발사 실험에도 성공했다. 미국의 전쟁광 면모를 드러내는 이 사실은 2주 동안 비밀에 부쳐졌다. 바이든이 나토군 동원에 박차를 가하려 유럽을 순방할 예정이었기 때문이다. [미국의 극초음속 미사일인] '극초음속 공기흡입 무기체계HAWC'는 미국 서해안에서 B-52 폭격기를 이용해 발사됐다. 이 미사일은 20킬로미터 높이로 솟아올라 약 500킬로미터를 비행했다. 극초음속 영역의 하한선[음속의 5배]으로 비행했는데도 500킬로미터를 날아가는 데 5분이 채 걸리지 않았다.

이 발사 실험은 러시아가 우크라이나 전쟁에서 자국의 극초음속 미사일을 사용했다고 발표한 지 며칠 뒤에 이뤄졌다. 러시아의 극초음속 미사일 '킨잘'은 기존 기술을 개량한 것이다. 미국의 극초음속 미사일 HAWC는 차세대 무기다. HAWC는 강력한 힘으로 날아가 탄두를 장착하지 않고도 엄청난 속도의 힘으로 목표물을 파괴한다.

바이든 정부는 2023년 회계연도에 극초음속 미사일을 포함한 장거리 미사일을 위해 72억 달러[약 8조 7788억 원]의 국방 예산을 요청했다. 이런 추가 지출은 군수 기업들, 특히 이 프로젝트에 직접 참여한 레이시언테크놀로지와 노스롭그루먼을 기쁘게 만들 것이다.

이 죽음의 상인들은 이미 우크라이나 전쟁에서 잇속을 계산하고 있다. 미국이 우크라이나에 제공하는 주요 무기는 대전차미사일 '재블린'과 대공미사일 '스팅어'다. 재블린은 레이시언테크놀로지와 록히드마틴이 공동 생산하고, 스팅어는 레이시언테크놀로지가 독자 생산한다.

미국 국방부 장관 로이드 오스틴은 장관직 임명 전에 레이시언테크놀로지의 임원이었다. AFP에 따르면, 레이시언테크놀로지는 스팅어 미사일 생산을 중단했다가 2021년 여름 미국 국방부가 4억 달러[약 4877억 원]어치를 주문하고 나서 생산을 재개했다. 이제 우크라이나에 스팅어 미사일을 제공하는 미국과 그 동맹국들은 더 많은 미사일을 원한다.

최근 바이든은 우크라이나에 대한 추가 군비 지원액 36억 달러를 포함한 새 지출안에 서명했다. 투자 리서치 기업 CFRA의 분석가 콜린 스캐롤라는 다음과 같이 말했다. "스팅어 미사일 1000기와 재블린 미사일 1000기가 내년에 동유럽으로 수송될 수 있다." "[레이시언테크놀로지와 록히드마틴] 두 기업의 [추가] 수익이 10억~20억 달러[1조 2192억~2조 4382억 원]에 이를 것으로 보인다." 이게 다가 아니다. 미국 하원 의원들은 (공화당원이든 민주당원이든) 바이든의 안보다 더 많은 돈을 군에 쏟아붓고 싶어 한다. 미국 하원 군사위원회 부위원장인 민주당 의원 일레인 루리아는 바이든이 제출한 국방 예산에 대해 불평하며 "형편없다"고 트위터에 썼다.

성난 의원들 중 상당수는 중국에 대항해야 한다는 열망을 드러내며 더 많은 무기를 요구하지만 교육과 코로나19 방역 조처, 사회 복지에는 더 적은 돈을 써야 한다고 요구한다. 의회가 국방 예산을 증액하면 2년 연속으로 바이든의 요구보다 더 많이 늘리는 것이 된다. 2022년 회계연도에도 바이든은 국방 예산으로 7430억 달러[약 912조 원]를 요청했는데, 결국 의회에서 250억 달러[30조 477억 원] 이상 증액됐다.

출처: Charlie Kimber, "Britain, US and Australia intensify war drive with hypersonic weapons deal", *Socialist Worker* 2800(06 April 2022).

5장

우크라이나 전쟁의
성격을 둘러싼 논쟁

알렉스 캘리니코스 vs 폴 메이슨
러시아만 제국주의인가

우크라이나를 둘러싼 서방과 러시아의 대립이 첨예해지던 2022년 2월 20일, 국내에도 여러 저서가 번역·소개된 바 있는 영국의 노동당 인사 폴 메이슨이 우크라이나 사태에 관한 2월 16일 자 국제사회주의경향의 성명을 비판하는 글을 냈다. 그는 러시아의 호전성과 서구 민주주의의 진보성 등을 이유로 러시아에 맞서는 것이 중요하다면서, 국제사회주의경향이 우크라이나 위기에서 미국 제국주의를 규탄한 것은 잘못이라고 주장했다. 알렉스 캘리니코스가 2월 21일 메이슨의 비판을 반박한 글을 발표했다. 각 글의 출처는 이 글의 끝에서 밝혔다.

친애하는 폴에게.

제가 당신을 존중한다는 것을 알 겁니다. 저는 당신의 최신작《파시즘을 멈추는 방법》을 높이 평가합니다. 비록 현대판 인민전선, 그러니까 자유주의 세력과 좌파가 동맹을 맺는 것이 파시즘을 물리칠 길이라는 주장에는 반대하지만 말입니다.

그래서 우크라이나 위기에 대한 국제사회주의경향의 성명이 나오자마자 당신이 그 성명을 비판하는 글("'굿바이 레닌' 하는 법을 배우기: 우크라이나 전쟁에 대한 국제사회주의경향 성명 비판")을 쓴 것을 보고 매우 흥미로웠습니다. 제가 그 성명의 초안 작성에 기여한 사람이기에, 당신이 애써 성명을 읽고 비판한 것이 기쁘고 놀랍기도 합니다.

그 수고에 비해 다소 간략하게 답변하더라도 양해 바랍니다. 실제로 전쟁이 목전에 닥친 상황일 수도 있어서, 그래서 논쟁이 시급해서 그런 것만은 아닙니다. 우리 사이의 진정한 쟁점이 제가 보기에는 꽤나 단순하기 때문이기도 합니다.

러시아: 유럽 유일의 제국주의 국가?

그런 점에서 먼저, 레닌과 작별 인사하는 법을 배워야 한다는 당신의 글 제목이 다소 쟁점을 흐리는 것 같다는 점을 지적해야겠습니다. 당신이 오래전에 레닌주의를 버렸다는 것은 당신도 저도 아는 바입니다. 당신이 어떻게 레닌주의자일 수 있겠습니까? 그리스에서 좌파 개혁주의였던(처음에는 그랬습니다) 시리자 정부를 지지했고, [지금도] 영국 노동당의 충성스럽고 활동적인 당원인데 말입니다. 그렇다고 레닌주의가 우리의 견해차와 무관한 것은 아닙니다. 오히려 블라디미르 레닌의 이론적·정치적 유산의 일부가 현재 우리의 논의와 관련이 있습니다. 그것은 바로 그의 제국주의 비판입니다.

레닌은 제국주의가 지나간 시대의 잔재가 아니며 단지 강대국이 약소국을 괴롭히는 것도 아니라고 지적했습니다. 제국주의는 자본주의적 지배·경쟁 체계입니다. 소수의 강력한 자본주의 국가들이 세계적 수준에서 경제적·지정학적으로 경쟁하는 세계적 체제인 것이죠. 그렇다면 물음을 하나 던질 수 있습니다. 이는 오늘날에도 해당하는 것일까요? 당신 말에 따르면 그렇지 않은 듯합니다. 당신은 다음과 같은 놀라운 정식을 제시했죠. "오늘날의 갈등은 세계화를 추구하고 민주적이며 예전에는 제국주의였던 미국·유럽연합 등의 국가들과, 권위주의적이고 반反근대적인 중국·러시아 등의 독재국가들 사이에서 벌어진다."(강조는 제 것입니다.)

이 정식에는 온갖 기이한 점이 있습니다. 푸틴의 러시아가 이데올로기적으로 "반反근대적"이라고 칩시다(세계시장에 의존해 에너지 수출 수익을 내지만 말입니다). 그렇지만 시진핑의 중국은 어떻습니까? 중국은 확실히 권위주의적이지만, 분명 경제와 사회의 초근대화 프로젝트에 전념하고 있습니다. 도대체 어떤 의미에서 중국이 당신의 대비가 함의하는 것처럼 반"세계화"적이라는 것입니까? 중국은 오늘날 세계 자본주의의 경제적 중심입니다. 트럼프가 대통령 재임 시절 세계화를 비난할 때 시진핑은 자신이 세계화를 지지한다는 점을 과시했습니다. 당신의 대조법은 서방의 경쟁자들을 최대한 나쁘게 보이게 하려는 것처럼 보입니다.

그러나 이런 문제점은 미국과 유럽의 동맹국들("유럽연합"이라고 했지만 분명 영국도 염두에 뒀을 것입니다)을 "예전에는 제국주의였던 국가들"이라고 묘사하는 문제에 비하면 부차적입니다. 이 주장은 잠시 후에 다루기로 하고, 그 함의에 먼저 초점을 맞춰 보겠습니다.

이런 표현에는 유럽에는 제국주의 국가가 딱 하나밖에 없다는 함의가 있습니다. 바로 "권위주의적이고 반反근대적인" 러시아입니다. 아마 그래서 당신이 우리 성명에서 러시아 제국주의와 푸틴 정권을 비판하는 모든 구절에는 지지를 보낸 거겠죠. 그러면서 우리가 "강경 스탈린주의자들의 신경을 긁을 것"이라고 경고하기도 했습니다(마치 우리가 그들을 신경이라도 쓴다는 듯이 말입니다).

이처럼 우리는 러시아 제국주의에 반대한다는 점에서 의견이 같습니다. 그렇지만 미국과 유럽연합, 영국이 "예전에는 제국주의였던 국가들"이라고요? 진심으로 하는 말인가요? 물론, 제국주의 열강을 정확히 어떻게 정의할 것이냐는 논쟁 거리일 수 있습니다. 토니 노필드는《더 시티: 런던과 세계적 금융 권력》에서 경제력, 재정 능력, 군사력의 상대적 비중을 토대로 유용한 기준을 제시합니다. 저는 이 기준을 근거로 대략 6개의 제국주의 국가가 있다고 봅니다. 미국, 중국, 독일, 영국, 프랑스, 러시아죠. 그 외에 더 작지만 위험한 역내 강국들이 여럿 있습니다.

정말로 미국이 제국주의 국가가 아니라고 보는 것입니까? 역사상 가장 강력한 제국주의 국가를요? 조지 W 부시 정부가 중동에서 벌인 전쟁과 그 전쟁이 그곳 사람들에게 몰고 온 재앙을 잊었습니까? "테러와의 전쟁"은 이 지역에 대한 미국의 지배를 확고히 하기 위한 것이었는데, 오히려 미국은 거기서 역풍을 맞았습니다. 버락 오바마는 중국을 견제하려고 "아시아로의 회귀"를 시작했고, 트럼프와 바이든 모두 이를 계승했습니다("아시아로의 회귀"가 미국의 패권이 직면한 가장 심각한 위협을 차단하기 위한 것이 아니라 민주주의를 수호하기 위한 것이라는 주장은, 트럼프가 푸틴과 시진핑에 보이는 개인적 존경을 볼 때 설득력이 없습니다).

제국주의 열강을 나열해 보면 유럽 국가들이 매우 두드러집니다. 중국을 제외하면 나머지 브릭스 국가들(브라질, 인도, 남아공)은 이 축에 들지 못한다는 점이 드러났습니다. 러시아를 제외한 유럽 제국주의 열강은 미국이 제2차세계대전 이후 세운 일련의 기구들을 통해 미국과 결속돼 있습니다. 그 기구들 중 일부는 국제통화기금이나 세계무역기구WTO처럼 명목상 국제적 기구입니다. 그러나 결정적인 두 기구는 지역적입니다. 하나는 나토이며, 이것은 미국과 캐나다, 오늘날 대부분의 유럽 국가들을 묶고 있는 군사동맹입니다. 다른 하나는 유럽연합인데, 미국은 트럼프 임기를 제외하고는 1940년대 말 마셜플랜 이래로 유럽연합의 건설을 강력하게 뒷받침해 왔습니다.

나토와 미국의 힘

1949년에 결성된 나토는 유럽에서 소련의 군사력을 억제하기 위해 고안됐습니다. 냉전이 한창일 때조차 서유럽에 대한 소련의 위협이 과연 얼마나 실질적이었는지는 따져 볼 만한 문제입니다. 그렇지만 어찌 됐든 소련은 붕괴했는데, 이제 나토의 존재 목적은 무엇이었을까요? 1990년대에 미국 대통령 빌 클린턴 정부가 그 답을 내놨습니다. 이제 나토는 미국이 유럽에서 지배력을 유지하고 동쪽으로 영향력을 확장하기 위한 것이 됐습니다.

1999년 나토가 옛 유고슬라비아 연방의 일부를 폭격한 것은 이런 목적을 염두에 둔 것이었습니다. 그 후 나토와 유럽연합은 중부 유럽과 동유럽으로 확장됐습니다. 이를 주도한 것은 클린턴이었고 이는 1990년에 소련의 마지막 지도자 미하일 고르바초프에게 한 약속을 깨는 것이었습니다. 당신은 이 점을 인정하면서도 다음과 같이 둘러 댑니다. "소련은 … 이제 없다. … 동유럽의 신생 자본주의 지배층과 대부분의 그곳 주민들은 나토와 유럽연합 가입을 혼돈에 빠진 러시아 제국에 다시 흡수될 위험에 대비하는 보험 정책으로 여겼다."

이는 맞는 지적일 수도 있지만, 요점에서 벗어난 것입니다. 나토와 유럽연합의 확장은 폴란드나 발트 3국이 아니라 미국이 만든 정책이었습니다. 고故 피터 고완이 《글로벌 도박》에서* 보여 줬듯이, 그 전에 미국과 유럽 국가들은 고르바초프의 "유럽 일가—家" 정책을 방해하려고 노력했습니다. 고르바초프의 "유럽 일가" 정책은 냉전 시대의 군사동맹인 바르샤바조약기구와 나토를 둘 다 해체하고 일종의 다원주의적 유럽 국가 연합을 창설하는 것을 함의했습니다. 그러나 서방의 기구들은 동쪽으로 세를 확장했죠.

이 정책의 설계자는 지미 카터 정부에서 국가안보보좌관을 지내고 오랫동안 민주당의 주요 지정학 전략 사상가였던 즈비그뉴 브레진스키였습니다. 《거대한 체스판》에서 그는 미국을 제국으로, 그 동맹국들을 "속국, 조공국, 보호령, 식민지"로 솔직하게 묘사하며, 유럽연합을 "미국의 패권을 위한 유라시아의 교두보이자, 민주주의 세계 체제를 유라시아로 확장하기 위한 잠재적 발판"으로 봅니다. 그리고

---

* 국역:《세계 없는 세계화》, 시유시, 2001.

이런 전략은 효과가 있었습니다. 확장된 나토는 미국 정부의 출격 명령에 따라 리비아를 폭격하고, 아프가니스탄을 점령하고, 중국 포위를 도와 왔습니다. 그리고 나토는 미국이 유럽에 거대한 군사 기지망을 유지하는 것을 정당화해 줍니다.

유럽연합은 전 세계에서 시장의 규율을 강요하는 데서도 중요한 미국의 파트너입니다. 당신은 2010년대에 유럽연합과 독일이 강요한 긴축에 맞선 그리스 노동자들의 투쟁을 열정적으로 지지했던 만큼, 이를 부인할 수는 없을 것입니다. 당신의 친구 야니스 바루파키스[당시 시리자 정부 재무부 장관]가 전한 말도 기억해야 합니다. 2015년 1월 그리스 총선에서 시리자가 승리하자 독일의 재무부 장관 볼프강 쇼이블레는 "선거가 경제정책을 바꾸도록 내버려 둬선 안 된다"고 말했다고 했죠. 제국주의는 정치적일 뿐 아니라 경제적이기도 합니다. 유럽중앙은행이 2015년 여름 그리스 은행들을 폐쇄해 시리자에 항복을 강요한 것이 그런 사례입니다.

우크라이나의 곤경

따라서 나토와 유럽연합의 확장은 서방 제국주의의 세계적 지배력을 유지하고 확장하기 위한 것입니다. 당신은 바이든이 푸틴의 요구에 응하지 않는 것에 지지를 보내지만, 푸틴의 가장 중요한 요구인 우크라이나의 나토 불가입 보장에 대한 얘기는 슬쩍 피해 갑니다. 물론 우리는 푸틴이 무력을 동원한 위협으로 요구를 관철하려는 것에 반대합니다. 그러나 "공허한 구호"에 매달리지 않는 현실주의적 정치가를 자처한다면, 우크라이나 나토 불가입 보장 요구를 무조건 적은 아니어도 러시아에도 일정한 양보를 받아 내는 식으로 들어주는 것을 고려하지 못할 이유는 무엇입니까?

사실 이런 식의 주고받기로 케네디와 흐루쇼프는 쿠바 미사일 위기를 해결했습니다(이는 미국을 핵무기로 선제공격해 달라고 소련에 간청한 피델 카스트로의 부질없는 항의를 거스른 것이었습니다). 부디 "동유럽의 서구 지향적인 신생 민주주의 문화" 운운하며 회피하지 말아 주십시오. 특정한 군사동맹에 참여할 천부적 권리 같은 것은 없으며, 나토 가입은 우크라이나가 소련에서 독립한 이래 늘 여론이 첨예하게 갈리는 쟁점이었습니다. 러시아가 뒷받침하는 분리 독립 "공화국"들이 우크라이나로 반환된다면 더더욱 그럴 것입니다.

이는 우크라이나 자체에 대한 물음으로 이어집니다. 당신이 인정하듯, 국제사회주의경향의 성명은 우크라이나 사람들이 전쟁의 주요 희생자가 될 것이라고 경고하며 그들의 자결권을 지지합니다. 우크라이나인들에게도 자위권이 있습니까? 물론 있습니다. 그러나 현 상황에서 이 자위권은 당신이 말하듯 우크라이나 정부와 그 군대의 항전을 포함할 것입니다.

그런데 2014년 이후 우크라이나 의회는 초등학교에서 우크라이나어로만 수업을 하게 하는 법을 통과시켰습니다. 많은 우크라이나인들이 러시아어와 우크라이나어 모두를 일상생활에서 쓰고 있고, 이런 법이 헝가리계, 유대계, 타타르계와 같은 소수민족의 권리를 침해함에도 불구하고 말입니다. 우크라이나 정부는 또한 2015년 도네츠크와 루한스크의 분리 독립 지역에서 전투를 끝낸다면서 조인한 제

2차 민스크협정을 이행하지 않았으며(협정을 따랐다면 그 지역들은 더 많은 자치권이 보장된 "특별 지위"를 얻게 될 것이었습니다) 나토 가입을 헌법에 [주요 목표로] 명시했습니다.

물론 우크라이나 정부만이 여기에서 유일한 악당은 아닙니다. 러시아도 어마어마하게 많은 부정직과 더러운 속임수를 썼습니다. 그러나 우크라이나를 재통합시키지 못하는 배타적 민족주의를 견지하면서, 서방의 군사 지원에 의존해 이런 정책을 계속 추구하려 하는 우크라이나 정부에 많은 신뢰를 보내기는 어렵습니다. 그러나 당신은 국제 좌파가 이 정부를 지지하되, "인민 전쟁을 요구해 그 과실로서 사회·경제적 정의와 올리가르히 권력의 종말"을 쟁취하자고 제안합니다. 이것이야말로 "공허한 구호"입니다. 매우 있음 직하지 않은 일이기는 하지만, 우크라이나가 러시아의 침공을 물리친다면 우크라이나 정부는 배타적 정책을 더 밀어붙이고 러시아에 우호적인 상당수의 우크라이나인들을 탄압할 것입니다.

사실 유혈 사태와 파괴, 대규모 피난, 경제 붕괴를 제쳐 놓더라도, 우크라이나에서의 전쟁을 반대하는 주된 이유 하나는 러시아 점령군이 우크라이나의 반러시아파를 분쇄하려 함에 따라 양측에서 인종 청소와 대규모 탄압이 벌어질 가능성이 크기 때문입니다. 그러면 유럽은 야만으로 몇 걸음 더 떠밀리게 될 것입니다.

진보적 제국주의와의 인민전선

당신은 레닌의 말을 인용하며 "진실은 구체적"이라고 말합니다. 맞는 말이지만 그람시의 《옥중수고》에 나오는 멋진 구절로 보완해야 합니다. 그람시는 마르크스주의가 "통치의 기예를 스스로 익히고 싶어 하고, 심지어 불쾌한 것일지라도 모든 진리를 알고자 하고, 상층 계급의 (불가능한) 기만은 물론 그들 자신의 기만조차도 피하는 데 관심이 있는 하층계급의 표현체"라고 썼습니다.

자기기만에 대한 그람시의 논점은 매우 중요합니다. 지금 상황은 러시아의 군홧발에 용감한 우크라이나가 짓밟히고 있는 것이 아닙니다. 이것은 제국주의 간 갈등입니다. 우크라이나 정부는 독립 이후 인민의 기대를 등진 수많은 정부들의 최신 사례에 불과하며, 이 갈등에서 졸개 구실을 하고 있을 뿐입니다. 우크라이나의 자기방어 문제로 초점을 흐리고 미국과, 유럽에 있는 미국의 "조공국"들을 "예전에는 제국주의였던" 민주주의 국가로 묘사하면서 당신은 그저 자신을 기만하고, 당신의 영향력을 통해 잠재적으로는 다른 사람들도 속이고 있을 뿐입니다.

물론, 이 갈등의 본질을 인식한다고 해서 곧 해결책을 손에 쥐게 되는 것은 아닙니다. 안타깝게도 급진적이고 혁명적인 좌파가 국제적으로 너무나 약해서 이번 위기에 큰 영향을 미치지 못한다는 것은 사실입니다. 그러나 진실을 말하는 것은 중요합니다. 특히, 지금 같은 위기가 앞으로 더 많이 벌어질 것이고, 여기에는 미국과 미국의 진정한 도전자인 중국이 연루될 것이라서 더 위험할 것이기에 진실을 말하는 것은 더욱 중요합니다. 당신은 "예전에는 제국주의였던" 서방의 편에 선 듯합니다. 비록 당신의 전망은 더 급진적이고 주장은 더 정교하지만, 국제사회주의경향에 대한 당신의 비판은 본질적으로 [영국 노동당 대표] 키어 스타머가 수치스럽게도 전쟁저지연합을 비난하며 나토에 충성을 맹세한 것과 별반 다르지 않아 보입니다.

새로이 발전(혹은 퇴보라고 해야 할까요)한 당신의 인민전선 정치는 이제 미국과 중국·러시아의 갈등에 "반파시즘" 투쟁이라는 프레임을 씌우고는 좌파가 "권위주의적이고 사회적으로 보수적인" 중국·러시아에 맞서 진보적 제국주의와 단결해야 한다고 주장합니다. 좌파가 이를 받아들인다면 목숨이 걸리게 될 이 투쟁에서 자국 지배계급에 무장해제될 것입니다. 적어도 여전히 제국주의 체제가 세계를 지배하고 있다고 본다는 최소한의 의미에서라도 레닌주의를 고수할 때에만, 우리는 미래를 바꾸기 위해 필요한 정치적 독립을 유지할 수 있습니다.

동지애를 담아,

알렉스 캘리니코스

출처: Alex Callinicos, "Ukraine and imperialism — Alex Callinicos replies to Paul Mason", *Socialist Worker*(21 February 2022).
폴 메이슨이 비판한 국제사회주의경향의 성명서는 "우크라이나 위기에 대한 국제사회주의경향(IST)의 입장", 〈노동자 연대〉 404호(2022년 2월 17일)에서 볼 수 있다. 메이슨의 글은 Paul Mason, "Learning to say 'Goodbye Lenin': A critique of the IST statement on the Ukraine war", paulmasonnews.medium. com(20 February 2022)에서 볼 수 있다.

알렉스 캘리니코스 vs 질베르 아슈카르(1)

마르크스주의 제국주의론을 제대로 이해하기

알렉스 캘리니코스가 우크라이나 전쟁을 제국주의 강대국 간 충돌이라고 지적하며 이 전쟁에서 나토의 구실을 외면하는 좌파들을 비판하는 글을 2022년 3월 27일 발표했다. 이것에 레바논계 마크스주의자 질베르 아슈카르가 반박하는 글을 발표했고, 캘리니코스가 재반박하는 글을 썼다. 캘리니코스가 처음 발표한 글과 질베르 아슈카르에 대한 그의 재반박을 수록했다.

주류 미디어는 우크라이나 전쟁을 우크라이나와 그 서방 후원국들이 대표하는 '민주주의' 대對 러시아의 푸틴 정권으로 표현되는 '권위주의' 간의 쟁투로 묘사한다. 그렇지만 이는 지나친 단순화다. 예컨대, 우크라이나를 십중팔구 가장 열렬히 지원하는 것은 폴란드의 극우 정부다. 폴란드 정부는 권위주의 경향 때문에 유럽연합의 조사를 받고 있다. 푸틴은 인도의 지지를 받고 있는데, 인도 정부 자체는 야만적인 파시스트 정부이지만 인도는 여전히 다당제 민주주의 국가다.

우크라이나 전쟁을 다룰 때 주류 미디어는 자유주의적 자본주의 국가들이 결집한 서방 블록이 "국제사회"인 양 말한다. 이런 말은 서방에 대항하는 세력이 '권위주의'이므로 정당성이 없다고 전제하는 것이기도 하다. 그렇지만 '권위주의' 문제는 예컨대 [여러 해 동안 예멘에서 끔찍한 전쟁을 벌인] 사우디아라비아의 살인마 전제 왕가를 다룰 때는 편리하게도 잊힌다.

그러면 이 전쟁을 이해할 더 나은 이론적 분석 틀이 있을까? 그중 하나는 제국주의론이다. 푸틴이, 1917년 10월 러시아 혁명으로 무너진 차르 제국을 부활시키려는 것처럼 보이기 때문이다.

그렇지만 제국주의가 무엇인지 명확히 하는 것이 중요하다. 제국주의가 역사의 시대 구분을 뛰어넘어 나타나는 현상으로, 그저 강대국이 이웃 사회를 지배·정복·착취하는 방식이라고 이해하는 사람도 있다. 이런 일은 분명 수천 년 동안 계급사회의 특징이었고, 고대 페르시아·중국·로마 제국으로까지 거슬러 올라간다. 이런 의미에서 지금 러시아는 분명 제국주의 강대국으로 행동하고 있다. 우크라이나를 두들겨 굴복시키고 우크라이나 영토를 자기에게 유리하게 분할하겠다는 것이니 말이다. 그렇지만 이 전쟁을 이렇게만 이해해도 될까?

레바논 마르크스주의자 질베르 아슈카르는 그렇게 생각한다. 아슈카르는 스스로 "급진적 반제국주의 입장"이라고 부르는 주장을 내놓았는데, 이것은 오직 러시아 대 우크라이나 사이의 쟁투에만 초점을 맞춘다.

러시아가 우크라이나 정복에 성공하면, 세계가 식민지로 새로이 나뉘고 지구적 갈등이 격화하는 양상이 심해지는 가운데 미국이 다시금 세계를 무력으로 정복하게끔 부추길 것이다. 반면 러시아가 실패하면 (미국이 이라크·아프가니스탄에서 실패한 것에 더해) 미국 지배자들이 '베트남 증후군'이라 부르는 것을 강화할 것이다. 게다가 러시아가 승리하면, 나토 회원국들에서 전쟁광들이 상당히 세를 얻고 군비 지출을 늘리도록 압박할 것임은 내가 보기에 꽤나 명백하고, 벌써부터 두드러지고 있다. 반면 러시아의 패배는 우리가 일반적 군축과 나토 해체를 요구하며 투쟁할 여건을 더 유리하게 만들어 줄 것이다.

만에 하나 우크라이나인들이 정말로 러시아 침략군을 몰아낼 수 있다면 실제로 좋은 일일 것이다. 그렇지만 그 결과로 미국과 나토가 약해질 것이라는 아슈카르의 주장에는 문제가 하나 있다. 미국과 나토는 우크라이나인들을 적극 지원하고, 무기 지원을 쏟아붓고, 자신들의 군비를 한껏 늘리고 있다. 만약 이런 지원과 우크라이나 전사들의 용기 덕에 러시아가 패배한다면, 미국과 그 동맹국들이 군비를 축소하고 나토를 해체하는 것으로 반응할까? 그럴 리 없다. 미국과 그 동맹국들은 이 결과를 자신들의 승리로 찬양할 것이고, 나토를 더 강화할 것이다. 미국은 자국의 주도권에 대한 진정한 도전자인 중국을 상대로 한 세계사적 경쟁에서 더 큰 활력과 원기를 얻을 것이다.

아슈카르의 관점이나, 나토 문제를 회피하는 폴 메이슨 같은 다른 좌파 인사들의 관점에서 빠져있는 것은 제국주의를 역사적으로 특수한 것으로 이해하는 마르크스주의의 관점이다. 카를 마르크스가 1860년대에 쓴 《자본론》에서 이 이론이 처음 나타나는 것을 확인할 수 있다. 그렇지만 이 이론은 제1차세계대전 시기인 20세기 초에 더 체계적으로 발전했다.

당시 마르크스주의자들은 오늘날 우리와 비슷한 현실에 직면했다. 급진 자유주의 경제학자 J A 홉슨은 다음과 같이 썼다. "최근 제국주의의 새 특징은 … 무엇보다 여러 국가가 제국주의를 택했다는 것이다. 경쟁하는 여러 제국들이라는 개념이야말로 본질적으로 현대적이다." 당시의 지정학적 경쟁은 영토를 둘러싼 각종 충돌(대국들이 식민지와 반#식민지의 지배권을 다투는 것)과 군비경쟁 가속화로 나타났다. 이런 충돌과 경쟁이 1914~1918년과 1939~1945년 양차 세계대전을 촉발해 세계를 피로 물들였고 마르크스주의의 제국주의론은 바로 그런 충돌과 경쟁을 설명하기 위해 발전했다.

마르크스주의 제국주의론은 자본주의적 제국주의를 설명하는 이론이다. 러시아 혁명가 블라디미르 레닌은 제국주의를 "자본주의의 최고 단계"라고 불렀다. 레닌의 동지인 폴란드계 독일인 혁명가 로자 룩셈부르크는 다음과 같이 썼다. "제국주의의 정수는 자본이 기존의 자본주의 국가들에서 새로운 지역으로 확장하고, 그 새 영역을 두고 서로 경제적·정치적 쟁투를 벌이며 경쟁한다는 점이다." 달리 말하면, 자본주의적 제국주의의 특징은 경제적 경쟁과 지정학적 경쟁이 서로 맞물리는 것이다. 경제적 경쟁은 자본주의의 원동력인데, 기업들은 시장점유율을 높이려 기술 혁신과 생산 확대에 투자하며 서로 치열한 경쟁을 벌인다.

19세기 말에는 국가 간 지정학적 경쟁이 자본주의의 경쟁적 축적 논리 안으로 통합됐다. 이는 전쟁과 자본주의 모두의 변화를 반영한 것이었다. 대군 운용에 필요한 무기, 보급품, 수송 수단의 대량생산이 군사력을 좌우하면서 전쟁이 산업화했다. 따라서 국가들은 산업 자본주의를 촉진해야 했다.

한편, 자본주의 기업들은 규모가 커지면서 세계적으로 사업을 하기 시작했다. 기업들은 다른 기업들과 경쟁할 때 국가에 의존했다. 19세기 말 불황기에 자국의 해외 식민지 획득이 기업 이윤의 상대적 감소를 벌충해 줬다.

따라서 자본주의적 제국주의는 그저 대국이 상대적 약소국을 괴롭히고 정복하는 것이 아니다. 물론 그런 일이 숱하게 수반되지만 말이다. 자본주의적 제국주의는 자본들과 그 국가들이 서로 경쟁하는 세계 체제다. 제1차세계대전 직전과 꼭 마찬가지로 오늘날의 제국주의도 세계적 경제 통합을 배경으로 지정학적 경쟁이 벌어지는 것이다.

서로 적대하는 강대국들의 권력은 자본주의 세계경제에서 그들이 차지하는 지위에 달려 있다. 미국은 금융과 첨단 기술에서 지배적 위치에 있고, 중국은 방대한 제조업을 보유하고 있으며, 러시아는 에너지 수출에 기댄다. 오늘날 선두에 있는 제국주의 강대국들로 미국·중국·러시아·영국·프랑스·독일, 여섯 국가를 꼽을 수 있을 것이다.

가장 중요한 적대는 미·중 갈등이다. 중국 지도자들은 일차적으로 인도-태평양 지역에서 미국의 주도권을 자신의 주도권으로 대체하고 싶어 한다. 그렇지만 러시아 제국주의가 자기 세력을 재건하려 책략을 구사하면서 충돌이 세 갈래로 빚어지고 있다. 서유럽 강대국들은 상이한 방향으로 당기는 힘을 받고 있다. 그들은 러시아산 에너지에 의존하고 중국의 방대한 시장에 매력을 느끼지만, 그럼에도 현재로서는 결국 미국과 한편에 선다. 자본주의적 제국주의가 이처럼 국가 간 경쟁 체제를 포함한다는 인식이 아슈카르의 분석에서는 완전히 누락돼 있다. 아슈카르는 우크라이나 전쟁에 제국주의 강대국들 간 충돌이 관련돼 있다는 점을 부정한다.

경쟁하는 제국주의가 전쟁하는 당사자를 각각 지원한다고 해서 그 전쟁을 제국주의 간 전쟁이라 부른다면, 이 시대의 모든 전쟁이 제국주의 간 전쟁일 것이다. 왜냐하면 경쟁하는 제국주의 중 한쪽이 전쟁에서 어느 편을 지원하면 상대편 제국주의가 다른 편을 지원하리라는 것은 너무 자명하기 때문이다. 제국주의 간 전쟁이란 그런 것이 아니다. 두 강대국들이 대리전이 아니라 직접 전쟁을 벌이면서 상대의 영토와 (신)식민지를 침탈하려고 하는 것이다.

이런 관점은 지나치게 협소하다. 1979년 말 소련이 아프가니스탄을 점령하려 하자 미국은 소련을 상대로 한 대리전에 나섰다. 미국은 영국·사우디아라비아·파키스탄 등 동맹국들과 함께 소련 점령에 맞서는 이슬람 전사들에게 무기를 제공하고 그들을 훈련했다. 이전쟁은 냉전의 마지막 10년 동안 소련의 [인적·물적] 자원을 소모하고 소련군의 사기를 꺾는 데에 일조했다. 물론, 이슬람 전사들에게는 나름의 고유한 정치적 어젠다가 있었다. 그 어젠다는 1989년 소련군이 아프가니스탄에서 철수한 후 분명해졌다. 특히, 탈레반이 알카에다를 지원하고 뉴욕과 워싱턴 DC에 대한 [2001년] 9·11 공격 이후 미국의 아프가니스탄 점령에 저항한 것에서 최고조에 달했다. 그렇지만 냉전의 종막이자 중요했던 국면에서 분명 미국은 결정적 구실을 했다.

물론 오늘날 우크라이나와 1980년대 아프가니스탄 사이에는 큰 차이가 있다. 그렇지만 중요한 공통점이 있다. 바로 러시아 제국주의에 맞선 우크라이나 국민 방위 전쟁을 서방 제국주의 강대국들이 이용해서 이득을 취하려 한다는 것이다. 제국주의 간 쟁투와 국민 방위 전쟁은 종종 서로 얽힌다. 제1차세계대전은 오스트리아·헝가리제국이 황태자 프란츠 페르디난트 암살의 책임을 물어 세르비아를 공격하면서 시작됐다. 당시 러시아는 세르비아를 지지했고, 이는 갈수록 더 많은 국가들이 군사력을 동원케 하면서, 끔찍한 전면전으로 확전되는 결과를 빚었다.

독일 마르크스주의자 카를 카우츠키는 세르비아의 민족자결권 투쟁이라는 요소가 있다는 이유로 그 충돌을 단순히 제국주의 전쟁이라고 볼 수는 없다고 주장했다. 레닌은 다음과 같이 응수했다.

지금 참전자의 1퍼센트밖에 안 되는 세르비아에게 이 전쟁은 부르주아적 해방운동의 '정치의 연속'일 것이다. 나머지 99퍼센트에게 이 전쟁은 제국주의 정치의 연속이다.

물론 현재의 사례는 당시와 세력균형이 다르다. 직접적 교전국이 우크라이나와 러시아뿐이기 때문이다. 그럼에도 나토 열강이 교전에서 빠져 있으려 애쓴다 해서(무엇보다 러시아와의 핵전쟁을 피하려고) 그들이 핵전쟁만을 제외한 갖은 수를 동원해 러시아를 패배시키려 한다는 사실이 달라지는 것은 아니다. 이것도 바로 "제국주의 정치의 연속"이다.

마르크스주의적 제국주의론은 정치적으로 중요하다. 제국주의론이 없으면, 국민국가들 사이의 쟁투만이 우리 눈에 보일 것이다. 그렇지만 제국주의의 역할을 이해하면 전쟁을 둘러싸고 작용하는 계급 적대를 포착할 수 있다. 계급적 이해관계는 푸틴의 전쟁에서 죽어 가는 러시아 징집병들과 후방에 있는 그 가족들(서방 제재로 경제적으로 커다란 타격을 받는)만을 이어 주는 것은 아니다. 전 세계 노동계급 사람들도 같은 계급적 이해관계로 이어져 있다. 전쟁 탓에 폭등한 식료품과 에너지 가격으로 고통받고 핵무기 재앙 위협에 시달리는 사람들 말이다. 이들 모두는 서로 경쟁하는 지배계급들이 이 끔찍한 전쟁을 부추기는 것에 맞서 단결하는 것에 계급적 이해관계가 있다.

출처: Alex Callinicos, "The great power grab — imperialism and the war in Ukraine", *Socialist Worker* 2798(27 March 2022).
알렉스 캘리니코스가 비판한 질베르 아슈카르의 글은 Gilbert Achcar, "Six FAQs on anti-imperialism today and the war in Ucraine", anticapitalistresistance.org(20 March 2022)에서 볼 수 있다.

알렉스 캘리니코스 vs 질베르 아슈카르(2)
사태를 구체적으로 파악하기

제 글 '우크라이나 전쟁과 마르크스주의 제국주의론을 둘러싼 논쟁'에 반응해 줘서 기쁩니다. 제가 그 글을 쓴 주된 목적은 우크라이나에 관해 당신이 쓴 글들을 반박하는 것이 아니라, 지금의 참상을 이해하는 데서 마르크스주의 제국주의론이 중요하다는 것을 입증하려는 것이었습니다. 물론, 그러면서 당신이 쓴 글의 일부를 인용하기는 했습니다. 왜냐하면 그 구절들은 급진 좌파들이 보이는 잘못된 경향, 즉 러시아 제국주의와 우크라이나의 쟁투에만 초점을 맞추고 미국과 나토의 구실을 무시하는 경향을 보여 주기 때문입니다.

당신도 말씀하셨다시피 우리는 친구이자 동지로서, 서로를 모욕하거나 서로의 주장을 잘못 전하지 않으면서 생산적인 의견 교환을 여러 차례 해 왔습니다. 이번 토론도 견해를 분명히 하는 데 도움이 되기를 바랍니다. 그럼에도, "캘리니코스는 자신과 여러 해 동안 긴밀하게 협력해 온 영국 반전운동 내에서 상당한 일부가 받아들이는 만연한 새로운 진영 논리"를 공유한다고 비판하신 것은 딱히 동지적이지도, 정확하지도 않다고 생각합니다.

일부 좌파들이 받아들이는 '진영 논리'는 계급투쟁을 강대국들의 지정학적 경쟁에 사실상 종속시키는 입장을 뜻합니다. 이에 따르면 한쪽 강대국 블록은 '반동적'이고 그에 맞선 반대쪽 강대국 블록은 '진보적'이라는 것입니다. 진영 논리는 냉전기에 생겨난 것이죠. 제가 진영론자라는 것은 얼토당토않은 비판입니다. 토니 클리프는 냉전의 양대 진영 모두를 착취적 제국주의 블록으로 보고, "워싱턴[미국]도 모스크바[소련]도 아닌 국제사회주의"라는 기치에 따라 우리 국제사회주의경향을 창립했습니다.

진영 논리는 최근 몇 년 사이에 실제로 부활했습니다. 특히, 시리아 아사드의 살인 정권을 지지하거나 2014년 러시아의 크림반도 점령을 옹호한 것이 이와 연관된 사례였습니다. 하지만 사회주의노동자당은 두 사례 모두에서 그런 입장에 반대했습니다. 당신이 말한 "새로운 진영 논리"에 대해 제가 발표한 비판들을 일일이 나열하는 것은 따분한 지면 낭비일 것입니다. 굳이 그러지 않아도 당신은 국제사회주의경향이 [아사드 정권에 맞선] 시리아 혁명을 굳게 지지했고 '시리아 혁명적 좌파 경향'의 우리 동지들이 그 혁명에 동참했다는 것을 잘 아실 것입니다.

영국 전쟁저지연합 지도부가 두 사례에서 모호한 태도를 취한 것은 사실입니다. 그러나 그 경우에도 우리는 전쟁저지연합을 계속 지지하면서, 이견도 분명히 밝혔습니다. 다행히도 현재 전쟁저지연합 지도부의 입장은 명확합니다. 러시아의 우크라이나 침공과 중부·동부 유럽에서 나토가 한 구실을 모두 규탄하고 있죠. 제가 "새로운 진영 논리"를 펴고 있다는 비판은 철회하셔야 할 것입니다.

그렇다면, 이견은 무엇일까요? 1970년대에 방영된 영국 시트콤 〈폴티 타워스〉의 한 유명한 에피소드는 독일인 관광객들에게 "'전쟁' 얘기는 꺼내지도 말라!"는 것을 소재로 삼고 있는데요, 현재 상당수 좌파는 마치 "'나토' 얘기는 꺼내지도 말라!"는 경향이 있는 것 같습니다. 안타깝게도 당신은 그런 입장에 정교한 논거를 제공하고 있습니다.

당신은 현대 제국주의와, 자본주의 간 세계적 경쟁 체제라는 그것의 성격에 관해 당신도 다 아는 얘기를 제가 "박사모를 쓰고 가르치려는 듯이 설명한다"고 불평합니다. 여기에는 두 가지로 답하고자 합니다.

첫째, 앞서 말했듯이 제 글은 당신을 향해 쓴 것이 아니었습니다. 둘째, 그럼요, 당신은 제국주의의 역사와 현 단계에 관해 속속들이 알고 있습니다. 당신이 냉전 종식 후 미국의 전략에 대해 1998년 《뉴 레프트 리뷰》에 기고한 훌륭한 글이 특히 기억에 남습니다. 그 글의 제목은 "전략적 삼각 관계 — 미국, 러시아, 중국"이었죠. 지금도 매우 유효한 내용입니다.

그런데 당혹스럽게도 최근 우크라이나에 관해 쓴 글들에서는 거기에 담긴 분석이 거의 실종돼 있습니다. 제가 알기로 우크라이나에 관해 당신이 최초로 쓴 글은 "우크라이나 전쟁에 대한 급진적 반제국주의 입장에 관한 메모"입니다. 이 글은 나토 확장 문제에 딱 한 문장만을 할애합니다.

나머지는 우크라이나와 러시아의 쟁투에서 좌파가 해야 할 일을 다릅니다. 제가 앞서 비판한 다른 글에서 당신은 이 전쟁이 국민 방위 전쟁이면서도 제국주의 간 전쟁이라는 점을 부정함으로써 이러한 강조점을 정당화합니다. 하지만 그 논거는 매우 빈약합니다. 당신은 다음과 같이 말합니다.

경쟁하는 제국주의가 전쟁하는 당사자들을 각각 지원한다고 해서 그 전쟁을 제국주의 간 전쟁이라 부른다면, 이 시대의 모든 전쟁이 제국주의 간 전쟁일 것이다. 왜냐하면 경쟁하는 제국주의 중 한쪽이 전쟁에서 어느 편을 지원하면 상대편 제국주의가 다른 편을 지원하리라는 것은 너무 자명하기 때문이다. 제국주의 간 전쟁이란 그런 것이 아니다. 두 강대국들이 대리전이 아니라 직접 전쟁을 벌이면서 상대의 영토와 (신)식민지를 침탈하려고 하는 것이다. 제1차세계대전이 정확히 그런 사례였다. 레닌이 즐겨 쓴 표현처럼, 제국주의 간 전쟁은 양측 모두의 '강탈전'이다.

이런 정의, 즉 양측 모두가 상대의 영토를 점령하려 해야만 제국주의 간 전쟁이라는 규정은 심지어 제2차세계대전에도 들어맞지 않습니다. 영국·프랑스 제국주의의 관심사는 독일 영토를 점령하는 것이 아니었습니다. 이미 버겁게 유지하고 있던 각자의 제국을 부지하는 것이었습니다. 히틀러도 영국·프랑스 영토에 딱히 관심이 없었습니다. 히틀러가 노렸던 것은 동유럽과 소련이었죠.

대리전이 벌어질 가능성을 제국주의 간 전쟁 규정에서 배제하려는 시도도 근거가 부족합니다. 1950~1953년의 한국전쟁은 클리프가 당시에 주장했듯이 제국주의 간 전쟁이었습니다. 소련이 중국·북한을 앞세워 미국과 그 동맹국들을 상대로 벌인 대리전이었죠. 북한의 지도자 김일성이 남한 침공과 한반도 재통일에 열의를 보인 것은 사실입니다. 하지만 스탈린이 그런 김일성을 격려하고 지원했습니다. 이는 남한의 부동항을 확보하고, 머뭇거리던 마오쩌둥을 소련 블록 편으로 확실하게 묶어 두려는 것이기도 했습니다.

베트남전쟁은 이런 사례들과 완전히 다릅니다. 이 전쟁을 추동한 것은 베트남공산당이 이끈 민족해방 투쟁이었습니다. 이 투쟁은 프랑스·일본 제국주의와 잇달아 대결한 뒤 미국 제국주의와도 대결했죠. 소련의 상당한 군사적 지원이 있었던 것은 사실이지만, 소련은 어느 모로 보나 전쟁을 지도하지 않았습니다. 오히려 전쟁이 막바지에 접어든 1960년대 말에서 1970년대 초에는 이 전쟁이 미국과의 '데탕트'에 지장을 줄까 봐 걱정했습니다.

지금 벌어지는 전쟁에 대해서도 이런 구체적 판단을 해야 합니다. 우크라이나의 민족의식은 분명 굳건하고, 침공 때문에 더 강화되고 있습니다. 하지만 미국과 나토가 매우 능동적인 구실을 하고 있다는 점도 부인할 수 없습니다. 지금 상황은 당신 자신도 "무익한 가정"이라고 인정하면서 레닌에게서 인용한 가상의 상황, 즉 "국제사회"가 [다른 제국주의적 목적은 없이 오직] 독일의 벨기에 침공을 되돌리려 전쟁에 나선다는 상황에도 들어맞지 않습니다.

지금 벌어지고 있는 일은 그런 것이 아닙니다. 미국은 당신이 말한 "전략적 삼각관계"를 이루는 나머지 두 국가, 즉 중국·러시아와 장기적 투쟁을 벌이려는 목적에서 나머지 나토 회원국들과의 동맹을 다시 활성화시키고 있는 것입니다. 한편, 당신은 애써 부정하지만, 많은 중요한 국가들이 우크라이나와 서방을 지지하지 않고 있습니다.

〈파이낸셜 타임스〉의 평론가 에드워드 루스에 따르면, 지난 3월 2일 러시아 규탄 결의안에 대한 유엔 총회 표결에서 "기권한 중국·인도·베트남·이라크·남아프리카공화국 등 35개국은 세계 인구의 거의 절반에 해당한다. 여기에 러시아를 더하면 절반을 넘는다."

3월 24일 바이든이 나토 정상회담에서 재확인시켜 줬듯이, 서방은 전쟁 전부터 우크라이나에 무기와 군사훈련을 제공함으로써 전쟁에 가담해 왔고, 현재 보급품을 쏟아붓고 있습니다. 서방의 정보기관, 군사고문단이 현지에서 활약하고 있다는 것도 의심의 여지가 없습니다.

더구나 서방의 구실은 군사적 지원에 그치지 않습니다. 당신은 러시아 제재를 지지하지도 말고 제재 해제를 요구하지도 말자는 기이한 불가지론적 입장을 취합니다. 이는 제재가 실제로 하는 구실을 무시하는 것입니다.

미국과 그 동맹국들은 당신이 말한 "치명적인 소용돌이"에 휘말릴까 봐 직접 교전은 피하는 전략을 취하고 있습니다. 그러나 러시아를 세계무역에서 배제하고, 러시아 중앙은행의 외환 보유액 사용을 차단하고, 유럽의 러시아 석유·가스 의존도를 줄임으로써 러시아에 막대한 경제적 타격을 가하려 합니다.

니컬러스 멀더 뉴욕 코넬대학교 교수는 제재의 역사를 연구한 탁월한 신간 저서에서 제1차세계대전 동안 영국과 프랑스가 독일과 그 동맹국들에 가한 봉쇄를 살핀 후 다음과 같이 썼습니다. "경제제재를 흔히들 전쟁보다 덜 유해한 대체 수단으로 여긴다. 하지만 전간기[제1차세계대전 종전 후부터 제2차세계대전 발발 전까지]를 살던 사람들에게 제재라는 경제적 무기는 전면전의 본질 그 자체였다."

러시아 대통령 푸틴도 서방의 금융 제재를 정확히 그렇게 인식하고 핵전력 경계 태세를 높이는 것으로 대응했습니다. 더구나, 미국이 자기에게 유리한 때 얼마든지 중국을 제재할 수 있다는 두려움은 분명 중국이 러시아를 지지하는 동기가 되고 있습니다.

올바른 마르크스주의적 접근법은, 현 상황이 제국주의 간 대리전인 동시에 우크라이나 측에서 보면 국민 방위 전쟁이기도 하다는 점을 인식하는 것입니다. 어려운 일이죠. 이에 따르면 우크라이나인들의 민족적 권리를 지지하면서도, 제국주의 간 확전의 "치명적 소용돌이"를 부채질할 조처 일체(제재와 나토의 무기 지원도 여기에 포함됩니다)에 반대해야 하니 말입니다. 그럼에도 레닌과 로자 룩셈부르크가 남긴 국제주의 전통은 독특한 기여를 할 수 있습니다. 물론, 이 전쟁을 일으키고 계속 심화시키는 세 갈래의 제국주의 경쟁을 간과하지 않는다면 말입니다.

출처: "Ukraine and anti-imperialism — Gilbert Achcar and Alex Callinicos debate", *Socialist Worker* (30 March 2022). 알렉스 캘리니코스에 대한 질베르 아슈카르의 반박도 이곳에서 함께 볼 수 있다.

민주주의와 권위주의의 대결인가?

2022년 3월 13일(현지 시각) 러시아 미사일이 우크라이나 서부 르비우주의 한 훈련소를 폭격했다. 나토군이 주둔한 폴란드에서 30킬로미터도 채 떨어지지 않은 곳이다. 이 폭격은 서방의 우크라이나 무기 지원에 대한 대응이었다. 바로 전날인 12일 미국은 우크라이나에 무기·장비 2억 달러어치를 추가 지원하겠다고 발표했는데, 문제의 훈련소는 우크라이나로 들어오는 서방의 무기가 모이는 곳으로 알려져 있다. 이렇게 러시아와 서방이 공방을 주고받으면서, 우크라이나 전쟁은 냉전 종식 이래 강대국 간 직접 충돌에 가장 가깝게 다가가고 있다.

이런 강대국 간 충돌에 반대해야 한다. 러시아의 우크라이나 침공에 반대해 즉각 철군을 요구해야 한다. 동시에, 러시아가 낳는 참상을 이유로 서방이 더 많은 살상과 파괴를 촉발하는 것을 정당화해서도 안 된다. 이 전쟁에서 '권위주의' 러시아에 맞서 '민주주의' 서방을 지지해야 한다는 서방 측의 주장에 속아 넘어가서는 안 된다.

예컨대 사회진보연대 한지원 씨(이하 존칭 생략)는 "미국과 유럽이 세운 자유주의 [국제] 질서가 … 현실 세계에서 작동 가능한 유일한 질서"이므로 이를 "인정"하는 데서 출발해야 한다고 주장한다. 한지원에게 큰 영향을 미치는 윤소영 전 한신대 교수도 "권위독재주의"에 맞서 바이든 정부가 "자유민주주의를 통해 수호하려는" 서방 주도 국제 질서, 즉 신자유주의적 자본주의를 옹호해야 한다고 주장한다. 사회진보연대는 "유럽이 스스로 영토를 지킬 수 있을 만큼 충분히 강해지는 것", 즉 서유럽의 군비 증강이 "최선"의 평화 보장책이라고 주장한 포스트마르크스주의 철학자 에티엔 발리바르의 인터뷰도 번역·게재했다.

한지원은 "동맹국과 함께 성장하는 질서는커녕 부패한 재벌과 독재를 주변국에 수출"하는 러시아 체제가 서방의 신자유주의적 제국주의보다 "퇴행적"이라고 한다. 서방 제국주의에 관한 일종의 '차악론'인 것이다.

그렇지만 러시아의 "퇴행"은 서방이 주도한 신자유주의가 러시아에서도 관철된 결과였다. 러시아의 "최악의 재벌 경제"(한지원)는 냉전 종식 후 러시아가 서방의 신자유주의 질서로 스스로 편입되며 형성된 것이다. 1990년대에 러시아 대기업의 77퍼센트와 소기업의 82퍼센트가 민영화됐는데, 서방은 이를 반겼을 뿐 아니라 합작회사 등의 방식으로 개입해 떡고물을 챙겼다.

그러나 신자유주의는 러시아 경제를 더욱 파탄으로 몰고 갔다. 푸틴이 혹독한 권위주의 통치를 추진한 것은 바로 이에 대한 대응이었다. 푸틴은 미국이 벌인 '테러와의 전쟁'으로 국제 유가가 상승한 데 힘입어 러시아 자본주의를 국가 주도로 재정비하고, 이에 대한 반대를 억눌렀다. 이런 조처로 가장 큰 피해를 본 것은 러시아 노동계급이다. 오늘날 러시아의 불평등 수준은 미국과 비슷하고 서유럽보다 심한 것으로 추산되는데, 심각한 불평등은 러시아 사회의 최대 불안정 요인이다. 러시아 자본가 주류는 소수의 예외를 빼면 푸틴과 유착했다. 더 많은 경제적 득을 보리라 여겼기 때문이다.(이런 '정경 유착'은 러시아만의 특수한 현상이 아니라 선진 자본주의 국가들에도 만연해 있다. 질적 차이가 아니라 양적 차이일 뿐이다.)

애초에 서방은 푸틴의 통치 스타일을 그다지 문제 삼지 않았다. 예컨대, 푸틴이 체첸 독립운동을 분쇄한 것을 문제 삼지 않았다. 이는 러시아의 경제성장이 서방에 득이 됐기 때문이다. 러시아의 에너지 수출이 서유럽 자본주의의 연료 구실을 했고, 러시아 자본이 서유럽 금융시장에 들어가 서방 금융가들을 만족시켰다. 푸틴은 선진국 클럽 G8의 일원으로 대접받았다.

요컨대, 푸틴이 이끄는 러시아는 서방 주도의 정치·경제 질서 안에서 성장한 것이다.

근래에 서방이 푸틴의 권위주의를 문제 삼는 까닭은 러시아가 시리아 내전에 개입해 중동에서 영향력을 키우고, 옛 소련 소속이었던 국가들에 영향력을 확대하려 군사력을 이용하고 있어서다. 푸틴이 2008년에 조지아를 침공하고 2014년에 크림반도를 병합하자 갑자기 서방은 그의 온갖 악덕을 '발견'하기 시작했다.

사실 푸틴의 우크라이나 침공은 미국이 자국 패권을 굳히려 위기에 빠진 것과 관계있다. 미국이 '테러와의 전쟁'에서 패배하고 세계경제 위기의 진앙지가 되면서, 세계 자본주의 체제 속에서 각 열강이 차지하는 상대적 비중이 변했고, 러시아에게는 자국의 영향력을 키우러 나설 기회가 됐다. 우크라이나 전쟁은 바로 그 직접적 결과다.

따라서 우크라이나 전쟁을 권위주의에 맞선 민주주의의 투쟁으로 보는 관점은 우선 실제 현실에 부합하지 않는다.

그런데도 사회진보연대는 "푸틴이 전쟁의 명분으로 나토의 위협을 내세우는 것은 핑계에 불과"하다고 치부한다. 결국 그들의 주장은 서방 제국주의의 전쟁 책임에 면죄부를 주는 변호론이 될 뿐이다.

사회진보연대 측은 나토의 동진을 두고 옛 동구권 국가들이 푸틴의 "퇴행적" 체제에 맞서 자발적으로 서방식 체제를 "선택"했음을 부각한다. "국민이 원했고 … 유럽연합과 나토가 이득이었기 때문에 선택한 것"(한지원)이지, 서방 제국주의 확장 때문이 아니라는 것이다.

그렇지만 왜 나토는 러시아의 가입 의사를 두 번이나 외면했을까? 서방이 30년에 걸쳐 동유럽 국가들을 경제적·군사적으로 유혹하며 동진한 것은 러시아를 포위하는 전략의 일부였다. 그 과정에서 서방은 전쟁도 불사했다. 1999년 나토의 발칸반도 폭격이 그 사례다. 2003년 이라크를 침공해 점령한 것도 중국과 러시아는 물론 미국의 서방 동맹국들에게조차 미국의 힘을 과시하는 것이 필요했기 때문이다.

동유럽 대중은 서방의 영향력 확장으로 이득을 봤는가? 서방의 신자유주의적 제국주의의 확장은 동유럽에서 극심한 양극화와 불평등, 노동계급 삶의 파탄, 극우와 파시즘의 부상을 낳았다.

우크라이나도 마찬가지다. 우크라이나 지배층은 서방과 교역을 늘리고 시장 친화적(신자유주의적) 개혁을 하는 것이 자기들에게 득이 되리라 보고 친서방 행보를 보였다. 그렇지만 우크라이나 대중은 인근 국가 중 가장 심각한 불평등과 빈곤에 시달리게 됐고, 친서방 지배층의 반동적 민족주의를 틈타 파시즘이 성장하고 소수민족들이 크게 억압받았다. 젤렌스키 정부 역시 친서방·반러 국수주의를 강화해 왔다. 지금도 서방의 군사개입 확대를 요구하며 긴장 고조에 일조하고 있다. 나토와 러시아의 직접 충돌을 낳을 것이 분명한 우크라이나 영공 비행 금지 구역 설정을 집요하게 요구한다. 이 전쟁에서 서방의 비호를 받은 젤렌스키 정부가 승리하면 우크라이나를 서방 제국주의 쪽으로 더 끌고 갈 것이다. 그리고 우크라이나의 지정학적 위치 때문에, 이는 다시 서방과 러시아 사이에 더 큰 갈등을 일으킬 불씨가 될 것이다.

제국주의의 속박에 맞선 민족자결권 운동이 진보적인 것은 피억압 민족의 해방이 제국주의에 타격을 주기 때문이다. 이 관점에서 보면, 동유럽 국가들이 러시아를 피해 나토에 가입하는 것, 즉 한 제국주의에서 벗어나 또 다른 제국주의 진영에 가담하는 것은 그런 효과를 낼 수 없다. 장기의 졸 신세를 면키 어렵다는 것이다. 동유럽과 중앙아시아에서 서방 제국주의의 확대·강화가 어떤 의미에서 진보성이 있는가?

서방의 우크라이나 전쟁 지원 방식인 러시아 경제제재를 "연대"로 착각해서는 안 된다. 이는 우크라이나에 평화를 가져오지 못할 뿐 아니라, 푸틴의 권위주의에 맞선 러시아인들의 저항도 약화시킨다.

서방의 러시아 제재로 러시아 경제가 붕괴할 수도 있기 때문에 푸틴은 응전해야 한다는 압력을 크게 받고 있다. 러시아가 무력을 점점 더 많이 동원하는 이유다. 그렇지만 제재의 대가를 가장 크게 치를 것은 푸틴이 아니라 평범한 러시아인들이다. 그리고 그중 상당수가 푸틴에 맞서 투쟁하고 있다(사회진보연대가 제재에 따른 유럽 자본주의의 "희생"을 걱정하면서도 러시아인들이 치를 희생은 언급하지 않는 것은 편리한 누락이다). 제재로 생존 위기에 빠진 러시아 대중이 푸틴을 더 증오하게 될 수도 있지만, 서방의 압박에 맞서 자국 국가 지지로 결집해야 한다는 압박도 마찬가지로 커질 수 있다. 그러면 푸틴이 러시아 반전운동을 공격하기가 더 쉬워질 것이다. 따라서 러시아에서 반反푸틴 저항이 승리하기를 바라는 사람은 서방과 한국 정부의 러시아 제재를 지지하지 말아야 한다.

그렇다면 대안은 무엇인가? 전쟁을 하는 당사자들(서방 제국주의와 러시아 제국주의) 모두의 패배를 위해 투쟁하는 것이다. 러시아에서 그것이 뜻하는 바는 푸틴의 전쟁 수행에 대한 저항이고, 서방세계에서는 나토의 확장, 자국의 참전 가능성, 그리고 지금의 러시아 제재(와 제재 강화)를 지지하지 않는 것이다. 그리고 이런 저항이 강대국들 간 갈등을 끊이지 않게 하는 자본주의 체제에 대한 저항으로 나아가도록 노력하는 것이다. 서방 지배자들은 그 경쟁 체제에서 득을 보는 자들이므로, 지지를 제공할 대상이 못 된다.

출처: 김준효, "우크라이나 전쟁은 '민주주의 대 권위주의'의 대결인가?", 〈노동자 연대〉 408호(2022년 3월 15일).

푸틴 한 사람 탓에 전쟁이 났을까?

주류 언론은 러시아 정권의 잔혹함이 블라디미르 푸틴 한 사람의 탓이라고 묘사한다. 그리고 그의 살벌한 성품이나 스스로를 신과 동일시하는 신神콤플렉스, 어떤 정신 질환 때문에 푸틴이 우크라이나 침공을 결정한 것이라고 많은 공을 들여 설명한다.

그렇게 이야기가 단순했더라면! 그러나 푸틴의 이야기는 러시아와 14개 공화국이 옛 소련을 이루고 있던 시절로 거슬러 올라간다.

소련은 국가자본주의 사회로, 지배계급인 국가 관료가 자본축적을 위해 노동계급 대중의 노동을 착취하는 사회였다. 그런 착취 덕에 소련은 세계적 군사 강국이 됐다. 그러나 1980년대에 소련은 극심한 경제적·정치적 위기에 빠졌다.

사태의 귀추를 감지한 일부 관료는 소련이 세계 자본주의에 통합되고 자유 시장 개혁을 추진해야 한다는 인식에 도달했다. 국가보안위원회의 수장이었던 푸틴도 그런 인물의 하나였다. 1990년에 푸틴은 상트페테르부르크 시장 아나톨리 솝차크 밑에서 일했다. 푸틴과 솝차크는 새로운 자유 시장 질서를 구축하고 해외투자를 유치하고 민영화를 추진하려 애썼다.

1991년 8월 소련 관료와 국가보안위원회의 보수파 일부가 쿠데타를 일으켰다. 구질서를 사수하려는 최후의 시도였다. 러시아(당시에는 소련의 일부) 대통령 보리스 옐친은 수도 모스크바에서 쿠데타에 맞선 대중의 지도자를 자처했다.

상트페테르부르크에서 솝차크와 푸틴은 쿠데타 진압을 돕는 데서 결정적 구실을 했다. 구질서의 실패는 소련의 해체를 가속시켰다. 소련 붕괴로 러시아에서 새 시대가 열리리라는 환호가 있었지만 지배층이 딱히 교체된 것은 아니었다. 옛 공산당 정치인들이 "민주주의" 정치인으로 변신했다. 옛 소련 관료 인사들은 이미 소련이 붕괴하는 과정에서 이익을 볼 수 있는 자리를 챙겼다. 대규모 민영화가 추진되던 시기를 거치며 이른바 '올리가르히', 즉 엄청나게 부유하고 정치권과 유착한 기업가 집단이 형성됐다.

이 "무법천지" 자본주의에서 소수 올리가르히는 공분을 살 만큼 터무니없이 많은 부를 쌓았다. 그러나 이는 심각한 사회적 위기를 촉발하기도 했다. 산업 생산이 50퍼센트 감소하고, 생활수준이 폭락하고, 임금이 체불됐다. 이는 러시아 국가와 군산복합체를 약화시켜 러시아가 해외에서 제국주의적 이익을 관철시킬 능력을 약화시켰다. 1993년이 되자 자유 시장 자본주의로의 전환을 어떻게 관리할지를 두고 옐친과 두마[연방 의회] 의원들은 심각하게 갈등했다.

옐친은 탱크를 투입해 의회를 포격했다. 그후 대통령에게 권력을 집중시키는 개헌을 강행했다. 그 새 헌법의 초안은 푸틴의 스승 솝차크가 작성했다. 이런 권위주의적 정치 환경은 1990년대의 새로운 사적 이윤 추구 모델을 수호하기 위해 조성된 것이었다.

그후 이를 바탕으로 푸틴이 부상해 더 광범한 러시아 지배계급의 이익을 대변했다. 1999년이 되면 옐친은 지배계급에게 부담으로 여겨졌다. 옐친은 사임했고 당시 총리였던 푸틴이 그의 후임자가 됐다.

이후 푸틴은 러시아의 신생 자본가 계급 위에 군림한 "독재자"로 묘사됐다. 그러나 러시아 국가와 올리가르히는 서로에게 득이 되는 관계에 있었다고 보는 게 실상에 더 가깝다. 푸틴은 제한적이나마 세금을 강제하는 등 올리가르히의 전횡에 일부 제동을 걸기도 했다. 하지만 전반적으로 올리가르히는 푸틴의 뜻을 기꺼이 따르려 했다. 그 대가로 올리가르히는 잘 조직된 국가로부터 많은 혜택을 봤다.

올리가르히의 이윤 추구 방식은 보호받았고 더 고착화됐다. 러시아 국가는 경제에서 중요한 구실을 한다. 올리가르히는 국가의 자산을 약탈해서 부를 쌓아 놓고서는 후발 주자들에게서 자신들의 시장 지분을 확실히 지키려 했다. 그 결과 신생 민간 자본이 성장하지 못하고 구래의 국유 산업과 민영화된 기업들이 경제를 계속 지배했다. 그러나 국영 석유·가스 기업 로즈네프와 가스프롬조차도 상업적으로 운영됐고 민간 지분이 있었다.

러시아의 우크라이나 침공 직전까지도 영국의 석유·가스 대기업 BP는 로즈네프 지분 20퍼센트를 보유하고 임원진에 이사를 두고 있었다. 러시아 국가는 국영기업 지분을 민간 기업에 계속 팔았다. 2011년에 러시아는 경제에서 국가의 "과도한 존재감"을 줄이고자 석유 부문 등에서 1조 루블 규모의 민영화 계획을 추진했다.

물론 이런 추세는 외국 기업이 러시아에서 철수하면서 뒤집힐 수도 있다. 더 일반적으로 말해, 러시아 국가는 미국·영국·유럽연합이 밀어붙인 자유 시장 정책을 따랐다. 2001년에 러시아는 가장 가난한 층에 가장 큰 타격을 주는 역진적 균일세를 도입하고, 학교에 일종의 민간 자본 투자 사업을 도입했다.

집권 초 푸틴이 서방 정치인들의 따뜻한 환대를 받은 것이 놀랍지 않은 까닭이다. 당시에는 서방과 러시아의 지배자들이 힘을 합쳐 각자의 부를 키울 수 있다는 얘기가 많았다.

2003년 국빈 자격으로 영국을 방문한 푸틴은 버킹엄 궁전까지 가면서 기병대의 호위를 받았고, 버킹엄 궁전에서는 화려한 연회가 열렸다. 이 모든 것은 러시아산 석유에 대한 BP의 이권을 다질 중요한 석유 협상을 위한 것이었다. 당시 BP 경영자였던 토니 헤이워드는 다음과 같이 말했다. "지정학적인 상황에 딱 어울리는 협상이었다. 2000년대 내내 서방에서는 러시아가 전에 없이 가까워질 수도 있다는 기대가 뚜렷했다." 그런 기대는 그다지 오래가지 못했다. 1991년 이후 러시아는 이른바 "가까운 외국"들, 즉 옛 소련 소속 공화국들에 대한 러시아의 영향력을 재확립하려 해 왔다.

러시아 국가가 약화된 상황에서 옐친은 일련의 분리주의적, 민족 간 충돌을 부추겨서 인접국을 불안정하게 만드는 것에 의지해서 영향력을 유지했다. 그렇지만 체첸이 독립을 선언하자 러시아는 체첸을 굴복시키기 위해 두 차례나 잔혹한 전쟁을 벌여야 했다. 옐친은 체첸의 저항에 밀려 1994~1996년 제1차 체첸 전쟁에서 패했고, 러시아 거리에서 일어난 항의 운동에도 패배했다. 그러나 1999~2000년에 더 유리한 고지에 있었던 푸틴은 체첸의 저항을 진압했다.

푸틴의 군사적 승리와 2000년대의 국제 유가 급등은 정권 안정의 발판이 됐다. 덕분에 푸틴은 러시아의 군사력을 재건하고 석유와 가스를 이용해 힘을 키울 수 있었다.

한편, 미국·나토·유럽연합은 러시아의 "가까운 외국"으로 영향력을 확장하려고 애써 왔고, 그 결과 이 지역에서 경쟁이 첨예해졌다. 최초의 중요한 충돌은 2008년 조지아에서 촉발됐다. 당시 러시아는 조지아에서 분리·독립하려 한 두 지역을 [조지아의 공격에서 보호한다는 명분으로] 침공해서 조지아의 나토 가입을 저지하려 했다.

2014년에 우크라이나가 친서방으로 기울 것으로 보이자 러시아는 크림반도를 병합하고 우크라이나 동남부 도네츠크·루한스크 지방의 분리주의 반군을 지원했다. 이 공격은 그저 푸틴과 그를 추종하는 소수 장성들과 정보기관 때문에 벌어진 것이 아니었다. 러시아 국가가 제국주의, 즉 경쟁하는 자본주의 국가들의 세계적 체제의 논리에 따라 자국의 이익을 추구한 결과였다. 오늘날 러시아가 우크라이나를 상대로 벌이는 전면전도 마찬가지다.

러시아는 석유·가스·석탄의 주요 수출국이다. 또, 여러 곡물과 원자재의 주요 생산국으로도 꼽힌다. 러시아는 인구가 1억 4600만 명에 달하고 어마어마한 양의 핵무기를 보유하고 있다. 하지만, 인구가 러시아의 절반도 안 되고, 내세울 천연자원도 훨씬 적은 이탈리아는 경제 규모가 러시아의 거의 두 배에 이른다.

미국 오바마 정부의 경제 보좌관이었던 제이슨 퍼먼은 이렇게 말했다. "석유·가스를 빼면 러시아가 세계경제에서 차지하는 비중은 놀라우리만큼 하찮다. 러시아는 커다란 주유소나 다름없다." 이번 침공은 러시아 국가가 처한 경쟁 압력에서 비롯한 것이다.

2015년 민스크 "평화 프로세스"는 우크라이나에서 충돌을 일시 중단시켰지만, 서방과 러시아의 경쟁은 계속됐다. 그리고 서방의 압도적 힘 앞에서 러시아는 수세에 몰렸다. 또, 최근 몇 년 동안 "가까운 외국"인 벨라루스, 키르기스스탄, 카자흐스탄에서 잇달아 항쟁이 분출했다. 이 항쟁들은 대중 항쟁이었지만, 서구 열강은 거기에서 득을 보려 한다.

러시아 국가(단지 푸틴만이 아니다)는 러시아가 아직 지배력을 행사할 수 있다는 메시지를 인접국에 각인시키고 싶어 한다. 러시아가 우크라이나 전쟁에서 패배하는 것은 러시아 국가와 러시아 지배계급 전체에 재앙이 될 것이다. 그렇다면 푸틴의 운명은 어떻게 될까? 푸틴의 우크라이나 전쟁은 분명 그의 뜻대로 풀리고 있지 않다.

푸틴은 대★러시아 국수주의를 이용해 지지를 구축해 왔는데, 지금은 이를 더 부추기고 있다. 그러나 분노가 분출하기도 했다. 예컨대 2011년~2012년에는 선거 부정에 항의해, 2018년에는 연금 개악에 항의해, 더 근래에는 2021년에도 시위가 분출했다. 이런 시위의 근저에는 노동자들 사이의 더 광범한 항의 정서가 있다. 우크라이나 전쟁이 장기화되면 그때와 비슷한 반정부적 정서가 다시 폭발하지 말라는 법도 없다.

출처: Sarah Bates, "Is Putin pulling all the strings?", *Socialist Worker* 2798(28 March 2022).

우크라이나 전쟁을 계기로 살펴보는

전쟁에 대한 마르크스주의의 관점

2022년 2월 24일 러시아가 우크라이나를 침공하면서 전쟁이 시작됐다. 우크라이나 전쟁은 아마 1945년 이래 유럽에서 가장 많은 병력이 투입된 전쟁으로 기록될 것이고, 그만큼 많은 사람들이 희생될 것이다.

그런데 우크라이나 전쟁의 성격을 놓고 좌파 측에서 혼란이 적잖다. 우크라이나 전쟁의 성격은 무엇이고, 혁명적 마르크스주의자는 어떤 태도를 취해야 할까? 이 글에서는 우선 자본주의와 전쟁의 관계를 짚어 보고, 과거에 마르크스주의자들이 중요한 전쟁들에 어떻게 접근했는지를 살펴본 다음, 그 교훈을 적용해 우크라이나 전쟁에 어떤 태도를 취할지 살펴보려 한다.

자본주의와 전쟁

자본주의는 이전 사회보다 훨씬 폭력적이고 야만적인 전쟁으로 점철된 사회다. 두 차례의 세계대전에서 수천만 명이 죽었을 뿐 아니라, 이후에도 끔찍한 전쟁이 이어져 왔다. 그러나 100여 년 전 독일 사민당 지도자 카우츠키는 전쟁과 자본주의의 필연적 관계를 부인했다. 자본주의 사회에서 전쟁이 필연이 아니고 지속적 평화가 가능하다고 한 것이다(이런 주장은 지금도 흔하다).

레닌과 부하린 등 동시대 마르크스주의자들은 이런 주장을 날카롭게 반박했다. 자본주의 사회에서 자본가들은 끊임없이 이윤을 위해 서로 경쟁한다. 이 경쟁은 결코 평화적 과정이 아니다. 국경을 넘어 경쟁하게 된 자본가들이 경제적 방식뿐 아니라 자국의 국가기구와 무력에도 의존하게 되기 때문이다. 자본축적의 동력인 자본 간 경쟁이 자본주의 사회에서 일어나는 전쟁의 원인인 것이다. 이윤을 위한 자본가들의 맹목적 경쟁 속에서 자본주의 강대국들은 세계를 누가 지배할지를 두고 서로 각축전을 벌이게 됐다. 레닌을 비롯한 고전 마르크스주의자들은 자본주의 강대국들의 이런 경쟁 체제를 제국주의라고 했다. 그리고 제국주의가 세계 곳곳에서 전쟁을 일으키는 것이라고 강조했다. 강대국들은 경쟁을 제어하려고 서로 협정을 맺기도 했지만, 그들 사이에 새롭게 갈등이 불거지고 다시 전쟁이 나는 것을 협정들이 막지는 못했다.

제국주의와 전쟁이 자본주의의 동력인 경쟁적 자본축적에서 비롯한다는 지적에는 정치적으로 중요한 함의가 있다. 전쟁을 없애려면 자본주의를 없애야 한다는 것이다. 따라서 전쟁을 없앨 근본적 대안은 자본주의 지배자들에게 착취받고 억압당하는 사람들인 노동계급과, 제국주의에 억압당하는 피억압 민족들의 투쟁에 있다는 것이다.

제1차세계대전과 혁명적 패배주의

　자본주의, 제국주의, 전쟁에 관한 좌파들의 주장은 제1차세계대전이라는 역사적 시험대를 거쳐야 했다. 19세기 말부터 본격화된 강대국 간 식민지 쟁탈전은 끝내 1914년 제1차세계대전을 불렀다. 영국·프랑스·러시아 등이 한편이 돼, 독일·오스트리아 등과 맞붙었다.

　전쟁이 벌어지자, 그 전까지 전쟁 반대를 수없이 다짐했던 독일 사민당 등 사회민주주의 정당들은 자국의 전쟁 노력을 지지하는 쪽으로 돌아섰다. 그들은 모두 적국의 호전성과 공격성을 비난하며 그에 맞서 '우리'나라를 '방어'하자고 주장했다. 독일 사민당은 러시아 차르(황제)의 전제정을 비난했고, 영국 노동당과 프랑스 사회당은 독일의 확장주의·군국주의에 맞서야 한다고 했다. 그들은 자국 지배계급의 전쟁 노력에 반대한다는 가장 중요한 임무를 저버렸다. 결국 수많은 애먼 청년들이 참호 속에서 학살되는 것을 도운 셈이다.

　그때, 비록 소수였지만 자국 지배계급의 전쟁 노력에 반대한 혁명적 좌파가 있었다. 독일에서는 로자 룩셈부르크와 카를 리프크네히트가 그런 좌파의 중심 인물이었다. 카를 리프크네히트는 "주적은 국내에 있다"고 말했다. 영국 등 다른 제국주의 국가들의 범죄에도 반대하되, 독일 노동계급은 무엇보다 자국 지배자들과 싸워야 한다는 것이다. 그래야 전쟁을 일으키는 자본주의 체제와 약소국 억압을 끝낼 수 있다는 것이다.

　전선의 반대편에서는 러시아 혁명가 레닌과 그가 이끈 볼셰비키가 자국 지배자들의 전쟁 노력에 반대했다. 레닌은 제1차세계대전이 제국주의 전쟁임을 분명히 했고, 거기서 "방어적 전쟁"이나 "조국 방위 전쟁" 운운하는 것은 "순전한 사기극"이라고 말했다.

레닌은 노동계급이 계급투쟁이라는 무기를 사용해 전쟁에 반대해야 한다고 주장했다. 이는 제국주의 전쟁을 국내 지배자들에 맞선 혁명과 내전으로 전환시키자는 것이었다. 이것이 바로 "혁명적 패배주의"로 알려진 입장이다. 레닌의 "혁명적 패배주의"는 양대 제국주의 진영 중 어느 한쪽이 승리하는 게 더 낫다는 차악론이 아니었고, 중립론도 아니었다. 러시아 노동자들은 차르 전제정에 대항하고, 독일 노동자들은 카이저(독일 황제)에 대항하자는 것이었다.

역사는 레닌의 노선이 옳았음을 입증했다. 시간이 갈수록 전쟁은 국민의 단결을 강화하기보다는 오히려 계급 분단과 계급 갈등을 선명하게 드러냈다. 마침내 전쟁은 유럽에서 혁명을 촉발했다. 1917년 러시아에서 혁명이 일어나 노동자들이 권력을 잡았고, 이듬해 독일에서도 혁명으로 정부가 전복됐다. 혁명이 제국주의 전쟁을 끝낸 것이다.

제2차세계대전: 민주주의 대 파시즘의 전쟁?

1939년에 일어난 제2차세계대전은 흔히 민주주의 대 파시즘의 전쟁으로 일컬어진다. 독일과 이탈리아의 파시즘에 맞서 미국·영국·소련 등 연합국이 민주주의를 위해 싸운 전쟁이라는 것이다. 당시 처칠과 루스벨트 등 연합국 정치인들은 전쟁에 대한 대중의 지지를 얻고자 반파시즘 구호를 내걸었다. 저명한 영국 공산당계 역사가 에

릭 홉스봄도 제2차세계대전이 "19세기였다면 진보와 반동으로 불렸을 국가들 사이의" 전쟁이라고 했다.

그러나 트로츠키는 이와는 전혀 다르게 봤다. 전쟁이 나기 전인 1934년에 이미 그는 앞으로 벌어질 전쟁은 "세계의 재분할을 둘러싼 두 제국주의 간 투쟁"일 것이라고 내다봤다. 그는 제국주의 시대에 "각국의 사회체제나 국가의 정치적 형태가 무엇이냐"는 문제는 전쟁의 성격을 이해하고 전쟁에 대한 태도를 정하는 데서 완전히 부차적이라고 지적했다. 1939년 트로츠키는 다음과 같이 주장했다. "제국주의자들은 형태만 다를 뿐 본질은 같다. 식민지가 부족한 독일 제국주의는 날카로운 송곳니가 튀어나온 무서운 파시즘의 가면을 쓰고 있다. 거대한 식민지를 보유해 배 속이 든든한 영국 제국주의는 민주주의의 가면 뒤에 날카로운 송곳니를 숨기고 있다."

히틀러·무솔리니의 파시즘은 끔찍한 야만이었지만, 연합국들이 전쟁에 뛰어든 실제 동기는 '민주주의 수호'가 아니었다. 영국은 독일의 유럽 지배가 영국 제국주의에 위협이 되자 비로소 전쟁을 결심했다. 미국은 일본을 제압해 태평양을 지배하고 최강 패권국 지위를 차지하고자 전쟁에 뛰어들었다. 독일의 침공으로 불가피하게 전쟁에 뛰어든 소련은 자국에서 독일군을 밀어내고 더 나아가 동유럽을 소련의 배타적 세력권으로 확보하고자 했다.

그러나 당시 많은 좌파들은 이 전쟁을 '민주주의 대 파시즘'의 전쟁으로 보는 유력한 여론을 받아들였다. 영국에서는 노동당 대표 클레멘트 애틀리가 처칠 내각의 부총리가 됐고, 노동당 소속의 다른 장관들도 노동자들이 전쟁에 협력하도록 설득하고, 심지어 파업을 탄압하는 데 앞장섰다. 1941년 독일이 소련을 침공하자 각국 공산당도 모두 연합국의 전쟁 노력을 전폭 지지했다.

전쟁과 파시즘은 대중의 분노를 촉발하고 곳곳에서 저항을 낳았다. 독일군이 물러나는 과정에서 유럽 곳곳에서 반란이 분출했고, 식민지들에서도 반란이 일어났다. 전쟁이 끝나 갈 무렵인 1945년에는 거대한 변화가 가능해 보였다. 그러나 많은 좌파들, 특히 공산당들은 자신들이 '민주적' 또는 '평화 애호적' 제국주의로 규정한 영국·미국에 협력하고 기존 지배 질서의 복원을 도왔다(1945년 9월 8일 이후 남한을 점령한 미 군정을 조선공산당도 이렇게 규정하고 협력하기로 했다).

전쟁은 절망만을 낳는 게 아니다. 위기 속에 혁명을 촉진하기도 한다. 그러나 제2차세계대전에서는 혁명적 지도력이 부재한 탓에 이것은 가능성에 그치고 말았다.

냉전과 한국전쟁: '누가 먼저 총을 쐈는가?'는 부차적 물음

제2차세계대전 종전 후 냉전이 시작됐다. 냉전은 흔히 '자본주의 진영 대 사회주의 진영'의 대결로 그려진다. 그러나 실제로는 냉전도 두 초강대국(미국과 소련) 중심의 제국주의 경쟁 체제였다. 미국과 소련이 이끄는 양대 진영의 적대와 갈등은 제3세계 곳곳에서 위기를 키웠고, 특히 1950년 한국전쟁이라는 국지적 열전을 낳았다. 세계를 둘로 쪼개 놓은 냉전의 압력 속에서 당시 좌파들은 양 진영

중 하나를 지지하는 쪽으로 이끌렸다.

그러나 팔레스타인 출신의 마르크스주의자 이가엘 글룩스타인(토니 클리프)은 이런 선택을 거부했다. 미친 듯한 군비경쟁을 벌이는 제국주의 초강대국들 중 어느 하나를 지지하는 게 아니라 둘 모두에 맞서야 한다고 강조했다.

그러면서 "워싱턴(미국)도 모스크바(소련)도 아닌 국제사회주의"라는 구호를 제시했다. 이 구호는 고전적 마르크스주의 전통을 지키고, 혁명적 사회주의자들이 냉전 시기를 헤쳐 나가는 데서 중요한 구실을 했다.

클리프가 이런 구호를 제시할 수 있었던 것은 소련이 진정한 사회주의와는 아무 관계 없는 관료적(전면적) 국가자본주의 사회임을 이해한 덕분이었다. 또, 클리프는 소련이 제2차세계대전 말에 점령한 동유럽의 국가들과 민족들을 억압하는 제국주의 국가라고 봤다. 그래서 미국과 소련이 벌이는 냉전이 사실은 제국주의 (간) 갈등임을 간파할 수 있었던 것이다.

남한과 미국의 우파들은 북한이 먼저 남침을 해서 한국전쟁이 시작됐음을 강조한다. 이는 한국군과 유엔군이 북한의 침공에 맞서 자유와 민주주의를 지키는 전쟁을 했다는 주장으로 연결된다. 그러나 '누가 먼저 총을 쐈는가?' 하는 문제는 전쟁의 성격을 이해하는 데서 완전히 부차적인 물음이다. 거기서 출발해서는 전쟁에 대한 올바른 분석과 방침을 취할 수 없다.

한반도는 당시 냉전의 최전선이었고, 전쟁 대부분 기간 미국은 소련의 지원을 받은 중국과 직접 맞붙었다. 즉, 한국전쟁은 냉전 속에서 벌어진 제국주의 (간) 열전이었다(그래서 미·중 갈등이 점증하는 오늘날, 이 전쟁이 재조명되고 있는 것이다).

우크라이나 전쟁을 어떻게 볼 것인가?

지금까지 과거 중요한 전쟁들에서 당시 마르크스주의자들이 어떤 태도를 취했는지를 살펴봤다. 그 역사적 경험과 교훈은 우크라이나 전쟁을 이해하는 데 큰 도움이 된다.

현재 우크라이나 전쟁을 두고 서방세계의 많은 좌파들은 러시아 제국주의를 비판하는 데 초점을 맞추고 있다. 러시아가 약소국인 우크라이나를 먼저 침공했다거나, 권위주의적 국가라면서 말이다. 마치 서방은 제국주의가 아니고, (권위주의에 맞서는) 민주주의 국가라는 식이다.

영국 노동당 대표 키어 스타머는 나토의 확장을 전폭 지지하고 있다. 그러면서 좌파 지도자인 제러미 코빈이 당 대표였던 시절의 흔적을 지우고 자신이 영국 제국주의의 믿음직한 대변자임을 보이려 한다. 영국 노동당 좌파계 의원들은 러시아와 나토를 모두 비판하는 영국 전쟁저지연합의 성명에 서명했다가, 키어 스타머의 협박에 굴복해 서명을 철회했다. 전쟁 반대에 앞장서기는커녕 오히려 당 지도부에 충성하며 납작 엎드려 버린 것이다. 미국에서는 오카시오코르테스 같은 민주사회당 지도자이자 민주당 좌파계 하원 의원들이 러시아만을 반대하고 러시아 제재를 촉구하는 입장을 냈다. 바이든 정부와 자국 제국주의에 굴복한 것이다.

이런 일들은 제1·2차 세계대전 때 많은 좌파가 취했던 입장을 떠올리게 한다.

한국 좌파의 경우, 심상정 정의당 대선 후보는 특별 성명을 발표해 러시아의 침공을 규탄했다. 그리고 우크라이나 정부의 항전을 지지한다. 그는 비록 나토의 확장도 문제였다고 지적하지만, 결정적으로 문제인 정부의 러시아 제재 동참이나 우크라이나 군수 지원 움직임을 분명하게 비판하지 않는다. 정부의 이런 움직임이 나토에 힘을 실어 주는 것인데도 말이다. 결국 자국 지배계급의 서방 제국주의 지지와 협력을 문제 삼지 않는 것이다. 2월 28일 민주노총, 참여연대, 사회진보연대, NGO 시민단체들은 주한 러시아 대사관 앞에서 기자회견을 열어 러시아의 침공 중단을 요구했다. 러시아가 먼저 총을 쐈다는 것에 초점을 맞추며 러시아 규탄에 주력했다. 이들도 정의당과 마찬가지로 한국 정부의 러시아 제재에 대해서는 아무 언급도 하지 않는다.

그러나 우크라이나 전쟁은 제국주의 (간) 전쟁으로 봐야 한다. 우크라이나에서 러시아가 무자비한 공격을 벌이고 있는 것은 사실이지만, 미국과 서유럽 강대국들도 제재와 무기 지원 등을 통해 이 갈등의 중요한 당사자이기 때문이다.

소련 해체 후 미국은 동유럽 국가와 옛 소련 소속 공화국들을 나토로 끌어들여 왔다. 미국이 동유럽으로 영향력을 확대하는 것은 러시아에게 점증하는 위협으로 받아들여졌다. 마침내 러시아의 푸틴은 나토의 확장에 대응하고 러시아가 세계적 수준의 지정학적 경쟁자임을 입증하기 위해 우크라이나 침공이라는 주목할 만한 선택을 했다.

이에 대응해 미국과 나토는 우크라이나에 대대적으로 무기를 지원하고 있고, 러시아 항공기의 자국 영공 사용을 금지했다. 또, 러시아에 '핵폭탄급' 금융 제재를 가했다. 직접 전쟁에 뛰어들지는 않았지만, 사태에 상당히 깊숙이 개입하고 있는 것이다. 나토가 만약 한발 더 나아가 우크라이나에 비행 금지 구역을 설정한다면 상황은 정말 심각해질 것이다. 러시아와 나토 전투기들이 우크라이나 상공에서 부딪힐 테니 말이다. 러시아는 핵무기 경계 태세 강화로 서방에 응수하고 있다. 푸틴은 서방의 제재가 선전포고와 같다고 반발했다. 서방의 제재가 전쟁을 멈추는 데 도움이 되기는커녕 더 위험한 상황을 낳고 있는 것이다.

오늘날 세계가 미국과 서유럽의 '민주주의' 국가들과 중국·러시아가 중심인 권위주의 국가들로 나뉘어 있다며 서방을 (차악으로) 지지하는 것은 잘못이다. 물론 푸틴은 러시아를 권위주의적으로 통치해 왔다. 그러나 미국과 서유럽의 우방 중엔 푸틴 못지않은 독재자들이 많다. 미국이 지원하는 젤렌스키 등 우크라이나의 친서방 정치인들도 배타적 애국주의를 강화하며 친러시아계 주민과 그 밖의 소수민족의 권리를 유린해 왔다. 서방 정치인들이 내세우는 '민주주의 대 권위주의' 구도는 본질을 흐리는 기만이자 위선이며, 여기에 속아 넘어가서는 안 된다.

사회진보연대 부설 노동자운동연구소 한지원 연구실장은 "미국과 유럽이 세운 자유주의 [국제] 질서"가 "현실 세계에서 작동 가능한 유일한 질서"이며 러시아 주도의 질서보다는 낫다고 주장한다. 그러나 미국과 서유럽 강대국들이 중동에서 '테러와의 전쟁' 등으로 세운 '질서'를 우리가 차악으로 옹호해야 할까? 전 세계 노동계급과 피억압 대중에게 갖은 희생을 강요한 그들의 신자유주의 세계화를 "작동 가능한 유일한 질서"라고 옹호해야 할까? 한지원 실장은 기존 질서에 맞선 러시아의 행태가 자유·풍요·평등의 지향과 상충된다고 비난한다. 그러나 미국 주도의 기존 국제 질서도 같은 비난을 받아야 마땅하다.

러시아 혁명가 트로츠키는 다음과 같은 지적을 한 바 있다. "노동자 정당이 보잘것없는 민주주의의 외피를 지킨다며 '우리'나라의 제국주의를 지지하다가는 독립적 정치를 포기하고 노동자들을 국수주의적 혼란에 빠뜨려 인류를 재앙에서 구원할 유일한 요소를 파괴하게 될 것이다." 국제 노동계급은 자유민주주의와 자유주의적 국제 질서보다 훨씬 더 나은 대안을 건설할 자격과 잠재력이 있다. 그리고 그 잠재력을 실현하기 위해서는 제국주의 체제와 자국 지배계급에 맞서 싸워야 한다.

한편, 일부 좌파는 러시아를 서방에 맞선 진보적 대안으로 여기며 지지하기도 한다. 예컨대 자민통계 언론인 〈민플러스〉는 우크라이나 침공을 선언한 푸틴의 2월 24일 연설 전문을 게재했다. 미국 제국주의에 반대하다가 러시아 제국주의를 지지하는 쪽을 선택한 것이다. 평소 미국의 한반도 간섭에 반대하고 민족 자주를 중시해 온 〈민플러스〉가 푸틴을 옹호하는 것은 참으로 아이러니하다. 푸틴은 레닌과 볼셰비키의 민족자결권 옹호가 우크라이나 문제의 발단이 됐다고 비난한 바 있으니 말이다. 게다가 〈민플러스〉는 러시아를 옹호하면서도 문재인 정부의 러시아 제재에 대해서는 침묵한다. 모순이 아닐 수 없다. 서방 옹호만큼이나 러시아 옹호도 잘못된 입장이다. 적의 적을 무조건 친구로 보는 것은 옳지 않다. 미국과 러시아 둘 모두에 반대해야 한다.

많은 좌파들은 제국주의를 (미국 같은 특정) 강대국의 약소국 지배로 이해해 왔다. 그러나 제국주의는 이처럼 식민주의로 환원될 수 없고, 강대국들 간의 세계적 경쟁 체제로 이해해야 한다. 그렇다면 미국과 서유럽 강대국들처럼 분명 러시아는 우크라이나와 동유럽을 놓고 서방과 쟁탈전을 벌이는 제국주의 국가이고, 세계적 수준에서도 점점 더 그러고 싶어 한다.

우크라이나 전쟁은 또 다른 측면에서도 세계적 제국주의 갈등에 얽혀 있다. 바이든 미국 정부는 중국을 의식해 우크라이나 문제에서 강경하게 나왔고, 이 전쟁을 계기로 대만에 대한 지원을 강화하려 한다. 미국의 제재를 받게 된 러시아는 이제 중국에 더 가까워질 것 같다. 세계적 수준에서 제국주의 (간) 갈등이 고조되고 있는 것이다.

혁명적 마르크스주의자는 러시아의 우크라이나 침공을 반대해 러시아 철군을 요구해야 하지만, 절대로 여기서 멈춰서는 안 된다. 미국 등 서방의 제국주의가 사태를 일으킨 주범의 하나임을 분명히 하고, 서방의 제재와 개입에 더욱 반대해야 한다. 또, 한국에 사는 우리는 한국 정부가 미국의 러시아 제재에 동참하고 군수 지원 등으로 협력하는 것에도 분명하게 반대해야 한다.

언젠가는 아시아에서도 우크라이나 전쟁 같은 위기가 벌어질 가능성이 작지 않다. 그런 점에서도 지금이야말로 "주적은 국내에 있다"는 100여 년 전 외침을 거듭 강조할 때라고 생각한다.

출처: 김영익, "우크라이나 전쟁을 계기로 보는 마르크스주의와 전쟁", https://www.youtube.com/c/노동자연대TV, 〈노동자 연대〉 407호(2022년 3월 8일)에 게재.

 영상 바로 보기

6장
러시아 사회주의자들의 반전 목소리

러시아의 혁명적 사회주의 단체 '사회주의 경향'의 활동가들이
쓰거나 인터뷰하거나 토론회에서 발표한 내용을 모았다.

러시아 내 반전운동이 한풀 꺾인 2022년 4월 이후의 상황뿐
아니라 반전운동이 한창이던 시기의 글도 함께 수록했다.

전쟁 이후 러시아 국내 상황과 반전운동

2022년 2월 24일 러시아 대통령 블라디미르 푸틴과 러시아 지배 계급은 우크라이나를 전면 침공해 동유럽에서 전쟁을 일으켰습니다. 지금 벌어지는 일을 이해하려면 원인이 무엇인지 분석해야 합니다. 지금 전 세계의 이목이 우크라이나에서 벌어지는 일에 집중돼 있으니, 이 문제부터 시작해 보겠습니다.

크게 봤을 때, 우크라이나 전쟁의 근본 원인은 서방과 러시아가 자본주의 시장을 둘러싸고 벌이는 제국주의적 충돌이라고 할 수 있습니다. 1991년에 우크라이나가 독립한 이래로, 제국주의적 국가들은 우크라이나에 대한 정치적·경제적 지배를 놓고 서로 경쟁해 왔습니다.

지난 30년 동안 우크라이나에서는 친러 정부가 친서방 정부로, 친서방 정부가 다시 친러 정부로 교체되길 거듭했습니다. 러시아는 옛 소련 소속[이었다 독립한] 국가들에 대한 지배 회복을 목표로 삼았습니다. 나토는 러시아에 했던 약속을 어기고 끈질기게 동진東進해 자신의 적수인 러시아를 압박해 왔습니다.

2014년 우크라이나에서는 친러 성향의 당시 대통령 빅토르 야누코비치에 반대해 대중 시위 물결이 일었습니다. [야누코비치가 퇴진하고] 서방은 친서방 정부를 세웠습니다. 먼저 페트로 포로셴코가, 그 뒤를 이어 젤렌스키[현 우크라이나 대통령]가 집권했습니다. 이 정부들은 서방을 만족시키기 위해 신자유주의적 개혁을 추진했습니다. 부동산 시장 개방, 노동 규제 완화, 노동자 권리와 임금에 대한 공격, 공공요금 인상 등. 이렇게 지난 몇 년 동안 우크라이나 경제는 점차 악화됐습니다.

러시아는 우크라이나 같은 중요한 반半식민지를 포기할 수 없었습니다. 2014년 러시아는 크림반도를 점령했고, 우크라이나 동부의 도네츠크·루한스크 지방에 "인민공화국"이라는 꼭두각시 정부를 세웠습니다. 이 역시 사실상 군사점령이었습니다. 이로써 러시아는 우크라이나가 유럽연합과 나토에 가입하지 못하도록 압박했습니다. 이는 그 후 몇 년 동안 러시아 내에서 애국주의 열풍을 일으키고 노동계급의 눈을 가리는 데에 도움이 되기도 했습니다.

러시아 노동자들은 푸틴이 대외 정책에서 거둔 '성공'을 지지하면서, 국내에서의 심각한 노동개악을 알아채지 못하거나 보아넘겼습니다. 그런 개악의 사례로 2018년 연금 '개혁'이 있었는데, 이 '개혁'으로 남녀 노동자들의 연금 지급 개시 연령이 5년 늦춰졌습니다.

2022년 2월에 시작된 전쟁은 2014년 사건들의 직접적 연장선상에 있습니다. 러시아 지배계급은 꼭 필요한 정치·경제 개혁을 수행할 능력도 의지도 없습니다. 이들에게는 정부 지지율을 높이고 임박한 사회적 위기를 해소할 "전쟁에서의 작은 승리"가 필요했습니다.

나토는 러시아가 전쟁을 일으키도록 부추기는 데 우크라이나를 장기짝으로 이용했습니다. 나토는 러시아 국경 인근에서 군사훈련을 벌였고, 우크라이나를 이용해 러시아에 외교적 압박을 가했습니다. 또, 나토는 우크라이나인들 사이에서 공포를 부추겼는데, 여기에는 우크라이나 정부도 항의했을 정도였습니다.

이 전쟁에 얽힌 노림수는 이밖에도 또 있습니다. 러시아 지배계급은 경기 침체로 인한 손실을 벌충하기 위해 새로운 시장을 개척하거나 잃어버린 시장을 되찾아와야 한다는 압박을 받아 왔습니다.

이런 상황에서는 우크라이나 사람들이 제국주의 침략자들에 맞서 스스로를 방어할 권리를 지지해야 합니다.

우크라이나 전쟁이 러시아에 미치는 영향과 반전운동

러시아군은 막대한 손실을 입었지만 우크라이나 영토 깊숙이 진격해 있습니다. 우크라이나 전선에서 들려오는 소식으로 판단해 보건대, 우크라이나 사람들이 국토방위군 전투원으로 꾸준히 자원하고 있는 것으로 보입니다. 학교를 갓 졸업한 청소년들, 은퇴한 연금 수령자들도 무기를 들고 있습니다.

최근 협상 이후 러시아는 일부 병력을 키예프·체르니히우에서 철수시켜 돈바스 지역으로 옮기고 있는 듯합니다. 이는 돈바스 지역에 대한 공세를 강화하기 위한 수순일 것입니다. 그렇지만 동시에, 키예프 인근에서 우크라이나군이 선방한 것 때문이기도 할 것입니다.

우크라이나 [정규]군과 국토방위군 부대들은 상당한 손실을 입으면서도 전선을 사수하려 애쓰고 있으며 반격에 나서기도 합니다. 매우 유명한 항전이 벌어진 마리우폴에는 멀쩡한 건물이 하나도 없습니다. 우크라이나 전역이 미사일 공격을 받고 있습니다.

현재 러시아가 대외 정책에서 맞닥뜨린 난관은 러시아 사회에 역풍을 낳고 정부의 국내 정책에 영향을 주고 있습니다. 이 지점에서, 침략국인 러시아 내의 반전운동을 살펴보겠습니다.

반전운동은 푸틴의 억압 기구에 의해 개전 후 약 한 달 만에 분쇄됐다고 봐야 할 것입니다. 무거운 징역형과 벌금형, 경찰의 구타와 고문은 러시아에서 일상이 됐습니다.

자유주의 야당 세력의 기층 활동가들이 반전운동에서 가장 큰 비중을 차지했습니다. 그렇지만 자유주의 지도자들은 기층 활동가들이 산발적이고 고립된 행진을 벌이는 데 에너지를 허비하게 만들었고, 시위를 조직적으로 일으키지는 못했습니다. 그들은 기층 활동가들이 경찰 방패와 싸우는 데만 모든 정신적·육체적 에너지를 쏟도록 이끌었습니다. 여러분이 뉴스에서 보셨을 모든 시위들은 광장에 모인 개인들이나 소규모 조직들이 지도받지 못하고 고립된 채로 벌인 것입니다.

그 시위들의 요구는 단 하나, 전쟁 중단이었습니다. 시위 참가자들은 이 전쟁이 푸틴 한 명 때문에 벌어진 것으로 여깁니다. 푸틴이 미쳐 날뛰고 있는 것은 분명합니다. 그렇지만 사회주의자들과 마르크스주의자들은 이런 단순한 설명에 만족할 수 없습니다.

레닌은 혁명가들에게 중요한 교훈을 남겼습니다.

'평화를!'이라는 슬로건은 틀렸다. 우리의 슬로건은 '제국주의 전쟁을 계급 전쟁으로!'여야 한다.

이 전환이 매우 지난하고 여러 조건을 필요로 할 수 있지만, 우리의 모든 활동은 그 전환을 목적으로, 그것을 향해 나아가야 한다. 우리는 전쟁을 사보타주하거나 개별적으로 그런 활동을 벌이는 것이 아니라, 국가 간 전쟁을 계급 간 전쟁으로 전환시키는 대중적 선동을 (그 대상을 '민간인'으로 제한하지 않고) 벌여야 한다.

제2인터내셔널의 길, 즉 제국주의적 '자국' 정부를 지지하는 '좌파적' 국수주의의 길을 거부하는 사회주의자와 마르크스주의자들이 반전운동에 나서는 것은 이를 위한 것입니다. 우리는 시위에서 사회주의적 의제를 제기하고 시위 참가자들을 왼쪽으로 끌어당기기 위해 시위에 참가합니다. 오늘 듣기로는, 러시아 군인들이 전선 투입 명령을 거부한 일도 있었다고 합니다.

정권의 반전운동 탄압은
대중 시위에 대한 두려움을 보여 준다

러시아의 반전운동을 살펴봤으니, 이제 반동적 푸틴 정권이 반전운동과 시민들의 불만을 어떻게 탄압하는지를 말씀드리겠습니다. 저를 포함해 1만 8000명이 넘는 시위 참가자들이 구금되고 벌금형을 받았습니다. 또, 많은 좌파 활동가들, 사회학자들, 정치학자들, 문화인들이 지금도 구금돼 있습니다.

현재, 정부는 온갖 억압적 법률들을 쏟아내고 있습니다. 언론 매체들은 러시아 당국의 공식 입장이 아닌 내용을 보도하는 것이 금지됐습니다. 이는 언론 매체들이 대중에게 현재 상황을 공정하게 보도할 수 없게 됐다는 뜻입니다. 공식 입장은 대개 거짓말이기 때문이죠.

정부는 "러시아군을 폄훼"하거나 전쟁을 규탄하는 사람들을 처벌할 새 수단을 도입했습니다. 정부는 이번 침공을 "특별 군사작전"이라고 부르는데, 이 전쟁을 "전쟁"이라고 부르는 것만으로도 무거운 벌금을 물거나 체포될 수 있습니다.

러시아 당국은 이른바 "외국 및 해외·국제 조직을 도운" 사람들에게 '조국 반역죄'를 적용하겠다고 위협하고 있습니다. 이 법이 적용되면 12~20년 형을 살 수 있습니다. 페이스북과 인스타그램은 극단주의 조직의 매체로 지목돼 러시아에서 사용이 금지됐습니다. 미디어와 인터넷이 매우 엄격하게 통제되고 있습니다. 또, 정부는 반전 시위 참가자들을 색출·처벌하려고 안면 인식 기술이 장착된 감시 카메라 등 온갖 첨단 기술도 동원합니다. 시위에 참가한 지 몇 주 뒤에 지하철에서 갑자기 체포된 사람들도 있습니다.

이는 대중적 반전 시위가 더 벌어지는 것을 정권이 두려워하고 있음을 시사합니다. 시위 때문에 우크라이나 전선의 러시아군의 사기가 더 떨어질 수 있는 것입니다.

제재는 러시아 노동 대중을 겨냥한 서방의 전쟁 행위

지금까지 반전운동의 상황과 정권의 대응을 살펴봤는데, 이제 서방의 러시아 제재 문제를 다뤄 보겠습니다.

서방의 공식적 주장과 달리, 서방의 러시아 경제제재는 무엇보다 보통의 러시아인들을 겨냥한 제재입니다. 이미 노동자 수십만 명이 일자리를 잃었습니다. 일부 IT 노동자들과 컨텐츠 제작 노동자들은, 제재 때문에 몇몇 소프트웨어의 사용권이 중지돼 일을 할 수 없게 됐습니다. 완성차 제조 공장과 자동차 부품 공장 노동자들은 해고됐습니다. 생필품 가격이 폭등하고 있습니다. 자동차와 부동산 가격이 최대 두 배로 뛰었습니다. 식품 가격, 주거비, 핵심 서비스 비용이 20~40퍼센트 올랐습니다. 사람들은 곡물과 설탕을 사재기하고 있습니다. 이 와중에 '수완 좋은' 몇몇 사업가들은 여러 식품의 품귀 현상을 고의로 조장하기도 합니다.

제재는 미국과 유럽연합이 러시아를 상대로 벌이는 제국주의적 전쟁의 한 형태입니다. 이는 러시아 노동계급을 갈수록 고통에 빠뜨리고 있습니다.

이런 상황이 펼쳐지는 가운데서도 푸틴은 신자유주의 전통에 충실하게 시장에 최대한의 자유를 보장하려 하고 있습니다. 마치 러시아판 피노체트라도* 되는 양 말입니다. 이는 정치적 자유는 전무하지만 사유재산의 자유는 무한대로 허용하는 것입니다.

이 모든 것은 러시아인들을 극도로 빈곤하게 만들고 러시아 경제가 붕괴되는 것으로 이어지고 있습니다.

---

* 아우구스토 피노체트 1973년 칠레의 혁명적 대중운동을 군부 쿠데타로 분쇄하고, 1990년까지 군사독재와 신자유주의 경제정책들을 실시한 군 장성 출신 독재자.

러시아에는 이런 말이 있습니다. "냉장고가 TV를 이길 수 있다." 현 상황[곤궁함]에 대한 대중의 극도의 분노가 TV를 통해 흘러나오는 정권의 프로파간다를 거슬러 거리와 작업장에서 표출될 것이라는 뜻입니다. 그렇지만 이것이 가장 가능성 높은 결과는 아닙니다.

오히려, 제재 때문에 보통의 러시아인들이 러시아 정부와 지배계급 지지로 단결할 수도 있습니다. 러시아의 선전 기구가 맹렬히 가동돼, 제재의 피해를 서방 탓으로 돌리는 주장을 퍼뜨리고 있습니다. "이제 침략자 나토와 우크라이나 파시스트들에 맞서 우리를 승리로 인도할 러시아의 지도자를 중심으로 단결해야 한다"는 것이죠.

극빈층의 많은 수가 이런 선전의 영향을 크게 받고 있습니다. 그들은 러시아가 반드시 지금의 역경을 딛고 일어나 결과적으로 득을 볼 것이라고 믿습니다. 이런 생각이 대중을 지배자들에게 묶어 두는 구실을 하고 있습니다.

그러나 다른 한편, 여전히 희망도 있습니다. 이미 극심한 경제적 어려움에 시달리는 일부 사람들은, 더는 전쟁 초기만큼 푸틴 정권에 대해 호의적으로 말하지 않습니다. 전체적으로 보아, 대중의 정서에 이미 내적 긴장이 불거지고 있는 것입니다.

절망할 때가 아닙니다. 반전 활동가들의 최초 물결은 주로 학생·지식인으로 이뤄져 있었지만, 더 큰 물결이 뒤따를 것입니다. 그 물결은 사회적 위기로 가장 큰 타격을 입은 노동자들일 수도 있고, 전쟁에 신물이 난 병사와 보안부대원들일 수도 있습니다. 러시아에서 사회적 위기가 깊어지면서, 더 좌파적인 시위가 벌어질 여지가 있습니다. 파업이 현실이 될 수도 있습니다. 모든 것은 전쟁의 타이밍과 위기의 심각성에 달려 있을 것입니다.

제재로 인한 위기가 러시아 지배계급을 분열시킬 수 있다는 견해도 있습니다. 현재로서는 두드러지는 징후는 보이지 않지만, 몇 가지 작은 징후는 실제로 있습니다. 예컨대, [1990년대] 러시아에서 사적 소유 자본주의와 [신자유주의적] '충격요법'의 설계자였[고 최근까지도 푸틴을 보좌하]던 아나톨리 추바이스가 공직에서 사임하고 러시아를 탈출했습니다. 또, [러시아 2위의] 석유 기업 루크오일의 CEO와 이사진들, 많은 대주주들이 전쟁 반대 입장을 발표했습니다. 이들의 재산을 모두 더하면 수백억 달러에 이를 것입니다. 현재로서는 이런 일들은 입장 표명 수준을 넘지 않지만, 위기가 극심해질수록 그 파장은 예측 불가능해질 것입니다.

그러나 제재가 결과적으로 어떤 효과를 낳든, 또 러시아 대중이 거기에 어떻게 반응하든 간에, 우리는 서방 강대국들이 러시아 노동계급에게 가하는 이런 끔찍한 공격에 반대해야 합니다. 제재는 러시아 노동 대중을 겨냥한 일종의 전쟁 행위입니다.

질문에 대한 답변

바이든이 푸틴 정권 교체 운운한 데 대한 러시아인들의 반응을 질문하신 분이 있었습니다. 사실, 별 반응이 없습니다. 푸틴은 미국을 "우리의 적"으로 규정했고, 아직 많은 러시아인들이 푸틴의 말을 믿습니다. 그러니 서방이 제재를 더 강화할수록 러시아인들은 서방에 대한 증오심만 더 커질 것입니다.

러시아 자유주의 세력의 규모와 영향력이 얼마나 되는지, 그리고 그 지도자들이 러시아 반전 활동가들의 에너지를 어떻게 허비했는지에 대한 질문도 있었습니다. 자유주의 세력은 러시아에서 유일하게 규모 있는 반정부 세력입니다. 그리고 그중 가장 영향력 있는 지도자는 알렉세이 나발니입니다. 그런데 나발니는 사람들과 자신의 지지자들이 아래로부터 조직하고 대규모 시위를 도모하는 방식이 아니라 활동가들에게 [준비가 엉성하더라도] 매일 또는 주말마다 경찰과 싸우라는 식으로 말했습니다. 나발니 측이 사람들에게 언제나 같은 시간과 장소에서 시위에 참가하라고 촉구한 탓에 보안 당국이 익히 대비를 마치고 더 수월하게 탄압할 수도 있었죠.

그런 일련의 일들 끝에 활동가들은 보안 당국에게 미끼로 던져지고, 구금·고문·폭행을 당하는 것에 넌덜머리가 났습니다.

그런데 사회주의자 활동가들은(영향력은 나발니 지지자들보다 훨씬 작지만) 나발니 측에 단결해 대중 시위를 벌이자고 거듭 제안했습니다. 그렇지만 나발니 측은 이를 거절했습니다. 그 결과, 반전 시위는 도시 여러 곳에서 동시다발적으로 벌어지는 산발적·소규모 시위라는 형태로 벌어지기 일쑤였습니다. 대규모 시위가 아니라 말입니다.

자유주의자들은 운동 "건설"이라는 것을 모릅니다. 그들은 러시아판 마이단 시위가 기적처럼 탄생하기를 기다리고만 있습니다.

소수민족들 사이에서 항의 정서가 커지고 있는지를 어떤 분이 질문하셨습니다. 소수민족들이 소규모 반전운동을 벌이긴 하지만, 아직 괄목할 만한 수준은 아닙니다. 예컨대 무슬림이 다수인 타타르스탄자치공화국에서는 반전 정서가 표출되고 있습니다. 그렇지만 지금의 운동들은 소수민족 운동이라기보다는 지역 운동이라고 보는 편이 더 정확할 듯합니다. 예컨대 시베리아와 하바로프스크 지역에서는 시위가 꽤 여럿 벌어졌고, 반정부 정서도 꽤 큽니다. 우리는 대중의 일반적 반정부 정서를 반전운동과 결합하려 애쓰고 있습니다.

러시아 정부가 우크라이나 침공을 어떻게 정당화하고, 얼마나 많은 사람들이 이를 믿고 있는지, 그리고 주요 야당들과 반정부 세력들의 입장은 무엇인지 질문이 있었습니다.

푸틴은 우크라이나가 역사적으로 러시아의 일부였지 독립국가가 아니라는 말로 전쟁을 정당화합니다. 또, 푸틴은 서방이 우크라이나에 영향을 미치는 것을 방치할 수 없다고도 말합니다. 러시아인들 모두가 서방을 싫어하지 않느냐면서요. 푸틴은 우크라이나에 파시스트와 나치가 들끓고 있고, 러시아는 파시스트에게서 세계를 구한 역사[제2차세계대전 때 나치 독일의 동부전선을 무너뜨린 일을 가리킴]가 있다고도 말합니다. 러시아 정부의 선전 당국은, 파시스트와 나치를 박멸하는 것이 러시아의 역사적 사명이라고 주장합니다.

여러 여론조사 결과를 보면, 러시아인의 60~70퍼센트가 푸틴을 지지한다고 합니다. 러시아의 주류 의회 정당들은 모두 침공을 지지합니다. 기회주의적인 러시아공산당도 침공을 지지합니다. 이 이름만 공산당인 이 당의 대표는 카자흐스탄·우즈베키스탄 같은 나라들도 러시아로 병합해야 한다고 주장합니다. 솔직히 말하면, 메스껍기 짝이 없습니다.

침공에 반대하는 세력은 소수 좌파 활동가들과 좌파[사회주의자 포함]

지식인들, 그리고 일부 자유주의자들 정도입니다.

과제

현재 우리는 무시무시한 세계적 전쟁의 위협에 직면해 있습니다. 이제는 모든 곳이, 모든 나라가 전선입니다. 모든 혁명적 마르크스주의자들의 핵심 임무는 새롭게 대두하고 심화하는 제국주의 충돌에 개입하는 제국주의적 자국 정부에 맞서는 것입니다. 사회주의적인 전쟁 반대 전선을 넓히고 강화해야 합니다.

한국의 사회주의자들·좌파들에게 가장 중요한 과제는, 한국 정부가 서방·러시아 어느 쪽도 편들지 않게 하는 것이고, 나토에 단호하게 반대하는 것입니다. 한국에서 열리는 시위에 참가하고, 나토 제국주의와 러시아 제국주의 모두에 반대하는 대중 선동을 하는 것도 엄청나게 중요합니다.

또, 우리의 "주적은 항상 국내에 있다"는 말도 기억해야 합니다. 우리는 모두 단결해, 노동계급에 대한 일체의 전쟁 행위를 규탄해야 합니다. 그것이 경제제재든 미사일 폭격이든 말입니다.

한국의 사회주의자들이 러시아에서 거리 시위를 벌이는 반전운동가들에게 연대를 보내는 것도 중요합니다. 또, 난민들을 지원할 준비가 돼 있어야 합니다. 또, 정치적 탄압을 피해 러시아를 떠나야만 하는 러시아인 반전 활동가들과 사회주의자들을 지원하고, 필요하면 이들이 정치적 망명을 할 수 있도록 지원해야 합니다.

구호로 정리하겠습니다. 민족 억압 반대한다! 우크라이나 해방 만

세! 민중에게 자유를! 제국들에게 죽음을! 인터내셔널 만세!

출처: 로잘리, "러시아 좌파 활동가 초청 토론회: 우크라이나 전쟁과 반전 운동", https://www.youtube.com/c/노동자연대TV, 〈노동자 연대〉 411호(2022년 4월 5일)에 게재.

 영상 바로 보기

우리는 푸틴의 전쟁을 반대한다

블라디미르 푸틴이 촉발한 제국주의 전쟁이 마르크스주의자들을 혹독한 시험대에 올렸다. 오늘날 이미 우크라이나 좌파와 러시아 좌파 일부가 자국 정부를 중심으로 결집한 모습을 볼 수 있다. 아주 최근까지 계급 간 전쟁을 주장했던 사람들 몇몇은 이제 우크라이나 대통령 젤렌스키를 카자크식 호칭인 "바티카"(우크라이나어로 '아버지'를 뜻함)라고 부르기 시작했다. 반면, 러시아의 '공산주의자'들은 갈수록 노골적인 애국주의로 기울고 있다.

우리는 이미 역사에서 이와 유사한 일을 목격한 바 있다. 제1차 세계대전 동안 제2인터내셔널의 많은 사회[민주]주의 정당 지도자들은 자국 지배계급을 지지하면서 계급투쟁을 뒷전으로 미뤘다. 러시아 혁명가 블라디미르 레닌은 1915년에 "제국주의 전쟁에서 자국 정부의 패배"라는 제목의 글을 썼다. 여기서 레닌은 다음과 같이 썼다.

'계급 간 휴전'을 말로만이 아니라 실제로 무너뜨리고 계급투쟁을 긍정하는 유일한 정책은, 노동계급이 자국 정부와 지배계급이 어려움에 빠진 상황을 그들을 타도하는 데에 이용하는 것이다. … 그러나 이런 정책은 자국 정부의 패배를 염원하지 않거나 그 패배에 기여하지 않으면서 달성하거나 추구할 수 없다.

전쟁 전 이탈리아 사회민주주의자들이 대중 파업을 의제에 올리자, 부르주아지는 그런 짓은 대역죄가 될 것이며 사회민주주의자들은 반역자로 처벌받을 것이라고 (자신들의 관점에서는 명백히 옳게) 답했다. 참호에서 적군과 친교하는 행위가 반역인 것과 마찬가지로 이 또한 명백한 반역 행위다. 부크보예트처럼 '대역죄'를 저지르지 말아야 한다고 하거나 셈콥스키처럼 '러시아의 붕괴'에 반대하는 글을 쓰는 이들은 노동계급의 관점이 아니라 부르주아지의 관점을 받아들이고 있는 것이다. 노동계급은 '대역죄'를 저지르고 '우리'의 '위대한' 제국의 패배와 붕괴에 기여하지 않고서는, 계급적으로 자국 정부에 타격을 입히거나 '우리'나라와 전쟁 중인 '외국'의 프롤레타리아 형제에게 (실제로) 손을 내밀 수 없다.

이것이 유일한 사회주의적 관점이다. 다른 대안은 있을 수 없다.

그러나 레닌은 결코 피억압 민족의 민족 해방 투쟁과 다른 민족을 억압하는 제국주의를 똑같이 취급하지 않았다.

민족문제에 관한 글에서 이미 나는 민족주의 문제를 추상적으로 제기하는 것은 일반적으로 아무 쓸모가 없다고 밝혔다. 억압 민족의 민족주의와 피억압 민족의 민족주의, 강대국의 민족주의와 약소국의 민족주의는 반드시 구별돼야 한다.

억압받는 민족의 민족주의에 대해 강대국 국민인 우리는 역사적으로 무수히 많은 폭력을 저지른 죄가 있는 셈이다. 게다가 우리는 자신도 모르게 그들에게 수없이 많은 폭력을 저지르고 그들을 모욕하고 있다. 억압 민족에 속한 사회주의자들에게 마르크스는 그들이 피억압 민족에 취해야 할 태도가 무엇이냐고 묻는다. 그러면서 지배 민족(잉글랜드와 러시아)의 사회주의자들이 가진 공통의 결함을 대번에 들춰낸다. 바로 피억압 민족에 대한 사회주의자의 임무를 이해하지 못하고 '강대국' 부르주아지에게서 온 편견을 자기 것으로 체화했다는 것이다.

그렇다면 우리는 무엇을 주장해야 하는가? 현재의 갈등은 러시아 대 나토의 제국주의적 갈등이다. 러시아 국수주의자들은 우크라이나 억압의 역사에 관해 제국주의적 주장을 편다. 러시아 국가는 본질적으로 '우크라이나' 국가의 존재 자체를 문제 삼고 있다.

러시아 혁명가 레온 트로츠키는 "제국주의 시대에 우크라이나 독립 강령은 프롤레타리아의 혁명 강령과 직접적이고 불가분의 관계에 있다"고 썼다. 모든 국제주의적 사회주의자들은 민족문제가 해결된 다음에야 노동계급이 '즉자적 계급'에서 '대자적 계급'으로 발전하고 본격적인 정치적 주체가 될 수 있다는 것을 이해해야 한다. 러시아 제국주의와 국수주의에 반대하는 국제 연대만이 현재 러시아 노동자와 우크라이나 노동자를 단결시킬 수 있다.

현재 러시아에서는 총동원령이 곧 선포될 것이라는 소문이 끊임없이 돌고 있다. 러시아군은 전선에서 상당한 손실을 입고 있다. 사람들은 서방의 제재에 분개한다. 한편으로는 일부 러시아인들이 푸틴을 강하게 비판하고 있지만, 다른 한편으로는 반反서방으로 결집하려는 러시아인들도 있다. 시민사회와 반전운동의 취약성이 커지고 있다. 이런 조건에서는 냉철한 태도를 유지하면서 공통의 국제주의를 강화하는 것이 사활적이다.

인터내셔널이여 영원하라!

출처: Socialist Tendency in the Russian Federation, "'We shouldn't rally behind our ruling classes in war', say Russian socialists", *Socialist Worker* 2795(04 March 2022).

러시아 반전운동의 상황

Q. 반전 시위는 성장하고 있는가? 아니면 탄압 조처들이 운동을 제약하고 있는가?

전쟁 반대 활동가들이 대도시들의 중심가에서 거의 매일 모이고 있다는 사실이 중요하다. 푸틴 정권의 군경이 앞으로 있을 시위 물결을 완전히 잠재울 수 있을 가능성은 크지 않다. 탄압 조처들이 갈수록 도입되고, 이미 7000명이 넘는 활동가들이 구금됐음에도 그렇다. 그러나 이 시위에는 커다란 약점이 하나 있다. 시위들이 전혀 조직적이지 않고, 모인 사람들이 무엇을 해야 하고 어디로 가고 보안 경찰에 잡히지 않으려면 어떻게 해야 하는지 모른다. 탄압과 더불어 시위의 이런 약점은 피로감과 좌절을 낳을 수 있다. 이런 흐름이 헛되이 계속된다면 저항이 점차 사그라질 위험이 있다.

그러나 저항이 패배한 것은 아니다. 전쟁에 반대하는 사회주의자들과 혁명가들은 시위를 조직하려고 분투하고 있다. 혁명적 구호와 요구를 시위에 들여오고, 불만을 느끼는 사람들에게 전쟁을 중단시킬 뿐 아니라 제국주의 전쟁을 계급 전쟁으로 전환해야 한다고 촉구하고 있다. 이는 지금 매우 중요한 활동이다. 그러나 모든 상황이 바람대로 되는 것은 아니다. '나발니 본부' 내 부르주아지의 하수인들이 또다시 운동을 약화시키려 한다. 사회주의 단체들이 3월 6일 특정 시간·장소에 집회를 열자고 호소하자 자유주의적 나발니 지지자들은 다른 시간·장소로 집회를 따로 잡았다. 이는 시위자들을 두 진영으로 분열시켜 대중적 저항이 벌어지지 않는 듯한 인상을 주고, 경찰과 군대가 시위를 더 쉽게 진압할 수 있게 할 것이다.

Q. 제재는 평범한 사람들에게 어떤 타격을 주는가? 제재의 고통이 푸틴에 대한 반감을 강화하는가 아니면 서방에 대한 반감을 강화하는가?

서방 국가들의 제재는 평범한 사람들에게 재앙적이다. 경제학자들은 이미 생필품 부족과 걷잡을 수 없는 물가 인상, 해고, 대량 실업 등을 경고하고 있다. 이런 상황이 대중을 '폭발'시켜 계급적 항의에 나서게 할 수도 있다. 러시아에는 이런 말이 있다. "냉장고가 텔레비전을 이긴다." 빈곤과 결핍이 텔레비전에서 나오는 지배계급의 프로파간다를 벗겨 낸다는 것이다. 그러나 아직 그런 순간은 오지 않았다. 다수 대중은 푸틴 정권의 행보를 지지한다. 여론조사에서는 러시아인 71퍼센트가 푸틴의 정책을 지지했다. 지금 시점에 평범한 사람들은 전면전을 개시한 자국 정부보다는 유럽과 미국에 더 큰 분노를 느끼고 있다.

Q. 시위 내부에 사회주의나 반제국주의적인 조짐이 있는가?

우리는 반전운동을 계급투쟁으로 전환시키려 한다. 시위를 하자고 호소하는 포스터를 붙이고, 리플릿을 반포하고, 스티커를 붙이고, 팸플릿을 낸다. 이런 활동을 하다가 '소요를 조장'했다는 죄로 무거운 처벌을 받을 수 있다. 그래서 정확히 누가 이런 활동을 하고 있는지는 말하기 어렵다.

혁명적 사회주의자들은 카를 마르크스와 블라디미르 레닌의 이론적 유산을 바탕으로 시위에서 능동적 구실을 하고 있다. 그러나 이 가운데에도 해로운 태도를 취하는 소수가 있다. 제1차세계대전에 직면해 제2인터내셔널이 붕괴했을 때처럼, 이번에도 레닌이 "사회애국주의자들"이라고 불렀던 부류의 소위 '사회주의자'들이 다시 대두하고 있다. 그들은 파시스트들이 우크라이나 편에서 싸우고 있고 러시아는 "탈脫나치화"를 수행하고 있을 뿐이라면서 전면전을 지지한다. 이는 완전히 헛소리이며, 노동계급의 이익을 배신한 것이다.

전쟁이 아니라 계급 전쟁을!
민족들에게는 자유를, 제국에는 죽음을!
막사에는 평화를, 왕궁에는 전쟁을!
민족들 간에 전쟁 없고, 계급 간에 평화 없다!

출처: Interviewee Socialist Tendency in the Russian Federation, Interviewer Charlie Kimber, "Russian socialists interviewed on anti-war protests, sanctions and politics on the street", *Socialist Worker* 2795(05 March 2022).

사회적 위기로 빠져드는 러시아

러시아 사회의 붕괴가 가까워졌다. 우크라이나 침공 이후에 BMW·볼보·혼다·이케아·코카콜라·나이키·HM·아마존·디즈니·쉘·맥도날드 등 다국적기업 수백 곳이 러시아 시장에서 철수하고 러시아에서 생산을 중단하거나 감축했다. 노동자 수십만 명이 당장 혹은 조만간 일자리를 잃을 것이다.

동시에, 러시아의 평균 가계 지출이 11.6퍼센트 올랐다. 연방통계국에 따르면 채소·자동차·가정용품의 가격이 가장 많이 올랐다. 공식 통계에 따르면 이 품목들의 가격은 약 15퍼센트 올랐다. 전쟁 시작 2주 만에 이렇게 된 것이다.

제재로 고통받는 사람들은 많은 경우 노동계급이다. 이는 노동계급이 "적대적인 서방"에 맞서 푸틴을 지지하게 하는 압력이 될 수도 있고,* 파업에 나서게 하는 요인이 될 수도 있다. 물론 이는 우크라이나 전선의 전황과 국내 전선의 위기 수준에 달려 있을 것이다.

---

* 실제로 2022년 2월 71퍼센트였던 푸틴 지지율은 한 달 뒤인 3월 중순에 83퍼센트로 올랐다. 정부 지지율도 55퍼센트에서 70퍼센트로 올랐다.

해외 IT 기업들이 러시아의 평범한 이용자들에게 가하는 제재는 검열에나 도움이 될 것이다. 인터넷과 전자 통신수단에 대한 접근성은 사활적으로 중요하다. 이런 것들이 있어야만 러시아 사람들이 객관적 정보를 얻고 올바른 결정을 내리는 데 도움을 받을 수 있기 때문이다.

이런 상황이 펼쳐지는 가운데, 푸틴은 러시아를 위기에서 건져 내려면 기업과 '정직한' 사업 계획에 최대한의 자유를 보장해야 한다고 말한다. 소문에 따르면 서방에 의해 동결된 러시아 올리가르히의 자산을 가능한 경우 푸틴의 기업들이 사들일 것이라고 한다. 이는 러시아 권력층 내에서 부의 분포가 변화한다는 것을 시사한다.

이처럼 온 사회가 재앙에 휩싸인 가운데 러시아군은 우크라이나 민간인들을 살상하고, 러시아 국내에서는 반전 활동가들이 구금되고 있다. 경찰은 시위를 유혈 진압할 뿐 아니라 시위 참가자들에게 물리적 폭력과 고문을 자행하고 있다. 현재 인터넷에는 모스크바 브라테예보구區 경찰서에서 활동가들에게 어떤 고문이 자행되고 있는지를 짐작케 하는 녹음 파일이 돌고 있다.

러시아는 유럽평의회CoE 탈퇴를 선언했다. 이에 따라 러시아 당국의 인권 유린을 유럽인권재판소에 제소할 수 없게 됐다. 러시아의 인터넷이 곧 차단될 것이라는 정보도 있다.

자유주의 야권은 이번 위기로 대두된 문제들의 해법을 결코 제시할 수 없다. 그들은 자유주의적 지배 체제와 자본주의를 옹호한다. 그들은 제국주의와 모순되지 않는다. 그들은 현 상황을 특정 지도자 개인의 자질 문제로 설명한다.

현대 러시아는 사회주의이기는커녕 반反혁명적 제국주의 국가다. 자본주의가 발전한 시대에 경제를 걸어 잠그려는 푸틴의 모든 시도는 전 사회적 재앙만을 초래할 것이다. 이런 상황에서, 혁명적 사회주의자들은 훨씬 굳게 단결해 모든 사태에 대비해야 할 것이다. 우리의 조국은 전체 인류다.

출처: Socialist Tendency in the Russian Federation, "Russia slides towards social crisis, say Russian socialists", *Socialist Worker* 2795(14 March 2022).

7장
서방의 제재와 개입이 전쟁을 멈출까?

누가 제재의 대가를 치르는가?

경제제재는 국가 간 분쟁을 해결하는 더 평화적인 방법이기는커녕 전쟁 행위나 다름없는 짓이다. 이것이 믿기지 않는다면 프랑스 재무부 장관 브뤼노 르메르의 말을 유심히 들어 보라. 2022년 3월 1일 르메르는 러시아의 우크라이나 침공에 대한 서방의 대응을 논하며 다음과 같이 말했다. "프랑스는 러시아를 상대로 경제적·금융적 총력전을 벌이고 있다. 우리는 러시아 경제를 붕괴시킬 것이다."

이에 대해 잠시 생각해 보자. 러시아는 대략 1억 5000만 명이 사는 나라다. 만약 르메르가 바라는 대로 러시아 경제가 무너진다면, 이는 재앙적 사회 붕괴를 초래할 것이다. 화폐는 휴지 조각이 될 것이다. 도시에서는 금세 먹을 것이 바닥나고 팬데믹이 한창인 가운데 의료 체계도 붕괴할 것이다. 친구이고 이웃이던 사람들이 패닉에 빠져 살아남으려고 서로를 저버려야 하는 상황으로 내몰릴 것이다. 사회가 처참하게 붕괴하면서 벌어질 혼란이 어떤 결과를 초래할지는 아무도 모른다. 하지만 그 과정은 이미 시작됐을지도 모른다.

미국과 유럽연합은 러시아가 달러·파운드·유로 같은 외환을 거래하지 못하게 했다. 그리고 여러 러시아 은행의 자산을 동결했다. 그들은 전 세계 은행들이 국제적으로 정보를 주고받는 시스템인 국제 결제망에서 러시아를 차단했다. 이로 인해 러시아는 공개시장에서 무엇 하나라도 사거나 팔기가 크게 어려워질 것이다.

그러나 잠재적으로 가장 파괴적인 조처는 아마 러시아 중앙은행에 대한 제재일 것이다. 서방은 러시아가 보유한 모든 해외 금융기관 자산을 동결했다. 그 결과 러시아 국가의 전체 외환 보유고의 절반이 묶였다. 평상시에 중앙은행은 외환 보유고로 자국 통화가치의 일상적 변동을 완화하거나 외환 보유고를 담보로 돈을 빌린다. 제재를 입안한 자들은 중앙은행의 이런 기능을 마비시켜 러시아 통화인 루블화의 폭락과 대량 매도를 유발하고 이를 통해 러시아 국가를 파산시키려 한다. 그리고 '은행들이 외환에 접근하지 못하면 루블화를 달러나 파운드화로 못 바꿔 주는 것 아닌가' 하고 러시아 사람들이 걱정하게 하고 자국 통화에 대한 신뢰를 잃게 하려 한다.

그렇게 돼서 루블화가 폭락하면 극심한 인플레이션과 급격한 경기후퇴를 촉발할 것이다. 뱅크런(대규모 현금 인출)이 벌어질 수도 있다. 이미 러시아에서는 현금인출기 앞에 사람들이 길게 줄을 서고 있는데, 이런 상황이 되면 사람들은 그나마 남은 것을 두고 처절한 쟁탈전을 벌여야 할 수도 있다. 루블화 폭락을 막으려면 러시아 국가는 남은 외환 보유고를 털어서 국제시장에서 외화를 사들여야 한다. 2월 28일 러시아는 하룻밤 새 금리를 9.5퍼센트에서 20퍼센트로 올려서 루블화를 보유하고 있을 때의 수익성을 지키려 했다.

제재를 하는 것은, 평범한 사람들에게 타격을 줘서 그로 인해 벌어지는 참사에 대한 대중의 분노를 푸틴에게 돌리게 하려는 것이다.

매주 급등하는 장바구니 물가는 러시아 정치인들이나 올리가르히들에게는 거의 아무런 영향도 주지 않을 테지만, 그로 인해 가난한 노동자들은 끼니를 거르게 될 것이다. 그렇지만 루블화가 폭락한다 해도 거기서 사람들이 어떤 결론을 이끌어 낼지는 장담할 수 없다. 물론 경제 붕괴는 대중이 푸틴 지배 체제에 분노를 돌리는 결과를 낳을 수도 있다. 그렇지만 제재를 서방의 공격으로 인식한 대중이 자국 지지로 결집하게 하고, 푸틴의 지배를 연장시키는 데에 일조할 수도 있다.

어떤 경우든 러시아 지배계급이 서방에 대응해야 한다는 압력은 엄청날 것이다. 이는 우크라이나를 비롯한 지역에서 군사적 충돌이 심화하는 결과를 낳을 수 있다. 심지어 러시아 경제가 초토화된다 해도, 러시아 정권에는 기댈 수단이 있다. 바로 막강한 군사력과 핵무기다. 궁지에 몰린 푸틴은 일격을 결심할 수도 있다.

제재가 나토의 군사개입보다 더 평화적 방안이라는 것은 착각이다. 제재는 유혈 충돌로 이어질 또 다른 길일 뿐이다.

세계 극빈층에게도 고통을 줄 제재

제재는 주로 러시아의 평범한 사람들에게 타격을 주지만 전 세계 대중에게도 타격을 줄 것이다. 3월 초, 러시아 경제제재에 대한 반응으로 국제금융시장에서 원자재 가격과 식량 가격 등 상품 가격이 치솟았다. [원자재 가격지수의 하나인] GSCI 지수는 18퍼센트 상승했고, 1970년대 이후 가장 가파른 상승세를 이어 가고 있다. 연료비 역시

기록적 상승폭을 보였다. 이렇게 되면 세계 곳곳에서 생활비가 더욱 치솟고 인플레이션이 노동자 임금의 더 많은 부분을 잠식할 것이다.

러시아는 석유·가스·석탄의 주요 공급국이다. 서방은 유럽의 가스 공급에 생길 차질을 줄이기 위해 러시아산 에너지 거래는 허용하는 식으로 제재를 가했다. 그러나 현재 많은 에너지 업자들은 "자가 제재"를 하며 러시아산 에너지를 피하고 있다. 러시아산은 앞으로 팔기 힘들어질 것이라는 예상 때문이다.

제재는 식량 가격 또한 치솟게 할 것이다. 3월 들어 밀 가격이 거의 40퍼센트 상승했다. 러시아와 우크라이나가 국제 밀 수출의 거의 3분의 1을 차지하기 때문이다. 중동·북아프리카·아시아 국가들이 심대한 타격을 받을 것이다. 그리고 곡물로 만든 끼니 말고는 먹는 게 거의 없는 가난한 사람들이 분명 가장 큰 피해자가 될 것이다. 한 거대 투자 회사 대표자는 다음과 같이 말했다. "지난번 밀이 부족해졌을 때는 '아랍의 봄'이 벌어졌다. 사람들은 빵을 구하지 못하면 아주 크게 분노할 것이다."

지배자들의 제재와 '아래로부터의 제재'는 무엇이 다른가?

경제제재는 제국주의가 오랫동안 선호해 온 무기였다. 유엔안전보장이사회는 1990년 쿠웨이트를 침공한 이라크에 거의 전면적인 금융·무역 금수 조처를 가했다. 유엔안보리 이사국들은 2003년 이라크의 사담 후세인 정권이 무너질 때까지 여러 해 동안 제재를 지속했다. 그사이 이라크는 경제적으로 초토화됐다. 한때 중동에서 가장 발전한 국가 중 하나였던 그곳에서 영양실조와 질병이 만연했다. 1998년 바그다드의 유엔인도지원조정관 데니스 핼리데이는 34년 동안 몸담았던 유엔에서 사직하면서 다음과 같이 말했다. "학살과 다를 바 없는 계획의 집행자가 되고 싶지 않다."

서방은 이란과 베네수엘라처럼 자신의 심기를 건드리는 정권이면 어디든 주저 없이 제재를 가했다. 그러나 동맹 관계에 있는 정권이 문제시될 때는 제재를 지지하기를 거부한다. 1980년대에 아파르트헤이트 체제하에서 고통받던 남아프리카공화국 흑인들은 소수의 백인 지배자들을 권좌에서 끌어내리기 위한 조처들을 전 세계에 촉구했다. 아파르트헤이트는 국제법 위반인데도 남아프리카공화국은 국제 무역 덕분에 경제가 유지되고 있다고 흑인들은 성토했다. 서방 은행과 광산 기업들도 흑인 억압에서 득을 봤다.

남아프리카공화국 흑인들은 경제에 타격을 입히는 제재로 자신들 또한 고통받을 수 있다는 사실을 잘 알았다. 그럼에도 그들은 그것을 필요한 대가로 여겼다. 그러나 당시 미국 대통령 로널드 레이건과 영국 총리 마거릿 대처 등 세계 지도자들은 이윤을 갉아먹을 조처를 취하기를 거부했다. 제재는 자유무역을 상대로 한 범죄라고 대처는 주장했다.

좌파는 이스라엘의 인종 분리 체제에 대한 제재에도 우호적이다. 이처럼 좌파들이 제재에 우호적인 주장을 내놓을 때는, 억압받는 사람들의 요구에서 출발하는 것이다. 그리고 경쟁 열강으로 나뉜 세계라는 맥락[즉, 제국주의에 맞선 투쟁] 속에 제재를 자리매김하려 한다.

그러나 자유주의자들과 서방은 제재를 요구할 때 제국주의의 필요에서 출발한다. 이들이 러시아의 우크라이나 침공을 계기로 러시아에 부과하는 제재는 이 지역에 사는 평범한 사람들을 도우려는 것이 아니다. 제재가 그런 것이었다면 푸틴과 그가 벌이는 전쟁에 갈수록 깊은 적의를 드러내는 평범한 러시아인들을 도대체 왜 고통에 빠뜨린다는 말인가. 이 제재는 서방의 힘을 과시하기 위한 것이다. 미국을 감히 거스르면 러시아와 같은 운명을 맞게 될 것이라는 메시지를 전 세계에 보내는 것이다.

노동자들의 보이콧은 어떻게 봐야 할까

러시아 상품과 서비스에 대한 노동자들의 보이콧에 사회주의자들은 어떤 태도를 취해야 할까? 영국의 부두 노동자들이 러시아 화물선 하역을 거부하면서 이런 물음이 날카롭게 제기됐다.

러시아 국가가 우크라이나를 불태우고 폐허로 만드는 데 여념이 없는 지금, 노동자들에게는 그 국가를 경제적으로 돕는 행위를 거부해야 할 여러 타당한 이유가 있다. 그렇지만 러시아 제국주의에 대한 분노가 순전한 반反러시아 외국인 혐오로 변질될 위험 또한 존재한다. 예컨대, 며칠 전에 공연단 이름에 "러시아"라는 단어가 들어있다는 이유로 〈백조의 호수〉 공연이 취소된 것은 터무니없는 배척에 지나지 않는다. 19세기와 20세기 러시아 작곡가들의 곡을 공연하지 못하게 하는 것이나 러시아 고전문학 연구를 막으려는 시도 또한 마찬가지다.

러시아의 평범한 사람들은 적이 아니다. 진정한 적은 러시아의 기업주들과 정치인들이다. 이들과 평범한 러시아인들을 혼동하는 것은 푸틴의 전쟁에 맞선 저항을 약화시킬 뿐이다.

심화하는 식량 공급 대란

우크라이나 전쟁이 국제 식량 생산에 재앙적 위협을 가하고 있으며 전 세계에서 기아를 치명적으로 악화시킬 것이라고 농업 기업주들은 경고했다.

비료를 생산하는 글로벌 화학 기업 야라인터내셔널의 최고 경영자 스베인 토레 홀세테르는 우크라이나 전쟁을 두고 "재앙 위에 재앙이 덮친 격"이라 했다. 우크라이나와 러시아는 기본 작물 수출의 거대한 부분을 차지하는 나라들이다. 두 나라는 밀 수출의 29퍼센트, 옥수수 공급의 19퍼센트, 해바라기씨유 수출의 80퍼센트를 차지한다. 홀세테르는 다음과 같이 말했다. "국제적 식량 위기가 올 것인지의 여부는 쟁점이 아니다. 그 식량 위기가 얼마나 클지가 진짜 문제다." 비료가 부족해지면 전 세계의 극빈 지역이 의존하는 주요 작물을 농민들이 심을 수 없게 될 것이라고 홀세테르는 경고했다. 그렇게 되면 향후 2년 동안, 기아로 고통받는 사람들이 1억 명이나 더 늘어날 것이라고 그는 예측했다. 홀세테르는 다음과 같이 말했다. "세계 인구 중 특권을 누리는 일부만이 충분한 식량을 공급받을 수 있게 되는 결과를 초래할 수도 있다. 세계의 식량 공급이 불안정해지면 일부 지역에서 기아가 만연하고, 사망률이 상승하고, 무장 충돌, 이주, 폭동, 사회 불안정 등이 늘어나 지정학적 긴장을 더욱 부추길 것이다".

비료 생산과 유통이 교란되면 이미 10년 만에 최고치를 경신한 식량 가격은 더욱 상승할 것이다. 우크라이나에서 혈전血戰이 장기화될수록 이 파괴적 갈등이 전 세계에 미치는 파장은 더욱 커질 것이다.

출처: Yuri Prasad, "Sanctions — who really pays the price?", *Socialist Worker* 2795(04 March 2022).

비행 금지 구역 설정은
미·러 직접 충돌의 위험을 키우는 길

러시아의 우크라이나 침공에 맞서 미국과 서방은 "비군사적" 방식으로 대응하고 있다는 주장이 많다. 대표적인 것이 비행 금지 구역 설정 문제다.

언론들은 이것이 능동적 군사개입이 아니라 폭력을 막기 위한 방어적 조처인 것처럼 말한다. 그렇지만 비행 금지 구역 설정은 상대의 공군력을 무력화하기 위해 군사 목표물을 공격하겠다는 결정으로, 직접 교전을 상정하는 것이다.

유럽연합·캐나다·미국이 2022년 3월 초에 자국 영공에서 러시아 비행기에 대한 비행 금지를 설정한 것은 러시아 비행기 운항을 동·서에서 봉쇄하려는 것이었다. 이제 우크라이나 대통령 젤렌스키는 나토가 우크라이나 영공에 비행 금지 구역을 설정하라고 요구한다. 이는 나토군(과 그 주축인 미군)이 직접 참전해 러시아군과 싸우라는 말과 같다.

이전에도 비행 금지 구역 설정은 대규모 군사 충돌의 전조였다.

1993년에 나토는 발칸반도에서 분쟁 당사자 모두를 대상으로 비행 금지 구역을 설정했는데, 이는 사실상 세르비아를 공격 목표로 삼은 것이었다. 몇 년 후인 1999년에 나토 공군은 78일 동안 9300번이나 출격해 세르비아를 폭격했다.

미국과 그 동맹국들은 독재자 사담 후세인을 징벌한다며 1991년부터 이라크에 비행 금지 구역을 설정하고 군사시설을 지속적으로 폭격했다. 이는 2003년 이라크 침공·점령의 사전 정지 작업이었다.

2011년 3월 유엔이 리비아에 비행 금지 구역을 설정했을 때도 마찬가지였다. 미국·영국·프랑스·캐나다는 비행 금지 구역 설정 다음 날부터 리비아에서 대규모 군사작전을 시행해, 6개월 만에 8500회 넘게 리비아 곳곳을 폭격했다.

당시 리비아에서는 독재자 카다피가 민중 항쟁을 제압하려 하면서 내전이 발발했다. 서방은 이를 아랍 혁명에 개입할 기회로 삼았다. 당시 친서방 정부들뿐 아니라 한국의 〈한겨레〉·〈경향신문〉, 진보 정당인 진보신당·사회당도 비행 금지 구역 설정을 옹호했다. 그렇지만 서방 개입의 가장 큰 피해는 독재자에 맞서 투쟁한 수많은 민간인이 입었다.

리비아에 이어 비행 금지 구역이 설정된 시리아에서도 강대국들은 경쟁적으로 폭격을 했고, 오늘날 시리아는 전 세계에서 전쟁 난민이 가장 많이 나오는 나라가 됐다.

지난 사반세기 동안 비행 금지 구역 설정을 군사개입의 발판으로 삼은 미국이 군사 충돌의 위험성을 모를 리 없다. 그리고 이번 비행 금지 조처는 세르비아·이라크·리비아와 비교도 안 되게 강력하고 핵무기까지 보유한 러시아군이 대상이다. 그래서 바이든은 나토가 직접 우크라이나 영공에 비행 금지 구역을 설정하는 데는 난색을 표하고 있다.

그렇지만 이것이 곧 러시아에 군사적 타격을 가하는 것을 미국이 한사코 피할 것이라는 뜻은 아니다. 현재 미국과 서방 강대국들은 우크라이나 정부를 음양으로 지원함으로써 우크라이나군을 통해 러시아군과 싸우고 있다.

이번 전쟁 발발 전부터 서방 강대국들은 친서방 우크라이나 정부에 무기를 지원하고 있었다. 최근 미국은 폴란드 등 나토 회원국을 통해 우크라이나 정부군에 전투기를 제공할 계획을 추진하고 있다. 우크라이나 영공에서 러시아 전투기를 격추시킬 무기를 대겠다는 것이다.

미국이 전쟁에 더 직접적으로 관여하고 있다는 폭로도 있다. 미국이 중동에서 벌인 군사개입을 추적해 온 중동 전문 매체《미들 이스트 아이》는, 이라크·아프가니스탄 등지에서 미군과 계약을 맺고 군사작전을 대행해 온 민간군사기업PMC들이 '의용군'(용병) 형식으로 우크라이나 국내에서 작전 중이라는 정황 증거들을 폭로했다. 다른 외신은 유럽 각국의 극우·파시스트 준군사 조직들이 이 '의용군'에 속해 참전 중이라고 보도하기도 했다.

한국 정부가 서방의 군사 지원에 발맞춰 우크라이나 정부군에 군수물자를 지원하려 드는 것은 위험천만한 일이다. 그런 지원은 우크라이나에서 충돌을 완화하는 것이 아니라 러시아의 응전을 도발해 더 많은 피를 흘리게 할 일이다.

제국주의 전쟁에 반대하는 모든 사람은 비행 금지 구역 설정이 더 심각한 전쟁(어쩌면 핵무기 보유국들 사이의 직접적 군사 충돌)을 초래할 위험한 조처라고 규탄해야 한다.

출처: 김준효, "비행 금지구역 설정 — 미·러 직접 충돌의 위험을 키우는 길", 〈노동자 연대〉 407호(2022년 3월 8일).

나토의 지원과 개입은 해결책이 아니다

나토 동맹국들은 나토의 제국주의적 영향력을 확장하고 국방비를 대폭 증액하는 데 우크라이나 전쟁을 이용하고 있다. 나토는 동유럽에 무기와 병력을 쏟아붓고 있다.

나토의 목적은 우크라이나인을 해방하는 것이 아니라, 우크라이나를 자신의 장기짝으로 만들려는 것이다. 그들은 평범한 사람들이 푸틴의 침략에서 느끼는 지극히 정당한 공포와 혐오를 자신들의 목적에 이용하려 한다.

2022년 초 3400명 규모였던 리투아니아·라트비아·에스토니아의 나토 병력은 머지않아 거의 2배로 늘어나 6000명 이상이 될 것이다. 영국 병력 약 1000명이 이미 에스토니아에 도착했다. 영국은 또한 연안경비함 '트렌트'와 구축함 '다이아몬드'를 보내, 지중해 동부에서 헬리콥터 '멀린', 해상초계기 'P8 포세이돈' 등을 동원한 나토 군사훈련을 진행했다.

미국은 최근 폴란드와 루마니아에 5000명의 병력을 추가 배치했다. 프랑스군은 루마니아로 이동 중이고, 슬로바키아에 배치될 새로운 나토 전투단이 구성되고 있다. 이 전투단에는 1500명의 병력이 포함될 것이다.

미국 바이든 정부는 폴란드 전투기를 우크라이나에 제공하는 안을 폴란드 정부와 논의 중이다. 이에 따르면 우크라이나는 폴란드에게서 러시아제 전투기를 받고, 폴란드는 이후 미국에게서 F-16 전투기를 제공받게 된다.

나토가 이 정부들을 지원하는 것은, 러시아에 맞선 전선을 유지하는 데 이 정부들이 유용하기 때문이고, 또 이들이 서방의 요구에 따를 것이기 때문이다. 나토는 방어적인 군사동맹이 아니다. 나토는 서방의 요구를 관철시키기 위한 목적으로 만들어졌다. 그 일환으로 나토는 우크라이나 정부에 대대적인 군사 지원을 하고 있다. 이는 우크라이나를 나토의 전 세계적 프로젝트에 종속시키기 위한 목적이다.

2월 23일 나토는 성명에서 다음과 같이 밝혔다. "수많은 대전차무기와 대공미사일, 소형 화기와 탄약을 우크라이나로 보냈다. 또 나토 동맹국들은 우크라이나군을 위한 의료 물자를 포함한 거액의 재정적·인도적 지원을 제공했다."

나토 30개 회원국 중 절반 이상이 우크라이나에 무기를 제공했다. 나토는 다음과 같이 밝혔다. "벨기에·캐나다·체코·에스토니아·프랑스·독일·그리스·라트비아·리투아니아·네덜란드·폴란드·포르투갈·루마니아·슬로바키아·슬로베니아·영국·미국이 우크라이나에 군사 장비를 이미 보냈거나, 보낼 예정이다. 우크라이나는 이미 나토 동맹국들로부터 거액의 재정 지원 외에도 재블린 미사일, 대공미사일 등 중요한 무기들을 받았다."

나토의 무기 지원에는 대가가 따른다. 바로 서방의 요구에 무조건적으로 따라야 한다는 것이다. 러시아에 침공당한 정부가 모두 이런 지원을 받는 것은 아니다. 러시아가 체첸을 분쇄했을 때, 체첸은 어떤 지원도 받지 못했다.

서방 정부들이 러시아의 특별히 잔혹한 방식에 가끔 이의를 제기하긴 했지만, 1994~1996년 첫 번째 체첸 전쟁 때는 러시아를 공개 지지했다. 서방 정부들은 체첸의 독립선언을 인정하지 않았다. 이 전쟁으로 최대 10만 명의 민간인이 사망했다. 결국 이 전쟁은 체첸의 수도 그로즈니가 파괴되는 것으로 끝났다. 러시아군 장성이자 역사가인 드미트리 볼코고노프에 따르면 러시아군의 폭격으로 어린이 5000명을 포함해 약 3만 5000명이 죽었다.

서방에 친화적인 보리스 옐친이 대통령직에서 사임한 후인 1999~2000년 2차 체첸 전쟁에 와서야, 일부 서방 국가가 체첸 전쟁을 비난했다. 그때조차 체첸인들에게 무기를 지원한 것은 아니다. 당시 서방에서 체첸을 지원했다가는 "테러리스트"로 몰려 감옥에 갇힐 수 있었다. 당시 영국 노동당 정부의 총리 토니 블레어는 모스크바를 방문해 푸틴에게 지지를 표했다.

나토의 지원으로 대담해진 우크라이나 대통령 젤렌스키는 우크라이나 전역을 비행 금지 구역으로 설정하라고 줄기차게 요구하고 있다. 비행 금지 구역을 설정하면 나토군은 러시아 항공기를 격추하게 될 것이고, 이는 핵무장 열강 간의 제3차세계대전을 여는 신호탄이 될 수 있다.

젤렌스키는 우크라이나의 나토 가입을 속히 추진해 달라고 나토에 요구했다. 그리고 나토가 우크라이나의 가입을 거부하더라도 서방 국가들에게 군사개입 약속을 요구하겠다고 고집했다. 이런 행보는 향후 훨씬 더 위험한 전쟁이 벌어질 가능성을 키우는 무모한 행위다.

우리는 러시아의 우크라이나 침공에 반대한다. 그리고 이 침공이 패배해 푸틴의 제국주의에 타격이 되길 바란다. 푸틴의 침략군은 전쟁에 반대하는 러시아 대중과 사병들의 반란, 나토 열강에 독립적인 우크라이나인들의 운동이 결합돼서 패배하는 것이 가장 좋다.

이는 불가능한 일이 아니다. 체포, 구속 또는 그보다 더한 일을 당할 위험에도 불구하고 용감하게 자국 정부에 반대하는 러시아인들에게서 모두 배워야 한다. 이들이 우리의 모범이다. 그리고 우크라이나 남부의 헤르손 등 러시아 점령지에서 수백, 어쩌면 수천 명이 용감하게 거리 시위에 나섰다. 대중 시위는 러시아 병사들을 동요하게 하고 점령에 맞선 조직의 기반을 다질 커다란 잠재력이 있다.

그러나 우크라이나가 나토에 종속되면 될수록, 우크라이나가 자유로워질 가능성은 줄어든다. 설사 러시아군을 몰아낸다 하더라도 말이다. 그렇게 얻은 승리는 우크라이나 민중이 아니라 서방 군대의 승리가 될 뿐이다. 전쟁 확대는 평범한 우크라이나인들에게 아무런 도움이 되지 않을 것이다. "뭔가 해야만 한다"고 하면서 나토만이 유일한 답이라고 말하는 이들에게, 우리는 나토의 개입이 상황을 악화시킬 것이라고 말해야 한다.

나토와 더 광범한 서방세계가 유고슬라비아에서 1999년에, 아프가니스탄, 이라크, 리비아에서 벌인 무자비한 공격으로, 세계는 강대국 지배계급이 자신의 제국주의적 목표를 위해 다른 나라를 짓밟는 그런 곳이 됐다. 푸틴도 그 길을 따르려는 것이다.

그래서 우크라이나에서 러시아군의 철수를 요구하면서도 나토의 구실을 규탄하는 것이 매우 중요하다. 또한 각국 정부가 의료·교육을 긴축하고 임금을 삭감하면서도, 전쟁을 위해서는 거액의 자금을 쓴다는 사실도 폭로해야 한다.

여러 해 동안 쏟아진 서방의 무기

우크라이나에 대한 서방의 군사적 지원은 장기적 프로젝트다.

얼마 전 발표된 영국 하원의 조사 보고서는 서방이 무기 지원을 늘리면서 우크라이나 정부를 부추겨 왔다는 사실을 분명하게 보여 준다. 그 무기 지원 프로그램을 보면, 왜 우크라이나 지도자들이 나토에 비행 금지 구역 설정과 그 밖의 직접적인 군사적 지원을 줄기차게 요구하는지 알 수 있다. 이전에도 우크라이나 지도자들은 계속 요구했고 결국 원하는 것을 받아 냈다.

과거에는 공공연하게 넘겨줄 수 없었던 첨단 살상 무기들을 이제 현재의 위기 덕분에 대놓고 전달할 수 있게 됐다.

보고서에 따르면, 2014년 러시아의 크림반도 병합 이후 "우크라이나 정부의 요청에 따라, 서방 동맹국들은 지원을 크게 늘렸다. 우크라이나군에 대한 군사 지원이 핵심이었다." 처음에는 이 모든 것이 "비살상적" 지원이라고 했다. 그러나 2021년 "영국 등의 국가가 우크라이나에 방어용 살상 무기를 처음으로 제공하기 시작했다."

2022년 1월 30일, 영국 정부는 우크라이나에 "대전차미사일 2000기를 제공했었다"고 밝혔다. 영국 정부는 함대를 흑해 지역으로 보내 우크라이나 해군과 여러 차례 합동 군사훈련을 했다. 최근에는 2021년 여름 '코사크 메이스' 합동훈련이 있었다.

또한 2021년 6월에는 디펜더함이 흑해에 머무르며 "우크라이나와 역내 나토 동맹국들과의 연대를 드러내 보였다." 이 때문에 러시아 해군과 전투가 벌어질 뻔했다. 러시아 국방부는 [디펜더함이 영해를 침범해] 경고 사격을 했다고 발표했다.

이 보고서는 우크라이나에 대한 미국의 군사 지원도 자세하게 설명한다. 미국은 영국보다 더 빨리 무기 지원으로 전환됐다. "1990년대 초부터 우크라이나는 미국의 해외 군사 지원의 주요 수혜국이었다. 독립 후 첫 10년간, 우크라이나는 약 26억 달러에 이르는 지원을 받았다. … 미국 의회조사국은 충돌이 시작된 2014년 이래 미국이 우크라이나에 25억 달러 이상의 안보 원조를 제공했다고 추산했다."

트럼프는 무기 지원을 늘리면서, 우크라이나 정부의 군사력 강화를 부추겼다. "2018~2019년에 미국은 우크라이나에 재블린 대전차 미사일을 제공했다. 미국은 저격 소총, 로켓 추진 유탄 발사기와 퇴역한 미 해안경비대 초계함 두 척을 우크라이나 해군에 제공하기도 했다."

바이든 정부에서도 군사 지원은 늘었다. "2021년 3월 1일 미국 국방부는 우크라이나에 대한 1억 2500만 달러 규모의 추가 군사 지원 계획을 발표했다. 미국 국방부는 '이것은 우크라이나가 러시아의 침공에 맞서 스스로를 더 효과적으로 방어하도록 방어용 살상 무기를 제공하겠다는 미국의 약속을 재확인하는 조처'라고 발표했다. …
여기에 더해 우크라이나 안보 지원 계획을 위한 1억 5000만 달러의
추가 예산이 2021년 6월 발표됐고, 뒤이어 2021년 9월 재블린 대전
차미사일을 비롯한 살상·비살상 장비를 지원하는 6000만 달러 규
모의 계획이 발표됐다."

보고서는 타당하게도 다음과 같이 인정한다. "러시아는 우크라이
나에 대한 서방의 군사 지원이 러시아에 대한 도발이라고 밝히고,
서방이 우크라이나 동부 지역의 군사력 증강을 지원해 2014~2015
년 이곳에서 벌어진 충돌에 대한 정치적 해법의 기반이 된 민스크
협정을 무너뜨리고 있다고 비난했다."

그럼에도 서방은 무기 공급을 중단하지 않았다. 왜냐하면 우크라
이나 군사 지원은 서방의 영향력을 강화하는 것에서 핵심이었기 때
문이다.

트럼프 정권 에너지부 장관과 젤렌스키의 거래

트럼프 정권은 젤렌스키 정부에 군사 지원을 하는 동시에 경제적
유대 관계도 맺었다.

2018년 미국 에너지부 장관 릭 페리는 우크라이나가 [가스 수출로]
"유럽판 텍사스"가 될 잠재력이 있다고 말했다. 그리고 이듬해 페리
의 가까운 정치적 후원자 2명이 좋은 수익이 예상되는 석유·가스
탐사 계약을 우크라이나 정부에게서 따냈다. 이는 젤렌스키의 새 정
부가 미국의 군사 지원을 요청하는 와중에 일어난 일이다.

젤렌스키의 취임식에 페리가 참석하고 한 달이 조금 지나자마자, 우크라이나는 페리의 후원자들에게 이 계약을 선물했다. 취임식 후 회담에서, 페리는 젤렌스키에게 에너지 고문으로 추천하는 사람들의 명단을 건넸다. 명단에 적힌 4명 중 1명은 페리의 오랜 정치적 후원자인 마이클 블레이저였다.

일주일 후 블레이저와 그의 파트너 알렉스 크랜버그는 우크라이나 정부가 통제하는 바르빈스카 지역에 대한 석유·가스 시추 계약에 입찰했다. 그들의 입찰가는 다른 유일한 경쟁자보다 수백만 달러 낮았다. 그럼에도 그들이 만든 새로운 합작 벤처기업 '우크라이나 에너지'는 50년 시추 계약을 따냈다.

떼돈 버는 군수 기업들

부자들에게 전쟁은 돈벌이 기회다. 독일이 2022년 국방 예산을 1000억 유로[약 125조 원] 증액하겠다고 발표하자 군수 기업들의 주가가 폭등했다. 군수 기업 레이시언테크놀로지는 지난 한 달 동안 시장가치가 6퍼센트 뛰었다. 레이시언테크놀로지는 휴대용 로켓 미사일인 '스팅어' 미사일을 제조하는 기업이다. 나토에 장갑차를 공급하는 독일 군수 기업 라인메탈은 시장가치가 30퍼센트 이상 뛰었다. 영국의 주요 무기 제조 기업 BAE시스템스는 주가가 역대 최고치를 기록했다. 지난 한 달 동안 BAE시스템스 투자자들은 수익이 26퍼센트 뛰었다. BAE시스템스의 자산 가치는 약 30억 파운드[약 4조 8500억 원] 늘었다. 방산 기업 엘빗시스템스도 주가가 급등했다. 엘빗시스템스는 이스라엘 최대의 민간 방산 기업으로 러시아의 우크라이나 침공 이틀 만에 주가가 18퍼센트 뛰었다.

　서방 정부들은 사이버 전쟁 지출도 늘리고 있다. 투자회사 클리어브리지인베스트먼트의 애널리스트 힐러리 프리시는 다음과 같이 말했다. "새로운 위협을 알리는 선언이나 해킹, 랜섬웨어 공격은 언제나 기업 등의 조직에게 사이버 보안 기업에 투자하라고 하는 광고나 다름없다."

출처: Charlie Kimber, "Why Nato arms aren't the answer to Russia's brutal invasion", *Socialist Worker* 2794(04 March 2022).

서방이 '전쟁범죄'를 막을 수 있을까?

러시아군이 우크라이나의 도시 부차에서 저지른 학살의 증거가 나오자 미국 대통령 바이든은 다시금 러시아 대통령 블라디미르 푸틴에게 "전범" 딱지를 붙였다. 영국 총리 보리스 존슨은 부차 학살이 전쟁범죄의 "또 다른 증거"라며 "전범 재판"을 열라고 촉구했다. 영국 외무부 장관 리즈 트러스는 영국이 앞장서서 국제형사재판소가 우크라이나에서의 전쟁범죄를 수사하도록 만든 일은 "역사상 최대 규모의 국가 회부 사건"이라고 전했다.

그러나 바이든이 그렇게 확신에 차 있었던 것만은 아니다. 2022년 3월 16일 기자들이 푸틴이 전범이냐고 묻자 바이든은 "아니요"라고 답했다. 바이든은 그렇게 대답하고 자리를 뜨려다 기자들에게 다시 물어보라고 했다. 그러고는 "푸틴은 전범이 맞는 것 같습니다" 하고 답했다. 이 사건은, 그리고 바이든이 결정을 내린 방식은 제국주의가 전쟁범죄 혐의를 어떻게 이용하는지 잘 보여 준다.

전쟁범죄는 단지 전쟁 중에 벌이는 끔찍한 살육이 아니다. 그런 일은 거의 모든 충돌에서 벌어진다. 전쟁범죄를 판단하는 역사적 근거는 침략 전쟁을 벌이고 "평화를 위반한 죄"를 저질렀다는 것이다

(제2차세계대전 이후 나치 지도자들을 처벌하기 위해 열린 뉘른베르크재판에서 그랬던 것처럼 말이다). 그런데 이렇게 보면 바이든의 위선이 금세 뚜렷하게 드러난다. 미국의 이라크 침공과 아프가니스탄 침공, 나토의 리비아 공격이야말로 침략 전쟁의 사례 아닌가? 서방 제국주의자들은 적대국을 무장해제하려고 행동한 것이라고 둘러댈지도 모른다. 그러나 푸틴도 똑같이 둘러댈 수 있다.

자기보다 약한 적들에게 가장 현대적인 죽음의 기술을 펼쳐 보이는 제국주의 전쟁은 언제나 야만적 수단을 동원해 기존 사회를 파괴한다. 제국주의 전쟁은 수십 년이 지나도 지워지지 않는 상처를 남기기도 한다. 19세기에 현대 제국주의가 시작된 이래 전쟁범죄가 벌어지는 것은 필연이었다. 식민 지배 열강은 자신의 동기를 인도주의적 미사여구로 애써 은폐하려고도 하지 않았다. 강력한 문명이 하찮은 문명을 지배할 수 있다는 노골적인 인종차별적 언어가 그들의 동기를 정당화했다.

전쟁범죄를 조사하는 국제형사재판의 성격은 전 유고슬라비아 대통령 슬로보단 밀로셰비치의 재판에서 선명하게 드러났다. 밀로셰비치는 세르비아 지배계급의 한 분파를 이끌며 적개심 가득한 민족주의를 이용해 노동자들의 분노를 자기 정권이 아닌 엉뚱한 데로 돌리려 한 자다. 밀로셰비치는 코소보에 사는 알바니아계 사람들을 대상으로 한 인종차별적 군사작전을 벌였고 1990년대에 그의 군대는 끔찍한 살육을 저질렀다. 그러나 나토군 또한 1999년에 78일 동안 세르비아를 폭격하며 무자비한 살상을 벌였다. 휴먼라이츠워치에 따르면 나토의 폭격으로 민간인이 최대 528명 사망했지만, 이 폭격으로

[전범] 재판을 받은 자는 아무도 없다. 반면 밀로셰비치는 반인륜적 범죄, 집단 학살, 전쟁범죄 등 66건의 혐의로 헤이그 국제형사재판소에 회부됐다. 그렇지만 미국은 미군이 기소될 때는 국제형사재판소를 인정하지 않는다. 서방 지도자들이 푸틴을 전범으로 규탄하는 것은 더 큰 그림의 일부다. 즉, 자신들의 최대 경쟁자 중 하나를 상대하는 전쟁의 수위를 더 끌어올리는 것에 대한 지지 여론을 쌓아가는 프로젝트의 일환이다. 푸틴이 전범이라면 ['테러와의 전쟁'을 벌인] 영국 전 총리 토니 블레어, 미국 전 대통령 조지 부시, 버락 오바마 등도 전범이다. 전쟁범죄에 대한 조사는 우크라이나에서만이 아니라 아부 그라이브와* 관타나모에서도** 해야 마땅하다. 마리우폴의 파괴는 이라크 팔루자의*** 파괴와 나란히 놓고 봐야 한다.

전쟁 규칙은 누가 정하는가?

제국주의자들과 식민 지배자들은 자신들의 이익을 지키기 위해 현대의 전쟁 규칙을 정했다. 전쟁이 산업화되고 대륙을 넘어 전 세

---

* 아부 그라이브 교도소 2000년대 초 미국이 이라크를 점령하고 이용한 감옥. 수감자에 대한 끔찍한 학대와 고문 사실이 2004년에 폭로됐다.

** 관타나모 수용소 쿠바 관타나모 미국 해군기지 안에 있는 수용소. 2000년대 초 '테러와의 전쟁'을 벌이던 미국은 테러리스트로 의심되는 사람들을 적법한 절차도 없이 이곳에 가두고 고문을 자행했다.

*** 팔루자 학살 2004년 미국이 이라크의 도시 팔루자를 공격해 민간인 수백 명을 죽인 사건.

계로 퍼지자 전쟁 규칙이 필요해졌기 때문이다. 역사가 기록할 만한 대규모 살육에 대해 어느 정도 책임을 져야 했기 때문에, 제국주의 자들은 자신들이 통제할 수 있는 규칙을 정하는 식으로 대응했다.

헤이그 협약은 1899년과 1907년에 열린 만국평화회의에서 채택된 국제조약들로, 1864년부터 1949년까지 [네 차례에 걸쳐] 채택된 제네바 협약과 더불어 전쟁의 허용치를 설정했다고 여겨진다. 제1차세계대전 종전 이후 열린 라이프치히 재판을 통해 전쟁범죄에 대한 국제적 정의가 도출됐고, 이는 계속 수정돼 왔다. 1921년에 이 전쟁범죄에 대한 규약이 실제로 적용돼, 소수의 독일 군인과 군부 지도자들이 재판을 받았다.

전쟁범죄 개념은 제2차세계대전 종전 이후에 더욱 수정됐다. [런던 헌장으로도 불리는] 뉘른베르크 헌장에서는 추축국이 재판을 받을 근거가 마련됐다. 승자가 전쟁범죄와 반인도적 범죄를 정의하도록 한 결과, 승전국은 스스로 범죄 혐의를 벗을 수 있게 됐다. 나치 지도자들은 합당한 재판을 받았다. 그러나 일본에 핵폭탄을 떨어뜨려 수많은 민간인을 죽인 사람들은 처벌받지 않았다. 네덜란드 헤이그에 있는 국제형사재판소는 2002년에 설립됐다. 국제형사재판소는 과거의 협약과 의정서를 수정해 제네바 협약에 위반되는 행위 23개 항목을 식별했다.

고문, 인질 억류, 소년병 징집, 점령 지역 내 정착, 유독성 무기 사용 등이 여기에 포함된다. 따라서 이스라엘이 국제형사재판소를 비판한 것은 놀라운 일이 아니다. [그러나] 국제형사재판소에 기소된 46명 중 서구 출신자는 한 명도 없다. 그렇다면 어떻게 나아가야 하는

가? 1905년 러시아 상트페테르부르크에서 비무장 시위대가 차르의 제국 근위대가 쏜 총에 맞아 사망했다. 러시아인들은 차르가 국제 법원에서 처벌될 때까지 기다리지 않았다. 러시아인들은 대규모 파업과 시위를 조직했고 결국 1917년 러시아 혁명을 일으켰다.

누가 집단 학살을 정의하는가?

보리스 존슨은 우크라이나에서 일어난 사건이 "내게는 집단 학살genocide과 달라 보이지 않는다" 하고 말했다. 그러나 인류에 대한 최악의 범죄인 집단 학살은 어떻게 정의되는가? 이 용어는 1943년 유대계 폴란드인 변호사 라파엘 렘킨이 처음 사용했다. 나치가 유대인, 로마인, 신티인[주로 독일에 거주한 일부 로마인 집단], 장애인을 조직적으로 학살하던 때였다. 유엔의 '집단학살죄의 방지와 처벌에 관한 협약'은 1948년에 집단 학살을 "민족, 종족, 인종 또는 종교 집단의 전체 혹은 일부를 파괴할 의도로 저지른 행위"로 정의했다.

이 정의는 홀로코스트, 1994년에 르완다에서 벌어진 대규모 살상, 제1차세계대전 중 벌어진 아르메니아인 집단 학살에는 분명히 적용됐다. 그렇지만 언제 이 정의가 적용되는지는, 제국주의 열강이 군사적 행동을 원하는지에 달려 있다. 예를 들어, 미국은 1993~1994년 르완다에서 일어난 사건에 대해 집단 학살이라고 언급하려는 시도를 의도적으로 가로막았다. 미국은 이미 르완다에 파병된 유엔 '평화유지군' 대부분을 철군하고자 했고, 결국 성공했다.

유엔 평화유지군의 추가 파병은 이 때문에 가로막혔다. 미국은 행동하고 싶지 않았기 때문에 집단 학살이라는 말을 피했다. 사실 미국과 영국은 "집단 학살과 다를 바 없는" 범죄에 연루돼 있다. 미국은 원주민 집단 학살 위에 세워진 국가다. 유럽 출신 정착민에게 밀려난 일부 아메리카 원주민 집단의 인구는 1900년까지 최대 98퍼센트 감소했다. 영국 제국의 잔학 행위로 여러 소수민족이 전멸하다시피 했다. 예를 들어 영국은 인도가 계속 식량 수출을 하게 하려고 최대 2900만 명의 인도인을 굶주리게 한 일이 있다.

출처: Sam Ord, "'War crimes' flow from the logic of imperialist attacks", *Socialist Worker* 2800(08 April 2022).

러시아 제재가 기후 위기 해결에 도움 될까?

푸틴의 우크라이나 침공 이후 세계 곳곳에서 전쟁 반대 목소리가 터져 나왔다. 국제 기후 운동 단체와 환경 운동가도 전쟁에 반대하는 목소리를 내고 있다. 지구와 인류의 미래를 걱정하는 사람이라면 누구나 당연히 이 전쟁에 반대해야 한다.

그런데 기후 운동 내 일각에서는 러시아의 석유·가스 수출을 차단해 푸틴의 전쟁을 끝내야 한다는 목소리도 나오고 있다. 그렇게 함으로써 화석연료 이용도 줄이고, 푸틴의 자금줄을 차단해 전쟁도 끝낼 수 있다는 것이다.

'우크라이나와 함께Stand with Ukraine'라는 제목의 성명에는 다양한 단체가 연명했는데, 그린피스와 350.org처럼 유명한 국제 기후 운동 단체도 여기에 이름을 올렸다. 일부 나라에서는 '미래를 위한 금요일'이나 멸종반란의 지역 조직들도 동참했다. 한국에서는 기후위기비상행동과 기후솔루션이 참여했다.

우크라이나 환경 운동가들의 발의로 시작된 것으로 보이는 이 성명은 러시아를 "이번 전쟁의 유일하고 명백한 호전 세력"이라고 규정하고는 "모든 비폭력 수단을 동원해" 러시아를 막을 것을 "유럽연합·미국·캐나다·중국·인도·일본·한국 등 러시아산 석유와 가스를 수입하는 모든 국가"의 "정치적 대표"들에게 촉구했다.

먼저, 러시아만을 유일한 호전 세력이라고 보는 것은 옳지 않다. 미국과 서유럽 강대국들은 수십 년에 걸쳐 자신들의 군사동맹인 나토를 동유럽으로 확장해 왔을 뿐 아니라 러시아와 직접 국경을 마주한 우크라이나에도 무기를 공급하며 나토 가입을 추진해 왔다.

이런 상황에서 전쟁 당사자들 중 한쪽에게 상대측에 대한 제재를 촉구하는 것은 사태를 해결하기는커녕 악화시킬 뿐이다.

실제로 미국은 이 성명이 발표된 지 나흘 뒤인 3월 8일 러시아산 석유 수입 금지 조처를 내렸다. 그 즉각적인 효과로, 전부터 오르고 있던 국제 유가가 한층 더 가파르게 상승하고 있다. 이는 러시아뿐 아니라 전 세계의 수많은 평범한 사람에게 악영향을 끼친다. 빈국과 저소득층, 취약 계층에는 치명타가 될 것이다.

한편, 푸틴은 석유·가스 등 에너지는 물론 각종 원자재 수출도 금지하는 것으로 응수했다. 사실 푸틴이 이런 제재를 예상하지 못하고 전쟁을 벌였을 리도 없고, 이런 제재에 무기력하게 무릎을 꿇을 것이라고 보기도 어렵다.

설사 러시아 대중이 이런 조처로 고통을 겪을지라도 그 자체가 푸틴이 전쟁을 중단하게 만들지는 못한다. 러시아 대중이 그 고통의 원인이 푸틴에게 있다고 확신한다면 푸틴에게 맞설 가능성이 있지만, 그것은 아래로부터 반전운동이 얼마나 강력해지는지에 달려 있는 것이지 고통의 강도에 좌우되는 것이 전혀 아니다. 오히려 서방의 제재는 러시아에서 외세에 맞서 온 국민이 단결해야 한다는 주장을 뒷받침하는 효과를 낼 수 있다. 그러면 푸틴은 국내의 반전운동을 탄압하기에도 유리해질 것이다.

미국 등 서방의 러시아 석유 수입 금지 조처가 세계적 수준에서 온실가스 배출량 감축으로 이어지기도 어려울 것이다. 성명에서는 러시아 석유 수출을 막고 유럽 다른 나라도 화석연료 의존을 줄여야 한다고 주장한다.

그러나 앞서 언급한 성명에서 수입 중단을 촉구한 나라들이 배출하는 온실가스양은 전 세계 배출량의 59퍼센트를 차지하고, 러시아가 배출하는 온실가스양의 11배에 이른다. 무엇보다 석유와 가스는 미국의 거대한 군대를 운영하는 "자금줄"이기도 하고, 이들은 러시아 기업이 쫓겨난 석유 시장을 서방의 석유 기업들이 차지하게 할 것이다.

실제로 세계 최대 석유 기업들은 바이든의 러시아산 석유 금수 조처에 대처하기 위해 원유 생산량을 늘리겠다고 밝혔다. 영국 보수당 정부도 에너지 의존을 줄이겠다며 북해 원유 생산과 핵발전 증대 의사를 내비쳤다. 불과 다섯 달 전에 있었던 기후정상회의의 미사여구는 흔적도 없이 사라졌고, 영국의 보수 언론들은 "마침내, 보리스 존슨이 에너지에 관한 녹색 교리에서 벗어났다"고 환호했다.

바이든은 취임 직후 화석연료 사용을 줄이겠다고 약속했지만 지난 1년 동안 국유지에서 석유 가스 생산을 위한 시추 건수는 트럼프 시절과 크게 다르지 않았다. 바이든이 임기 초에 약속한 기후 대응 예산은 의회 협상을 거치며 4분의 1로 줄어들어 국방 예산보다도 적어졌다. 그조차 통과 여부는 불확실한 상태다.

따라서 제국주의 열강 사이의 충돌이 낳는 비극을 끝내기 위해서도, 기후 위기를 멈추기 위해서도 필요한 것은 러시아 푸틴과 서방 지배자들 모두에 맞서는 아래로부터의 운동이다.

특히, 한국의 반전운동과 기후 운동은 이 성명에서 한국이 특별히 지목됐음에 주목할 필요가 있다. 그만큼 한국의 제재 동참이 제국주의 경쟁을 격화시키는 데서 작지 않은 구실을 하고 있다는 얘기다. 또한 한국의 화석연료 사용이 기후 위기를 심화시키고 있음도 보여 준다. 따라서 한국의 반전운동과 기후 운동 앞에 놓인 당면 과제는 한국 정부가 그런 구실을 하지 못하도록 저지하는 것이다. 러시아 철군을 요구하는 동시에, 서방과 한국 정부의 위선적인 러시아 제재에도 반대해야 하는 이유다.

출처: 장호종, "서방의 러시아 제재가 기후 위기 해결에 도움이 될까?", 〈노동자 연대〉 408호(2022년 3월 15일).

8장
전쟁에 개입하는 한국 정부

제재 동참으로 긴장 고조에 일조하는
한국 정부

2022년 2월 23일 청와대가 미국의 러시아 제재에 동참할 가능성을 시사했다.[*]

그 전날 새벽(한국 시각) 러시아 대통령 푸틴은 우크라이나 동남부 돈바스 지역에 병력 투입 명령을 내렸고, 다음 날 새벽 미국은 러시아 국채 거래 금지, 러시아 주요 은행 2곳과의 거래 금지, 우크라이나 동남부의 도네츠크인민공화국·루한스크인민공화국과의 무역 금지 등을 발표했다. 유럽연합과 일본도 제재에 동참했다. 더불어 미국은 노르트스트림2 가동을 금지하겠다고 발표했고, 대對러시아 교역 추가 제재도 시사했다. 여기에 에너지·반도체 교역 금지가 포함되리라는 관측이 많다.

앞서 2월 12일 외교부 장관 정의용이 미국 국무부 장관 블링컨을

---

[*] 이 글은 한국 정부의 러시아 제재 동참 결정 전 쓰인 것으로, 2월 28일 정부는 결국 러시아 제재에 동참했다.

만나 "러시아의 우크라이나 공격에 맞선 신속하고 효과적인 공동 대응"에 뜻을 모은 바 있다. 미국은 제재에 동참할 것을 한국에 요구하고 있다. 2월 23일 청와대는 "미국 등 각국의 대응이 어찌 될지에 따라 우리 대응도 조정될 것"이라고 했다. 지금 당장 제재 조처를 내리지는 않으나, 이후 상황에 따라 태도를 달리할 수 있다는 것이다. 우파들은 이에 만족하지 않고 '지금 당장 제재에 동참하라'고 정부에 촉구하고 있다. 윤석열은 우크라이나 문제를 들어 "힘을 통한 평화" 추구, "한미 전략 동맹 강화"를 내세우기도 했다.

물론, 한국이 제재에 참여한다 해도 그 경제적 효과는 크지 않을 것이다. 그러나 미국이 러시아를 상대로 벌이는 동유럽 쟁탈전에서 한국이 미국을 편든다는 정치적 의미는 결코 작지 않다.

우크라이나에 대한 러시아의 위협은 제국주의적 행동으로, 동유럽 지배권 쟁탈전에서 미국보다 유리한 고지를 점하려는 의도다. 푸틴이 내세운 "평화 유지"가 허울일 뿐임은 누구나 안다. 그러나 미국을 편드는 것이 긴장 완화에 도움이 되지는 않을 것이다. 미국은 이런 첨예한 긴장을 조성한 당사자다. 소련 붕괴 이후 미국·서유럽은 미국 주도의 군사동맹 나토에 동유럽 국가들을 가입시키는 등 동유럽으로 영향권을 넓히며 러시아를 압박해 왔다. 이번 위기는 러시아가 우크라이나의 나토 불가입 보장을 요구하며 촉발된 것이지만, 미국도 러시아를 상대로 치킨 게임을 벌이며 긴장을 고조시켰다. 바이든은 러시아의 침공 위험을 부풀리며 푸틴을 부추기는 위험한 방식으로 심리전을 벌였다.

제재는 긴장을 키우는 데 일조할 것이다. 미국이 "경제제재로 러시아의 군자금을 끊겠다"(바이든)고 발표한 지 하루 만인 2월 24일, 푸틴은 러시아군이 우크라이나 동남부에서 군사작전을 벌이겠다고 선포했다.

미국은 동유럽뿐 아니라 동아시아에서도 긴장을 키우는 당사자다. 우크라이나에서 고조되고 있는 미국과 러시아 사이의 긴장은 동아시아 불안정에도 영향을 줄 것이다. 현재 미국의 핵심 경쟁 상대인 중국은 우크라이나 문제에서 러시아를 지지하고 있다. 2월 4일 중국은 러시아와 대규모 에너지 수입 거래를 맺었고, 2월 19일 뮌헨안보회담에서 중국 외교부장 왕이는 "자국 안보에 대한 러시아의 합리적 우려를 유럽이 존중해야 한다"고 말했다. 중국은 대만 등을 둘러싸고 자신이 미국과 벌이는 갈등을 의식하며 이런 태도를 취하고 있다. 이런 상황에서 한국이 "한·미·일 3국 동맹을 굳건히 해 공동의 도전에 맞서 협력"(블링컨-정의용 회담)하겠다며 대러 제재에 동참하는 것은, 미·중 갈등에 더 깊숙이 관여하는 위험한 일이 될 것이다. 한국 정부는 서방의 러시아 제재에 동참해서는 안 된다.

출처: 김준효, "한국 정부는 미국의 러시아 제재에 동참 말라: 제재 동참은 동아시아 정세도 더 긴장케 할 것", 〈노동자 연대〉 405호(2022년 2월 24일).

군수 지원은 서방 제국주의 편드는 것

　2022년 3월 4일 SBS는 국방부 고위 관계자의 말을 인용해, 문재인 정부가 우크라이나 정부에 "헬멧, 방탄조끼, 모포, 군화 등 비살상 군용물자" 지원을 검토한다고 보도했다.[*] 앞서 문재인 정부는 미국이 주도하는 대對러시아 제재에 협력하고 있었다. 미국의 제재 대상인 러시아 은행 7곳과 자회사와의 거래를 중단했고, 러시아로의 전략물자 수출을 차단했다. 또한 국제 금융 결제망의 러시아 배제에도 동참하겠다고 했다.

　그러나 문재인 정부가 러시아 침공으로 고통받는 우크라이나 대중을 염려해 제재와 군수 지원을 하는 것은 아니다. 미국 등 서방 제국주의와의 동맹 관계를 고려해 결정했을 따름이다. 문재인 정부 스스로 우크라이나 문제에서 "책임 있는 국제사회의 일원"으로서 행동하겠다고 말하고 있다. 여기서 "국제사회"는 미국 중심의 강대국 질서를 의미한다.

---

[*]　이 글은 한국 정부의 군수품 지원 결정 전 쓰인 것으로, 3월 15일 정부는 "비무기체계 위주로" 군수물자를 지원하겠다고 발표했다.

이번 우크라이나 전쟁은 러시아와 우크라이나만의 전쟁이 아니다. 미국과 서유럽 강대국들이 깊숙이 개입해 있다. 우크라이나 정부 뒤에 그들이 있다. 소련 해체 이후 나토의 공격적 동진이 러시아를 자극했고, 이것이 우크라이나 전쟁의 주된 배경이 됐다. 푸틴이 그런 것처럼, 나토도 우크라이나를 러시아와의 경쟁에 필요한 장기짝으로 볼 뿐이다. 서방의 관심은 경쟁자인 러시아 제국주의를 패퇴시키고 우크라이나를 자신들의 세력권에 포섭하는 데 있다. 이 과정에서 우크라이나 대중의 운명이 어찌 될지에는 진심으로 신경 쓰지 않는다. 러시아 침공 위협이 수개월간 지속돼 왔는데, 평화적으로 갈등을 해결하기 위해 그들이 무엇을 했는가? 지금도 나토 국가들은 러시아의 최전선인 동유럽에 상당한 군대를 전진 배치해 놓았다. 지중해 동부에도 미군 항모 전단 등 나토 군함들이 있다.

나토의 제재, 무기 지원 등은 우크라이나 전쟁을 진정시키기는커녕 위험만 더 키우고 있다. 러시아 푸틴 정부는 핵전쟁까지 경고하면서 반발하고 있다. 서로 살상과 위협의 강도를 높이는 것이다. 지금 문재인 정부는 서방 제국주의의 이런 흐름에 보조를 맞추려고 군수 지원을 추진하는 것이다.

정부 관계자는 총 같은 살상 무기를 제외하고 "비살상용" 군수품을 우크라이나에 지원한다고 했다. 그러나 전쟁은 총과 대포만으로 하는 게 아니다. 식량, 모포, 트럭 등 온갖 물자가 동원돼야 한다. 전쟁을 지속하고 전투를 치르는 데 필요한 물자를 지원하면서, "비살상용" 운운하는 것은 어불성설이다.

3월 3일 대통령 문재인은 우크라이나 대통령 젤렌스키와 통화하면서 "굳건한 연대"를 표명했다. 그러나 우크라이나 정부도 국내에서 배타적 민족주의를 앞세워 러시아어 사용 주민을 차별했다. 그 주민들이 설사 친러 성향이라고 해도 자국 정부에 의해 차별받아야 할 이유가 되는가? 역대 우크라이나 정부가 추진해 온 나토 가입은 오래전부터 우크라이나 대중을 심각하게 분열시켜 온 쟁점이었다. 현 우크라이나 정부도 (서방과 러시아 제국주의에 비해 부차적이지만) 문제의 일부인 것이다.

문재인 정부의 군수 지원과 제재는 그 직접적 효과는 적을 수 있다. 그러나 서방 제국주의에 정치적으로 힘을 실어 주는 효과를 낼 것이다. 한국이 제재를 결정하자, 3월 1일 미국 대통령 바이든은 국정 연설에서 푸틴에게 전쟁 책임을 추궁하는 "자유세계" 국가들 중 하나로 한국을 언급했다. 바이든 정부가 우크라이나 문제로 동맹을 결집시키고, 한국 등의 협력을 자국 제국주의의 정당성을 강화하는 데 활용하고 있는 것이다. 바이든은 중국 포위 전략의 일환으로 '자유민주주의 대 권위주의' 운운하며 동맹을 규합해 왔다. 바이든은 이번 전쟁을 이 동맹을 다지는 기회로 삼으려 한다.

따라서 문재인 정부의 우크라이나 군수 지원에 반대해야 한다. 우리는 러시아 제국주의가 우크라이나 전쟁에서 좌절하기를 바라지만, 미국을 비롯한 서방 제국주의가 선한 편이라고 믿어서가 아니다. 그들이 이겨도 우크라이나에 진정한 평화와 안정, 번영을 가져오지 않을 것이다. 거듭 말하지만, 그들의 의도와 계획에 그런 목표는 없다. 무엇보다 우크라이나 전쟁으로 깊어진 제국주의 국가들 간의 갈등과 적대가 아시아에 미치는 부정적 영향(군비경쟁 격화 등)이 매

우 크다는 점에서, 문재인 정부가 한쪽 제국주의를 편드는 데 반대
해야 한다.

출처: 김영익, "문재인 정부의 우크라이나 군수 지원은 서방 제국주의 편드는 것", 〈노동자 연대〉 406호
(2022년 3월 5일).

전쟁 특수를 누리는 한국 무기 업체들

　러시아의 우크라이나 침공으로 한국산 무기의 해외 수출이 다시 한 번 주목받고 있다. 한국은 K9 자주포 등을 나토 가입국인 폴란드와 에스토니아에, 러시아의 인접국인 스웨덴과 핀란드에 판매한 바 있다. 한국산 무기가 실제 러시아와 나토의 군사적 대결에서 사용될 가능성이 있다. 2022년 1월 문재인은 중동 3개국 순방의 성과

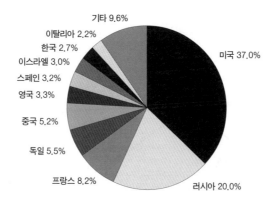

그림 6. 세계 무기 수출 시장 비중 현황

무기 수출 규모 세계 9위인 한국은 이스라엘·스페인·영국 등과
비슷한 규모로 무기를 수출하고 있다.

출처: 스톡홀름국제평화연구소(SIPRI)

로 K방산의 수출을 내세웠다. 이미 예멘 내전 등 실전에서 사용되고 있는 한국산 무기가 더 많은 고객과 전장을 찾아가고 있다.

한국의 무기 수출은 지난 10여 년간 꾸준히 증가해 왔다. 특히 문재인 정부하에서 급격하게 증가했다. 전 세계 무기 수출에서 한국이 차지하는 비율은 2010~2015년에 0.9퍼센트에서 2016~2020년 2.7퍼센트로 무려 3배로 늘었다. 같은 기간 방산 수출액은 37억 9800만 달러(약 4조 5500억 원)에 이른다. 현재 한국은 무기 수출 순위 세계 9위다. 스톡홀름국제평화연구소가 집계한 정보를 보면, 특히 한국산 고성능 무기의 수출 증가세가 가팔랐다. 2008년부터 2020년까지 무려 659퍼센트 증가했다.

무기 수출 증가세를 이끌고 있는 품목은 단연 K9 자주포다. 문재

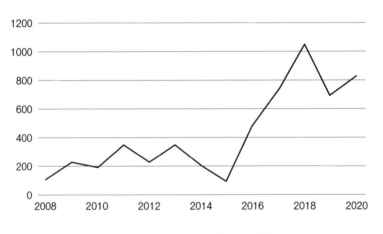

그림 7. 2008~2020년 한국 고성능 무기 수출 규모

단순 무기 수출액이 아닌 무기의 성능과 중고품 여부 등을 종합적으로 고려한 지수(TIV)는 급격하게 증가했다. 파괴력이 높은 고성능 무기일수록 지수가 높다.

출처: 스톡홀름국제평화연구소(SIPRI)

인의 중동 순방 성과로 언급되는 이집트와의 K9 자주포 수출 계약
은 2조 원 규모로, 역대 최고 무기 수출액을 기록했다. K9 자주포는
2001년 터키 수출을 시작으로 폴란드, 핀란드, 인도, 노르웨이, 에스
토니아, 호주, 이집트에 이르기까지 광범한 지역의 다양한 국가에 판
매됐다.

한편 세계 1위 무기 수입국인 사우디아라비아도 한국산 무기를
적극적으로 구입하고 있다. 사우디는 예멘 내전 개입 문제로 2021년
1월 이후 미국산 무기 수입이 금지된 데다, 최근에는 우크라이나 전
쟁으로 러시아산 무기 구매가 어려워지자 한국산 무기에 관심을 보

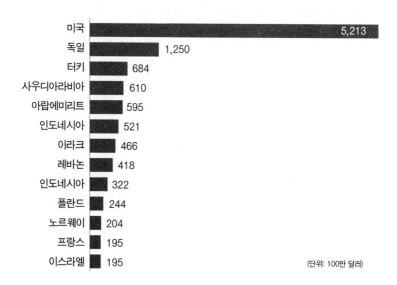

미국 5,213
독일 1,250
터키 684
사우디아라비아 610
아랍에미리트 595
인도네시아 521
이라크 466
레바논 418
인도네시아 322
폴란드 244
노르웨이 204
프랑스 195
이스라엘 195

(단위: 100만 달러)

그림 8. 2001~2020년 한국의 무기 수출 대상국

중동의 분쟁 지역에 개입하는 터키·사우디·아랍에미레이트 등으로
무기를 수출하는 한국 정부

출처: 유엔 세관 데이터(UN Comtrade)

이고 있다고 한다. 2022년 3월 9일에는 한화디펜스가 사우디 국방부와 1조 원에 이르는 무기 수출 계약을 따냈다는 보도가 나왔다. 사우디 방위사업청은 자국 수도에서 2022년 처음으로 국제방산전시회를 개최했는데, 한국에서는 LIG넥스원 등 다수 업체가 참가해서 각종 미사일과 로켓, 정찰·타격 드론 등을 전시했다. 이 기업들의 마케팅을 지원하기 위해 방위사업청장 등 문재인 정부의 대표단도 참석했다. 사우디는 예멘 후티 반군이 발사하는 미사일과 드론을 격추할 대공 방어 시스템을 찾고 있다. 사우디가 개입한 예멘 내전에서 이미 30만 명이 넘는 예멘인들이 사망했고, 1000만 명이 넘는 사람들이 기근과 물 부족 등으로 위기에 처해 있다.

한국의 무기 수출은 사우디와 이집트 같은 최악의 반인권 정권에 그치지 않는다. 방위사업청은 우방국이라는 이유로 이스라엘에 1000건 이상의 전략물자 수출 허가를 승인한 바 있다. 유엔 세관 데이터를 보면, 2015~2020년 대이스라엘 무기 수출은 2009~2014년보다 22퍼센트 증가했다. 문재인 정부 4년간 대이스라엘 무기 수출액은 2344만 달러(265억 원)로, 박근혜 정부 4년간 수출액인 1019만 달러(116억 원)의 갑절이 넘는다. 문재인 정부가 이스라엘에 판매한 무기의 절반 이상은 폭탄, 수류탄, 어뢰, 지뢰, 미사일, 탄약 등 발사 무기류다.

이처럼 한국의 방위산업과 무기 수출은 꾸준히 성장해 왔다. 특히 최근 우크라이나 전쟁 상황에서 한국 방산 기업들의 수익은 더욱 빠르게 증가하고 있다. 한반도 평화를 운운하며 집권한 문재인 정부는 서방 국가들이 공공연하게 판매하기를 꺼리는 분쟁 지역에까지 적극적으로 무기를 수출하는 위선을 보여 줬다. 이에 반해 한국이 무기를 판매한 지역에서 벌어지는 분쟁과 억압을 피해 한국을 찾은 난민들에게 한국 정부는 극도로 인색하다 못해 적대적이기까지 하다. 한국의 무기 수출이 급증했던 2010~2020년 한국의 난민 인정률은 1.3퍼센트에 그쳤다. 한국 정부는 이 죽음의 수출을 당장 중단해야 할 정치적·도덕적 책임이 있다.

출처: 박이랑, "우크라이나 전쟁 특수를 누리는 한국 무기 업체들", 〈노동자 연대〉 408호(2022년 3월 15일).

전쟁을 악화시킬 나토 회의 참가

우크라이나 전쟁에 대응하는 나토 회의에 한국 정부도 초청받아 참가할 예정이다. 한국의 나토 회의 공식 참가는 사상 처음이다.

2022년 4월 6~7일 벨기에 브뤼셀에서 열리는 나토 외교부 장관 회의는 3월 24일 나토 정상회담의 후속 협의 성격의 회의다. 3월 24일 정상회담은 "러시아가 전례 없는 대가를 계속 치르게 할 것"이라며 나토 전투단을 동유럽 네 나라에 추가 투입하기로 결정했다. 이번 외교부 장관 회의의 주요 안건은 러시아 추가 제재인데, 에너지 산업 제재를 확대하리라는 관측이 나오고 있다. 그간 미국과 그 동맹국들은 서방의 힘을 과시하고 러시아 사회를 위기에 빠뜨리려고 고강도 경제제재를 부과해 왔는데, 이를 러시아의 핵심 산업으로 더 확대해 러시아가 "전례 없는 대가"를 치르게 하겠다는 것이다.

한국 정부는 전쟁 초기부터 "국제사회의 노력에 동참" 운운하며 러시아 제재에 참여해 왔다. 한국의 제재가 경제적으로 얼마나 효과가 있는지와 별개로, 서방 제국주의의 편이 많아 보이게 하는 정치적 효과를 냈다. 서방 바깥 국가들 다수가 미국과 러시아 사이에서 어느 한편을 들지 않고 있는 터라 그 의미가 작지 않다. 그 때문에 바이든이 국정 연설에서 한국의 협력을 언급했고, 미국 정부가 자국의 해외직접제품규칙의 수출 통제 적용에서 한국을 예외로 인정해 줬다. 러시아 제재로 한국이 겪을 무역상의 어려움을 피해 갈 수 있도록 해 준 것이다. 그러나 제재는 평범한 러시아인들을 고난에 빠뜨리는 '총성 없는 전쟁' 행위다. 그런데 이번 외교부 장관 회의에서는 이에 더해 군사적 지원 확대도 화제에 오를 수 있다.

이번 외교부 장관 회의에는 나토 회원국이 아닌 우크라이나의 외교부 장관 드미트리 쿨레바가 초청됐다. 나토와 우크라이나의 결속을 과시하려는 결정이다. 쿨레바는 나토의 군사 지원을 더 늘려 달라고 요구할 것이다. 미국과 그 동맹국들은 이미 우크라이나 정부군에 무기를 대거 지원해 왔고, 동유럽에 전투단을 증파하는 등 지원 수준을 더 높이고 있다. 이런 과정 일체는 갈등을 키우고 핵무기 보유국 사이의 충돌 가능성을 높인다.

이번 외교부 장관 회의는 우크라이나 전쟁 난민 지원도 안건으로 상정했다. 국제 인권 단체들은 우크라이나 전쟁 발발 이후 수백만 명의 전쟁 난민이 생겼다고 추산한다. 서방 강대국들과 그 동맹국들은 우크라이나인들을 환영한다고 말하지만, 실제 난민 지원은 뜨뜻미지근했다. 일례로 영국 정부는 우크라이나 정부군에 무기를 쏟아붓듯 지원하지만, 정작 우크라이나 난민에게는 비자를 3000개만 발행하겠다고 발표해 지탄을 샀다. 우크라이나 전쟁 난민 다수는 우크라이나에 인접한 폴란드 등 동유럽 나라들에 머무르는 중인데, 대부분 매우 열악한 지원으로 힘겨운 처지에 내몰려 있다. 게다가 앞서 말했듯, 이번 외교부 장관 회의의 핵심 안건이 난민을 낳는 전쟁을 더 지속·확대하는 방향이다. 그러니 같은 회의에서 논의될 난민 지원의 실효성이 의심되는 것이다.

나토는 이번 외교부 장관 회의에 한국뿐 아니라 태평양의 일본·호주·뉴질랜드도 초청했다. 모두 미국의 동맹국들이고, 대對중국 압박 전선에서 한몫 맡아 주기를 미국이 기대하는 국가들이다. 그중 일본과 호주는 미국이 주도하는 쿼드의 일원이기도 하다. 이 회의에 참가함으로써 한국도 서방 제국주의의 전쟁 지원에 더 많은 몫을 해 달라고 요구받을 공산이 크다.

제재에 동참한 문재인 정부에 이어, 윤석열 역시 서방과의 공조를 지속할 것이다. 윤석열은 3월 29일 젤렌스키와 직접 통화해 양국의 "결실 있는 협력에 대한 확신을 표현"(젤렌스키)했다. 윤석열은 당선 직후 미국과 그 동맹국 정상들과 잇달아 통화했는데, 한창 전쟁 대응 중인 유럽연합 집행위원장과 신속하게 통화한 것이 눈에 띄었다.

지금 푸틴 정권 교체까지 들먹이는 미국은 인도-태평양에서 중국 제국주의와 경쟁하며 긴장을 키우는 당사국이다. 미국과 서유럽 국가들의 나토 회의에 아시아 동맹국들을 초청하는 데에는, 미국이 중국을 겨냥해 결속을 과시하려는 의도도 엿보인다. 점점 심각해지는 미·중·러 강대국들 간 갈등에 한국이 또 한발 더 깊숙이 관여하는 것은 아시아의 불안정 고조에 일조하는 짓이다. 평화의 반대편으로 가는 행보에 분명히 반대해야 한다.

출처: 김준효, "한국 정부, 나토 회의 참가 결정: 전쟁을 악화시킬 위험", 〈노동자 연대〉 410호(2022년 4월 1일).

젤렌스키의 전쟁 지원 확대 요구에 응해서는 안 된다

국회가 우크라이나 대통령 젤렌스키를 초청해 4월 11일에 화상 연설을 들을 예정이다. 그 전에 한국은 나토의 전쟁 회의에도 참석한다. 두 행보는 한국 정부가 전쟁 지원에 더 많이 동참하는 계기가 될 것이다.

우크라이나 전쟁은 러시아의 침공으로 시작됐지만 서방과 러시아가 벌이는 패권 경쟁의 일부라는 성격이 더 강하다. 미국과 그 동맹국들은 직접적 군사 개입만을 거절했을 뿐, 우크라이나에 무기를 쏟아붓고 군사력을 증대해서 러시아와 다른 경쟁국들을 견제하려 한다. 이런 행보가 더 큰 충돌로 이어질 위험을 키우는 것에 아랑곳하지 않고서 말이다.

젤렌스키는 전쟁 발발 이래로 외국 의회 연설에서 군사적 지원을 줄기차게 요구하고, 심지어 나토의 직접 참전을 의미하는 비행 금지 구역 설정도 요구했다. 전쟁 전부터 나토 가입을 러시아에 맞선 정권 안전 보장책으로 여기고 계속 추진해 온 젤렌스키는, 이제 갈등을 확대하는 것을 유일한 대응책으로 여긴다.

이런 젤렌스키의 호소는 강대국들이 군사 지원과 개입을 크게 늘리는 데 이용됐다. 예컨대, 3월 8일 젤렌스키가 영국 하원에서 연설한 바로 다음 날 영국 국방부는 휴대용 대전차 미사일 3615기와 세계에서 가장 빠른 단거리 지대공 미사일 '스타스트릭' 지원 등을 결정했다.

또, 3월 16일 젤렌스키가 미국 의회 연설에서 우크라이나 영공을 비행 금지 구역으로 설정하라고 거듭 촉구하고 미사일방어체계 지원 등을 요구하자, 미국 대통령 바이든은 우크라이나 정부군에 10억 달러어치 무기 추가 지원을 발표했다. 최근에는 우크라이나군이 다루기 편한 소련제 탱크 지원도 약속했다.

서방 강대국들의 이런 호응은 결코 평범한 우크라이나인들을 염려해서가 아니다. 러시아와의 패권 경쟁에서 우크라이나인들의 목숨을 도박 칩으로 삼으려는 것이다.

이미 주한 우크라이나 대사 드미트로 포노마렌코는 한국 언론들과의 인터뷰에서 "중요한 것은 우크라이나 군대가 필요한 것을 지원해 주는 것"이라고 밝혔다. 그리고 "한국 정부가 군사 물품 지원도 포함하는 방향으로 결정해 주길 바란다"고 밝히고, 러시아군이 철수할 때까지 한국 기업들이 러시아 사업을 중단할 것을 요구했다. "애플페이가 러시아에서 즉각 철수를 선언했지만 한국의 삼성페이는 여전히 러시아에서 서비스가 되고 있다." 포노마렌코가 젤렌스키의 한국 국회 연설문 개요를 작성하는 만큼, 젤렌스키도 비슷한 내용을 요구할 것이다.

이미 전쟁 초기인 2월 28일에 한국 정부는 우크라이나 정부에 군용 헬멧, 방탄조끼, 군화 등 이른바 "비살상" 군수물자 지원을 결정한 바 있다. 그런데 이번 연설로 우크라이나에 대한 지원 범위가 살상 무기로 확대되는 것 아니냐는 관측들이 나오고 있다. 한국의 군수 지원 규모가 설사 서방 강대국들보다 작더라도 우크라이나군을 통해 러시아와 대리전을 벌이는 서방 제국주의를 적극 지원한다는 성격은 달라지지 않는다.

한국 정부는 전쟁 초부터 러시아 경제제재에도 동참해 왔다. 서방 바깥의 국가들 다수가 미국과 러시아 사이에서 어느 한편을 들지 않고 있는 터라 그 의미가 작지 않았다. 그런데 이번 연설을 계기로 한국의 러시아 제재가 확대되리라는 전망도 나온다.

주한 우크라이나 대사가 콕 집어서 언급한 삼성페이는 일상적 결제 수단에 불과한 것이다. 그만큼 대러 제재가 평범한 러시아인들의 삶을 공격하는 것임을 보여 준다. 애플페이가 러시아에서 철수한 후 모스크바 등지에서는 노동자들이 교통비 등 핵심 서비스 비용을 지불하지 못해 큰 어려움을 겪었다.

제재는 러시아 노동계급을 상대로 한 전쟁 행위나 다름없다. 제재로 러시아 사회가 더 커다란 위기에 빠질수록, 푸틴이 생활고에 시달리는 러시아인들을 국수주의와 서방에 대한 증오로 이끌기도 쉬워질 수 있다. 설사 그렇게 되지 않더라도 푸틴은 이런 상황을 이용해 권위주의적 통치를 강화할 것이다.

젤렌스키의 한국 국회 연설은 북미·유럽 바깥 나라로서는 이스라엘·일본·호주에 이어 네 번째다. 이 셋은 모두 미국의 주요 동맹국들이다. 특히 일본과 호주는 미국이 주도하는 대對중국 압박 전선에서 중요한 비중을 차지하는 국가들로, 쿼드의 일원이다. 한국은 전쟁 지원을 논의할 4월 6~7일 나토 외교부 장관 회의에 일본, 호주와 함께 초청됐다. 그런 점에서, 한국 국회의 젤렌스키 초청은 미국의 동맹 결속 노력과 떼어 내서 보기가 어렵다.

미국은 지금 푸틴 정권 교체까지 들먹이며 러시아에 대한 압박을 키우고 있고, 이번 전쟁을 이용해 인도-태평양 지역에서 대중 포위에 함께할 동맹국들과의 결속력을 높이고 있다.

그리고 한국 지배자들의 진정한 관심사는 우크라이나인들의 안전이 아니라, 미국과의 동맹 관계를 더 돈독하게 하는 것이다. 전쟁 초기부터 미국의 제재와 지원에 동참해 온 문재인 정부뿐 아니라, 젤렌스키와 직접 통화해 양국의 "결실 있는 협력에 대한 확신을 표현"한 윤석열도 이 전쟁으로 친미 공조를 지속·강화하려고 할 것이다.

이런 행보와 우크라이나 군사 지원 동참은 시나브로 중국과의 긴장을 키울 것이고, 이는 한반도에도 부정적 효과를 낼 것이다. 북한은 이번 전쟁에서 러시아를 지지하고 있고, 그 보답으로 러시아는 유엔 안보리에서 북한 제재에 반대했다.

전쟁에 반대하는 사람들은, 점점 심각해지는 미·중·러 강대국들 간 갈등에 한국 정부가 또 한 발짝 더 깊숙이 관여하는 데에 반대해야 한다. 한국 국회의 젤렌스키 화상 연설 초청을 비판해야 한다.

출처: "한국이 우크라이나 전쟁을 키우는 구실을 할 수 있다", 〈노동자 연대〉 410호(2022년 4월 4일).

9장

우크라이나 전쟁을
어떻게 멈출 것인가?

우크라이나 전쟁을 끝내는 바람직한 방법

서방의 우크라이나 전쟁 확전에 반대하는 사람들은 이런 물음에 답해야 한다. "너희는 나토의 힘과 무기를 써서는 안 된다고 주장하는데, 그러면 러시아를 어떻게 막겠다는 말인가? 살인자들이 이기게 내버려 둘 것인가?" 이것은 러시아의 공격에 직면한 키예프, 하리코프, 마리우폴 등지에서 실제로 절박하게 제기되는 문제다.

이런 물음에는 우선 다음과 같이 답할 수 있을 것이다. 푸틴의 침공이 참상을 자아내고 있는 것은 사실이지만 그렇다고 이를 더 끔찍한 전쟁으로 키워서는 안 된다. 갈수록 공세적인 나토의 요구와 무기 지원은 핵무기가 동원될지도 모를 더 큰 충돌로 나아갈 위험을 키울 뿐이다.

제2차세계대전이 발발하기 직전인 1939년 7월, 러시아 혁명가 레온 트로츠키는 이렇게 말했다. "현재 정부들의 정책은 마치 분화 직전에 화산 경사면에서 벌이는 어린애 장난 같다." 지금 유럽과 세계의 상황이 정확히 그렇다. 이 전쟁의 참상이 지금보다 훨씬 더 심각해질 수 있음을 시사하는 일들이 매일같이 벌어지고 있다.

나토 사무총장 옌스 스톨텐베르그는 우크라이나로 이어지는 서방의 보급로를 러시아가 공격하면 그것은 확전을 뜻할 것이라고 러시아에 경고했다. 그러면서 "푸틴은 나토가 물러나기를 바라는데, 그러면서 나토를 더 불러들이고 있다"고 푸틴을 비난했다. 크렘린궁 대변인인 드미트리 페스코프는 폴란드의 미그전투기를 우크라이나에 공급하려는 계획(아직은 논의 중에 있다)이 "매우 바람직하지 않은, 잠재적으로 위험한 사태 전개"를 낳을 것이라고 경고했다.

그러나 나토의 개입이 사태를 악화시킨다는 데서 우리의 대답이 끝나서는 안 된다. 우리는 푸틴이 패배하고 타도되기를 바란다. 문제는 어떻게 그런 일이 벌어지는지다.

그것이 그저, 과거에 수많은 살상을 벌였고 지금도 그러고 있는 미국 제국주의의 힘을 더 강화하는 식으로 이뤄진다면 전혀 승리라고 할 수 없다. 미국 제국주의가 아프가니스탄과 이라크에서 자행했던 유혈 사태를 또다시 벌일 자신감을 얻게 되는 것은 우리가 바라는 결과가 아니다. 미국 제국주의의 지원은 우크라이나의 독립을 방어하지 않을 것이다. 미국은 시리아의 쿠르드족을 지원했지만 이것은 쿠르드족의 해방으로 이어지지 않았다. 미국의 관심사는 자유가 아니라 자신의 제국주의적 이익을 도모하는 것이었기 때문이다. 그래서 미국은 쿠르드족을 지원하다가 어느 시점이 되자 그들을 그냥 내팽개쳐 버렸다.

러시아의 패배가 긍정적 결과로 이어지게 하는 데서 핵심적 요소는 러시아 내의 전쟁 반대 운동이다. 이 운동은 더 성장해야 하고 전쟁에 대한 반감을 노동계급의 다른 불만과 결합시켜야 한다. 극심한 탄압에도 불구하고 수많은 러시아인이 거리로 나와 푸틴의 전쟁을 규탄했다. 2022년 3월 11일 낮까지 1만 4000명이 체포됐다는 소식은 시위대의 규모가 꽤 크다는 것을 시사한다.

이 운동이 정확히 어떻게 전개될지는 알기 어렵다. 러시아의 사회주의자들은 "혁명적 구호와 요구를 시위 안으로" 들여오고, "불만을 느끼는 사람들에게 전쟁을 중단할 뿐 아니라 제국주의 전쟁을 계급 전쟁으로 전환하기를 촉구"해야 한다고 역설한다. 어떤 순간이 되면 두려움은 반대편으로 넘어갈 수도 있다. 시위대를 밥 먹듯이 두들겨 패고 감옥에 처넣는 경찰과 판사가 갑자기 겁을 집어먹게 될 수도 있다는 것이다. 이미 반전 시위대는 위협에 주눅 들지 않고 있다.

상트페테르부르크의 한 시위 참가자는 이렇게 썼다. "온갖 위협에도 불구하고 많은 사람이 거리로 나왔다! 솔직히 말해, 예상치 못한 일이다. 성이삭대성당과 넵스키 대로에 모인 시위대 사진과 영상을 보면서 나는 미소를 거둘 수 없었다. 숨통이 트이는 기분이다! 우리를 겁주려고 애쓰는 정부의 온갖 선전은 시위대의 순수한 마음과 대담함 앞에서 너무나도 초라해 보인다." 거대한 시위대는 푸틴의 전쟁 노력을 저지할 수 있다. 물론, 반전 시위가 전쟁을 멈추지 못할 때도 있다. 그러나 그럴 때조차도 전쟁을 제약할 수는 있었다.

서방은 자신도 푸틴에 맞선 저항을 환영한다고 할 것이다. 그러나 사실 그런 저항은 서방에도 위협이 된다. 제국주의에 의한 학살을 지지하지 않겠다며 일어난 저항이기 때문이다. 제1차세계대전이 벌어지던 1917년에도 러시아에서 반전운동이 일어나자 독일군 장성들은 이를 반기며 그 상황을 이용하려 했다. 그러나 그 후 전쟁 반대 정서는 독일에서도 혁명을 촉발했다.

푸틴을 약화시킬 수 있는 것은 전쟁 반대 선동만이 아니다. 지난 주에는 작업장 투쟁의 가능성을 힐끗 보여 주는 사건이 있었다. 니즈네캄스크시市의 게몬트사社 대공장에서 일부 노동자가 파업을 벌인 것이다. 이 노동자들은 대부분 터키에서 이주해 온 노동자들이고, 이들의 임금은 달러와 루블의 환율에 연동돼 있다. 그런데 루블화 가치와 함께 이들의 임금도 폭락하자 파업에 나선 것이다.

러시아 신문 〈비즈니스 가제타〉에 따르면 정부는 파업을 탄압하지 않았고 사용자들은 일부라도 임금 손실을 만회해 주기로 금세 합의해 줬다고 한다. 이는 전쟁에 대한 불만이 부글부글 끓는 가운데 러시아 지배자들이 계급 전쟁을 꺼리고 있다는 것을 시사하는 일일 수 있다.

역사를 보면 러시아 지배자들이 전쟁에서 패배할 때 어떤 일이 벌어질 수 있는지를 보여 주는 고무적인 사례가 많다. 러시아제국이 러일전쟁에서 겪은 패배는 1905년 혁명으로 이어졌다. 제1차세계대전에서 겪은 엄청난 후퇴는 1917년 2월 혁명에 기름을 부었다. 1980년대에 소련이 아프가니스탄에서 당한 패배는 소련을 약화시키고 1989년 동유럽의 독재자들에 맞선 반란을 고무하는 요인의 하나가 됐다.

이 모든 사례에서 공통적으로 나타난 현상 하나는 군대 내의 환멸과 사병 반란이었다. 전쟁 중에 보도되는 단편적 소식을 너무 곧이곧대로 믿어서는 안 되겠지만, 러시아 병사들, 특히 징집병들이 우크라이나에서 전쟁을 포기하고, 자기 군의 차량을 사보타주하고, 가족들에게 자신이 경험한 참상을 토로하고 있다는 증언들이 거듭 나오고 있다.

베트남전쟁 때 사병 반란이 미군의 전력에 심각한 타격을 줬듯이,

러시아군 내에서 번지는 환멸은 우크라이나 침공에 치명타를 가할 수 있다. 나토의 책략에 매이지 않은 채 푸틴을 타격할 가능성이 있는 것이다.

우크라이나 현지에서는 어떠한가? 〈소셜리스트 워커〉는 헤르손과 또 다른 러시아군 점령지에서 일어난 시위에 주목한 바 있다. 여기서 평범한 사람들은 집단적으로 점령에 항의하면서도, 러시아 병사들을 전쟁 반대로 설득하려는 목적으로 그들과 언쟁하기도 하고 어울리기도 한다.

나토의 통제나 무기 지원과는 독립적으로 벌어지는 이런 저항은 장기적으로 볼 때 매우 중요할 것이다. 러시아가 결국 군사적으로 일종의 승리를 거두게 돼도 그럴 것이다. 미국 제국주의는 진정한 독립을 가져다 주지 않을 테지만, 해방은 아래로부터 쟁취될 수 있다.

오만해진 제국주의는 종종 자신의 힘을 사악하게 이용해서 자기보다 약한 상대를 굴복시켜 왔다. 그러나 그러다가 수년간 저강도 저항에 시달리며 굴욕적인 손실을 입을 때도 많았다. 이것이 1954~1962년 알제리에서 프랑스가 겪은 일이고, 2003년 이라크를 침공한 미국과 영국, [1979년] 아프가니스탄을 침공한 소련 또한 이런 수모를 겪었다.

마지막으로 나토 회원국 내에서 벌어지는 반전운동이 있다. 모든 행진과 시위가 더 광범한 계급투쟁과 연결될수록 미국이 자신의 세력을 확장하고 우크라이나를 속국으로 만들기는 어려워질 것이다. 따라서 서방과 친서방 국가에 있는 사회주의자들에게는 그런 반란을 선동하고 조직할 의무가 있다.

이 네 가지 요소, 즉 러시아 내의 반전운동, 군대 내의 사병 반란, 우크라이나에서 벌어지는 아래로부터의 저항, 서방에서 벌이는 반전 선동은 우리가 나토 개입을 거부하면서 제시하는 능동적 대안이다. 이런 요소들이 결합되면 전쟁은 현재 충돌을 격화시키고 있는 모든 지배계급에 맞선 반란의 전주곡이 될 수 있다.

트리니다드 출신의 마르크스주의자 C L R 제임스는 확고한 반反 제국주의자로서 1935년 에티오피아를 침공한 이탈리아를 규탄했다. 그러나 그는 이탈리아를 몰아내려고 다른 제국주의의 편을 들어서 는 안 된다는 것을 분명히 했다. C L R 제임스는 다음과 같이 썼다.

이탈리아 제국주의만이 아니라 도적 떼와 억압자이기는 매한가지인 프 랑스 제국주의와 영국 제국주의에도 맞서 싸우자. 그들 사이로 끌려 들어가서는 안 된다. 제국주의 정치의 궤도에 끌려 들어갔다가는 악취 에 정신을 잃고, 거짓과 위선의 늪에 익사하고 말 것이다.

영국의 노동자와 아프리카의 농민과 노동자여, 제국주의자들과 그들의 동맹과 약속, 제재를 멀리하라. 그들이 쳐 놓은 거미줄에 걸리는 파리가 되지 말자. 언제나 그랬듯이 독립적 조직과 독립적 행동을 견지하라.

오늘날 우리는 이런 정신에서 배워야 한다.

출처: Charlie Kimber, "What's the alternative to Nato intervention in Ukraine?", *Socialist Worker* 2796(13 March 2022).

워싱턴도 모스크바도 아닌 국제사회주의

이윤과 부를 향한 미친 경쟁을 벌이며 두 거대한 제국주의 열강은 끔찍한 핵전쟁의 고통으로 세계 문명의 존립과 인류를 위협하고 있다. 노동계급과 인류의 이해관계는 어느 한 제국주의를 지지하는 데 있지 않다. 둘 모두와 맞서는 데 있다. 오늘날 진정한 사회주의자들의 전투 구호는 다음과 같은 것이어야 한다. '워싱턴도 모스크바도 아닌 국제사회주의.'

토니 클리프는 1950년 11월 《소셜리스트 리뷰》 첫 호에 실린 글 "열강의 다툼"을 위와 같이 끝맺었다. 당시 클리프는 조그만 혁명적 사회주의 단체를 막 설립한 상황이었다. 이 단체가 오늘날 영국의 사회주의노동자당과 세계 곳곳에 생긴 자매단체인 국제사회주의경향으로 발전한다. 당시 클리프의 글은 1950~1953년의 한국전쟁을 다루는 글이었다. 이 전쟁에서는 미국과 그 동맹국들이 북한·중국 그리고 그 배후에 있는 소련의 스탈린주의 체제와 대결했다.

당시 클리프는 이미 국가자본주의론을 발전시켜 놓았다. 클리프는 소련이 사회주의와 아무런 관련이 없으며 서구에서 득세하고 있던 자본주의 체제의 한 변형에 불과함을 논증했다. 소련의 집권 공산당을 지배하는 세력은 국가 통제경제에 대한 지배력을 이용해 노동자와 농민을 착취했다. 클리프는 "열강의 다툼"에서 소련은 제2차 세계대전 말에 점령한 중부 유럽과 동부 유럽 나라들을 무자비하게 착취한 제국주의 국가라고 썼다.

따라서 미국과 소련이 벌인 냉전은 제국주의 사이의 갈등이었다. "지구의 재분할을 둘러싼 투쟁"이었다. 20세기 전반부에 독일과 영국이 벌인 전쟁처럼 말이다. 그래서 클리프는 이런 구호로 글을 마무리한 것이다. "워싱턴도 모스크바도 아닌 국제사회주의."

이 "전투 구호"는 냉전 시기 우리의 길잡이가 됐다. 그 덕분에 우리는 1991년 소련이 붕괴했을 때 사기가 저하되지 않았다. 소련 붕괴는 국가자본주의 강대국의 몰락임을 이해했기 때문이다. 그리고 클리프가 제시한 이 구호는 오늘날 우리 상황에도 놀랍도록 잘 들어맞는다. 실로 오늘날은 "두 거대한 제국주의 열강이 끔찍한 핵전쟁의 고통으로 세계 문명의 존립과 인류를 위협하고 있는" 세계다.

그러나 중요한 차이점이 있다. 러시아는 강대국이지만 옛 소련보다는 훨씬 약하다. 서방이 금융시장 지배력을 이용해 러시아에 경제제재를 가하자, 푸틴은 에너지와 함께 러시아의 또 다른 주요 자산인 핵전력의 경계 태세 강화를 선언하는 것으로 대응했다. 오늘날 미국에 대한 진정한 도전자는 중국이다.

한편, 어떻게 제국주의에 맞서 싸울 것인가 하는 문제는 자신이 어디에 있는지에 따라 달라진다. 클리프는 위대한 러시아 혁명가인 블라디미르 레닌의 평전을 썼다. 레닌은 1914년 8월 제1차세계대전이 일어났을 때 그 전쟁을 제국주의 상호 간 전쟁이라고 규탄했다.

그러나 동시에 진정한 혁명가를 가리는 시험대는 그런 전쟁에서 자국 지배자들에 일관되게 맞서는지 여부라고도 했다.

레닌은 적성국을 규탄하는 데 집중한 사회주의자들을 경멸했다. 러시아의 전제정을 비난하는 독일 사회주의자들, 프로이센의 군국주의에 짐짓 준엄한 분노를 표하는 영국과 프랑스 사회주의자들, 이런 자들이 바로 레닌의 경멸 대상이었다. 레닌은 전쟁이 발발하자 처음부터 자국 정부에 반대한 독일 혁명가 로자 룩셈부르크와 카를 리프크네히트를 찬양했다.

마찬가지로, 우크라이나 전쟁에 직면한 지금 우리는 당연히 러시아 제국주의와 그들이 벌인 무자비한 침공을 규탄해야 한다. 러시아군의 즉각 철군을 요구해야 한다. 그러나 서방에서 그런 얘기는 누구나 할 수 있다. 거기에 동의하지 않는 사람이 누가 있으랴. 그러나 그런 요구를 제기하는 용감한 러시아인들의 사정은 완전히 다르다.

우리가 미국 제국주의의 가장 충직하고 호전적인 동맹인 영국에 사는 사회주의자임을 잊어서는 안 된다. 따라서 우리는 미국과 그 동맹국들이 지금의 재앙을 낳는 데 일조했다고 말하는 것을 두려워해서는 안 된다. 그들은 러시아가 취약해졌을 때 러시아 국경 쪽으로 나토를 진출시키고 친서방 우크라이나 민족주의자들에게 서방에 합류할 수 있다는 환상을 부추겨서 푸틴의 불만과 피해망상에 부채질을 했다. 많은 사람이 전쟁의 진정한 원인을 이해할수록 제국주의 체제 자체에 맞선 운동을 더 크게 건설할 수 있을 것이다.

출처: Alex Callinicos, "Fight imperialism — the real cause of war", *Socialist Worker* 2794(28 February 2022).

왜 주적은 국내에 있는가?

두 제국주의 강대국이 전쟁 일보 직전으로 치달을 때 사회주의자들은 어떻게 대응해야 할까? 우크라이나를 두고 미국(그리고 나토와 유럽연합의 동맹국들)이 러시아연방과 팽팽하게 대립하고 있는 현재, 이런 질문이 첨예하게 제기되고 있다.

우파와 언론은 다른 어떤 나라와 맞서더라도 "우리"나라를 지지해야 한다는 태도를 분명히 취한다. 특히 전쟁 문제에서는 더 그렇다. 영국에서는 키어 스타머가 이끄는 노동당이 여기에 합세했는데, 노동당은 러시아 정부가 특히나 호전적이고 부패한 정부라며 이를 정당화하고 있다. 이들은 러시아 대통령 푸틴의 끔찍한 인권 억압 전력을 지적하며, 당연히 모두가 이 불한당에 함께 맞서야 하지 않겠냐고 주장한다.

그럼으로써 노동당은 영국도 세계 곳곳에서 폭격과 고문, 착취를 자행한 바 있다는 사실을 외면한다. 물론, 진정한 사회주의자들은 러시아 국가가 반동적임을 인정한다.

우리는 우크라이나, 벨라루스, 카자흐스탄, 체첸공화국 등지에서 푸틴이 벌인 범죄를 은폐하려 들지 않는다. 푸틴 정권하에서 벌어지는 인종차별과 성소수자 혐오를 무시하지도 않는다. 그러나 우리는 전쟁을 일으키는 체제를 끝내야 한다는 점에서 출발해야 한다. 그래서 우리의 주적은 국내에 있는 것이다.

우리는 보리스 존슨과 조 바이든의 명령에 따라, 동유럽 노동계급을 학살하는 것을 지지하지 않을 것이다. 우리는 국제주의의 기치를 내걸어서 러시아 노동자들에게 우리가 그들을 적으로 여기지 않는다는 점을 보여 주기를 바란다. 동시에 우리는 러시아 노동계급에게 푸틴에 맞설 용기를 보태 주기를 바란다.

이런 태도는 제1차세계대전에 맞선 혁명적 저항을 본받은 것이다. 제1차세계대전은 최소 1500만 명의 목숨을 앗아 갔다. 1914년에 전쟁이 발발하자 자유주의자들과 개혁주의적 사회주의자들은 곧바로 자국 정부를 지지하고 나섰다. 이들은 상대국의 "잔혹 행위"와 "제국주의"를 맹비난했다.

프랑스 사회당은 독일의 팽창주의를 비난했고, 독일 사민당은 러시아 차르의 폭정을 비난했다. 러시아 자유주의자들은 오스트리아·헝가리제국에 억압당한 세르비아인의 대의를 옹호하겠다고 나섰다.

좌파의 상당수조차 자국 지배계급이 다른 나라 지배계급보다 더 진보적이라고 주장했다. 그러나 소수의 혁명가는 이런 기만에 반대했고, 자국 지배계급의 범죄에 맞서는 것이 최우선 과제여야 한다고 주장했다. 이들은 국내에서 벌어지는 전투에 집중함으로써, 이런 전쟁을 일으키는 체제와 약소국에 대한 억압을 끝내는 데 기여할 수 있다고 주장했다.

독일 사민당의 좌파 의원 카를 리프크네히트가 가장 처음으로 전쟁에 반대하는 표를 던졌다. 그는 의회에서 연설 기회를 거부당하자 자신의 입장을 설명하는 유인물을 발행했다. 그 유인물에서 리프크 네히트는 다음과 같이 밝혔다.

주적은 국내에 있다. … 모든 인민의 진정한 적은 그들 자신의 국가 안에 있다. 독일인의 주적은 독일에 있다. 독일 제국주의, 전쟁을 지지하는 독일 정당들, 독일의 비밀외교가 바로 그 주적이다. … 독일인이 맞서 싸워야 할 적은 바로 우리가 사는 이 땅에 있다. 우리는 다른 나라의 프롤레타리아가 자국 제국주의자들에 맞서 투쟁하는 동안, 그들과 함께 이 정치적 싸움을 계속 벌여야 한다.

이는 독일 지배계급의 적들이 자행하는 억압을 용서하자는 말이 아니었다. 리프크네히트는 자국 지배계급에 반대하면서도 영국이 아일랜드와 인도, 아프리카 도처에서 벌인 악행을 잊지 않았다. 그러나 사회주의자들은 "상대편" 지배자들이 학살자이고 억압자라는 사실을 인정하면서도 자국 지배자들 또한 그들과 별반 다르지 않거나 더 나쁘다는 점을 밝혀야 한다고 리프크네히트는 힘줘 말했다.

이런 원칙 있는 입장 때문에 리프크네히트는 의회에서 고립됐고 독일 사민당에서도 고립됐다. 그러나 그의 입장은 러시아의 혁명가 블라디미르 레닌의 입장과 일치했다. 레닌은 1915년 다음과 같이 썼다.

혁명적 계급은 반동적 전쟁에서 자국 정부가 패배하기를 바랄 수밖에 없다. … 유일한 구원의 길은 '자국' 정부를 혁명으로 전복하는 것뿐이며 바로 이 목적을 위해 지금의 전쟁에서 자국 정부가 처한 곤란을 이용해야 한다고 사회주의자들은 대중을 설득해야 한다.

리프크네히트는 독일 사민당 내 동료들에게 외면당했지만 그의 주장은 평범한 사람들의 지지를 얻기 시작했다. 1916년이 되자, 전쟁에 지친 병사들과 굶주린 민간인들 사이에서 전쟁 반대 여론이 커졌다. 1916년 5월 1일 리프크네히트의 조직은 베를린에서 불법 집회를 열었고 1만여 명이 여기에 참가했다.

일설에 따르면 리프크네히트는 군중 한가운데서 "전쟁 반대, 정부 타도"를 외쳤다. 이 때문에 그는 체포됐고 결국 수감됐다. 그의 두 번째 재판일에는 베를린 노동자 약 5만 5000명이 리프크네히트 지지 파업을 벌였다. 형을 선고받자 리프크네히트는 재판정에서 외쳤다. "그 어떤 장군도 내가 입게 될 죄수복만큼 명예로운 제복을 입은 적이 없을 것이오."

리프크네히트는 감옥에서 풀려난 뒤에도 이런 저항을 벌인 대가를 혹독하게 치르게 된다. 1919년 1월 그는 우익 무장 조직에 의해 살해됐다(공식적으로는 체포를 피해 "도주를 시도하다" 사살된 것으로 처리됐다). 그러나 리프크네히트의 죽음 이후에도 제국주의 전쟁에 맞선 투쟁과 계급 전쟁의 융합은 노동계급의 분노가 폭발하는 형태로 계속 이어졌다. 어느 전쟁에서든 가장 혹독한 대가를 요구받는 사람들은 가난한 사람들이다.

전쟁이 극단으로 치달으면 전투가 매우 광범하고 참혹하게 벌어져서 직업군인만으로는 역부족이 된다. 그렇게 되면 노동자들과 중간계급의 일부가 징집된다. 제1차세계대전과 제2차세계대전 때만 그랬던 것이 아니다. 1950년 한국전쟁과 1964년 베트남전쟁 당시 미국에서도 이런 일이 벌어졌다. 그러면 젊은이들이 타지에서 싸우다 죽을 뿐 아니라, 국내에서는 정부가 시민적 자유를 축소하고, 세금을 올리며, 복지를 삭감한다.

전쟁을 멈추려면 반전운동은 이런 문제와 다른 쟁점들로 싸우고 있는 사람들과 만나야 한다. 제1차세계대전 동안에는 대중 파업과 반란이 가장 핵심적인 전술이자 저항을 결합시키는 수단이 됐다. 모든 불법 집회는, "국민"을 대변한다는 정부의 주장을 약화시켰다. 파업, 특히 군수공장에서 벌어진 파업은 전쟁 수행을 갈수록 더 어렵게 만들었다. 참호 안에서 일어난 반란은 지휘관들 사이에서 공포를 자아냈다.

식민지 억압을 받던 인민들의 반란은 그 전쟁을 벌이던 제국들을 산산조각 낼 위험에 빠뜨렸다. 이런 상황에서 불법 투쟁에 가담하려면 단지 목숨만 걸어야 했던 것이 아니었다. 주적은 자국의 지배계급이라는 리프크네히트와 레닌의 입장을 지지해야 했다.

이후 '제국주의 전쟁을 계급 전쟁으로 전환하자'는 레닌의 구호가 옳았음이 입증되는 사건이 일어났다. 1917년 4월 서부전선에서는 [영국·프랑스 연합군이 벌인] 공세로 25만 명이 목숨을 잃은 후 절반에 달하는 프랑스 병사들이 전선으로 복귀하기를 거부했다. 몇몇 부대는 붉은 깃발을 들고 혁명가 〈인터내셔널가〉를 불렀다. 뒤이어 이탈리아에서는 병사 5만 명이 반란을 일으켰고, 프랑스 북부의 영국군 기지에서도 반란이 일어났다. 러시아에서 [러시아력으로] 2월 세계 여성의 날 시위는 노동자 40만 명이 '차르 타도'와 '전쟁 반대'를 요구하며 거리로 나오는 결과로 이어졌다.

이 사건들은 1917년에 일어난 두 차례의 혁명으로 가는 첫걸음이었다. 1919년 헝가리에서는 노동자들이(러시아의 전쟁 포로였던 사람이 이들을 이끌어) 권력을 장악했다. 체코슬로바키아에서는 공산당원들과 사회민주주의자들이 정권을 잡았다. 대중 파업이 유럽 대륙 전역에서 벌어지자 영국 총리 로이드조지는 [비밀 서신에] 다음과 같이 썼다. "유럽 전체가 혁명의 기운으로 가득하다."

"모든 기존 질서가 유럽 전역의 대중에게 의문시되고 있다." 기존 질서를 공고히 하고 반대 목소리를 내는 것을 불가능하게 만들면서 시작된 이 전쟁은 결국, 자본주의 지배계급이 그 전까지 경험해 보지 못한 가장 심각한 위기를 낳았다. "혁명의 기운"은 완전히 다른 방식으로 사회를 조직하고 제국주의와 전쟁을 영원히 종식시킬 가능성을 열었다.

무엇보다도 이 가능성은, 진정한 적은 다른 나라의 노동자가 아니라고 선언할 태세를 갖춘 사람들이 성취한 것이었다. 그들은 혁명적 분노가 국내와 전쟁터에서 학살을 지시하는 자국 지배계급을 향하도록 했다.

출처: Yuri Prasad, "Opposing imperialism — why the 'main enemy is at home'", *Socialist Worker* 2793(18 February 2022).

전쟁은 세계 도처에서 반란을 촉발할 수 있다

"제국주의 전쟁을 계급 전쟁으로 전환하라." 러시아 혁명가 블라디미르 레닌과 그리고리 지노비예프가 제1차세계대전 와중인 1915년에 쓴 말이다. 후대에 사는 우리는 그 후에 일어난 일을 안다. 저 담대한 선언이 나온 지 2년 후에 러시아 노동자들은 세계를 뒤흔든 봉기를 일으켰다.

그런데 우크라이나 전쟁이라는 오늘날 맥락에서 볼셰비키의 선언이 갖는 의미는 무엇일까? 분명 그 선언은 우크라이나 전쟁의 영향을 가장 직접적으로 받는 국가들의 혁명가가 취할 전략으로 응용할 수 있다. 예컨대 러시아에서는 전쟁 반대 운동이 성장하고 대통령 블라디미르 푸틴에 맞선 러시아 노동계급의 더 광범한 항의와 결합돼 푸틴 정권을 타도할 수 있다. 벨라루스 철도 노동자들은 혹독한 처벌을 무릅쓰고 러시아군의 보급로를 사보타주했는데, 이런 행동은 벨라루스 독재자 알렉산드르 루카셴코를 타도할 운동을 되살릴 수 있다.

나토 회원국의 노동자들도 전쟁 몰이에 맞서 들고일어날 수 있다. 그런 저항은 임금·연금·보조금을 휴지 조각으로 만드는 물가 인상에 대한 분노와 맞물릴 수도 있다. 4월 6일 벌어진 그리스 총파업은 그럴 가능성을 흘낏 보여 줬다. 노동자 행진 대열 곳곳에는 일자리와 임금 인상을 요구하고 인종차별에 반대하는 구호뿐 아니라 전쟁에 반대하는 구호가 적힌 현수막도 있었다.

우크라이나인들은 러시아의 침공에 맞서면서도, 볼로디미르 젤렌스키 정부가 신자유주의 정책을 추진하고 나토의 종속적 파트너처럼 구는 것에 반대해 저항할 수도 있다.

그런데 1915년의 구호를 적용해야 할 오늘날의 또 다른 중요한 현상이 있다. 이 전쟁은 전장에서 멀리 떨어진 수십억 대중에게도 영향을 미치고 있다. 이 전쟁은 극심한 식량 부족 사태와 물가 인상을 촉발했다. 우크라이나와 러시아는 곡물과 해바라기씨유의 주요 수출국이고, 전 세계 밀 교역량의 30퍼센트가 두 나라에서 나온다. 그런데 전쟁으로 이 공급로가 갑자기 끊겼다.

이로 인해 전 세계 식료품 가격이 14년 만에 가장 빠른 속도로 올라 최고 기록을 경신했다. 유엔 식량농업기구가 발표한 2022년 3월 식량가격지수는 전년 대비 34퍼센트 올랐는데, 그 전 3개월 동안 연속으로 기록이 경신됐다. 그러는 와중에, 시장을 주무르는 자들과 투기꾼들은 떼돈을 벌고 있다. 〈월스트리트 저널〉은 다음과 같이 보도했다. "물가 인상은 번지와 아처대니얼스미들랜드 같은 곡물 거래 농업 대기업들에 호재다." 두 기업의 주가는 각각 25퍼센트, 40퍼센트 올랐다.

이는 필연적으로 기아·질병·죽음으로 이어질 것이다. 그러나 그 충격은 반란으로, 어쩌면 혁명으로 이어질 수도 있다. 2010년 여름,

들불이 러시아 농지를 휩쓸고 밀 거래자들이 국제 밀 값을 거의 두 배로 올린 일이 있었다. 분노한 사람들의 시위가 중동에서 시작됐다. 이는 "아랍의 봄"과 일련의 혁명적 운동을 촉발한 요인 중 하나였다. 오늘날에도 노동자와 가난한 사람들이 스리랑카·수단·브라질·아르헨티나·페루에서 시위와 파업을 벌이고 있다. 그리고 지배계급은 더 한층 공격을 가할 것이다. 세계은행의 국제국장 마르첼루 에스테방은 다음과 같이 경고했다.

최빈국의 거의 60퍼센트는 전쟁이 일어나기 전부터 부채 부담에 시달리고 있었다. …

역사를 보면, 그런 조건에서는 뜻밖의 사건이 하나만 더해져도 위기를 촉발한다. … 향후 12개월 동안, 개발도상국 십여 곳이 부채를 상환할 수 없는 지경인 것으로 드러날 수 있다.

4월 5일에 레바논 부총리 사아데 알샤미는 "국가 파산"을 선언했다. 이집트에서는 비축 식량이 바닥나고 있다. 이집트 지도자들은 2011년 혁명이 재현될까 봐 두려워한다. 이집트 정부는 7000만 명에 이르는 사람들에게 지급하는 식량 보조금을 유지하기 위해 국제통화기금과 페르시아만 연안국들에 구제금융을 제공해 달라고 애걸하고 있다.

레닌과 지노비예프가 썼듯이 "분명 전쟁은 더없이 첨예한 위기를 낳고 대중의 고통을 어마어마하게 키웠다." 식량 문제가 촉발한 반란이 혁명으로 나아가려면 전쟁에 대해 독립적 입장을 취해야 한다.

나토든 러시아든 한쪽을 편드는 "국민 단결"을 "전쟁에 맞선 전쟁"으로, 즉 기아와 빈곤을 빚어낸 자들에 맞선 계급 전쟁으로 대체해야 한다.

출처: Charlie Kimber, "How war could cause revolt all around the world", *Socialist Worker* 2800(11 April 2022).

혁명적 좌파의 과제

오늘날 세계는 냉전 시대에 벌어진 두 차례의 가장 심각한 위기 (1962년 쿠바 미사일 위기와 1983년 미·소 간 핵미사일 발사 위협 사건) 이후 가장 심각한 위기에 직면하고 있다.

우크라이나 전쟁은 옛 제국을 수복하려는 러시아에 맞선 우크라이나의 국민 방위 전쟁으로 흔히 간주된다. 많은 좌파도 이런 인식을 공유한다. 물론 여기에는 일말의 진실이 있다. 이런 측면 때문에 우크라이나군의 항전 열의가 러시아군의 사기보다 더 높은 것이다. 그러나 이 전쟁의 더 지배적인 성격은 제국주의 강대국 간의 충돌, 즉 러시아를 상대로 우크라이나를 앞세운 서방의 대리전이다. 이런 성격에서 비롯하는 확전의 논리가 작용하는 모습을 우리는 목도하고 있다.

비록 나토는 전쟁에 직접 관여하지 않겠다고 밝혔지만, 서방은 전쟁 첫날부터 경제제재로 러시아를 강타했고 우크라이나에 무기를 공급하고 있다. 이에 러시아는 핵무기 경계 태세를 높였고, 나토-우크라이나의 무기 공급선을 타격하겠다고 위협하고 있다. 러시아가 2022년 3월 13일 우크라이나 서부의 군사훈련 기지(나토 회원국인 폴란드 국경에 인접한)를 미사일로 공격한 것도 이런 메시지를 보내려는 것이다. 서방 정부들은 군비를 증강하고 있다. 특히, 독일 정부는 1000억 유로 규모의 대대적 군비 증강 계획을 발표했다(현재 독일 정부는 사민당이 주도하고, 과거 평화운동에 일조했던 녹색당도 이 정부에 참여하고 있다).

서방과 러시아 어느 쪽도 쉽게 물러서지 않을 것이다. 우크라이나가 더 궁지에 몰릴수록 서방의 군사개입을 촉구하는 목소리가 커질 것이고, 그런 개입은 상황을 더욱 위험하게 만들 것이다. 한편, 러시아의 침공 때문에 우크라이나 내에서 배타적 애국주의가 강화되고 있으며, 우크라이나의 항전에 직면한 푸틴은 승전을 선언할 만하다고 생각될 만큼 성과를 내지 못하고 있다. 그런 만큼 충돌은 장기화될 가능성이 크다. 이 전쟁은 현상적으로는 러시아의 침공으로 나타났지만 시간이 갈수록 제국주의 간 충돌이라는 본질적 성격이 더 분명해질 것이다.

우크라이나 전쟁에는 적어도 네 열강이 관여하고 있다. 나토를 주도하는 미국, 러시아 외에도 유럽연합과 중국이 있다. 유럽연합은 미국과 행보를 같이하고 있지만 미국과 완전히 일치하지는 않는 독자적 이해관계가 있고, 러시아에 비교적 신중한 태도를 취해 왔다.

중국은 이러저러한 방법으로 러시아를 배후에서 지원하고 있다. 그러면서도 서방의 제재가 자국으로도 번져 경제에 타격을 입을까 봐 노심초사하고 있다. 그러나 러시아는 경제적 압박이 심해질수록 중국에 더 기대게 될 것이고, 그럴수록 우크라이나 전쟁은 미·중 갈등과 얽히며 국제적 차원을 띠게 될 것이다. 이것은 중국 지배자들에게도 딜레마를 안겨 주고 있다. 얼마 전 전 총리 주룽지 등 중국 지배 관료 내에서 시진핑에 대한 비판이 나온 배경이다.

한편, 영미권과 서유럽을 벗어나면 많은 국가들이 미국을 편들지 않고 있다. 사우디아라비아 등 페르시아만 연안국들의 지배자들은 미국의 요구가 있음에도 러시아와 척지기를 거부하고, 석유 증산 요구에도 응하지 않고 있다. 인도는 중국 견제에서는 미국과 함께하지만, 러시아 제재와는 거리를 두고 있다. 남아프리카공화국도 유엔 총회에서 러시아 규탄 결의안에 기권 표를 던졌다. 비록 한국 정부는 러시아 제재에 동참하고 있지만 말이다.

결국 세계적으로는 우크라이나 전쟁에서 아직 서방도 러시아도 편들지 않는 국가가 상당하고, 향후 이들이 선택해야 하는 상황에 직면했을 때 러시아를 택할 가능성조차 배제할 수 없다.

이런 복잡한 상황과 모순을 이해하려면 제국주의 체제와 국제적 수준에서의 계급 세력 관계를 이해해야 한다. 그리고 제국주의에 일관되게 반대해야 한다. 요컨대, 러시아 제국주의에도 반대하고 서방 제국주의에도 반대해야 한다. 이런 태도를 견지하는 쪽이 비록 소수일지라도 혁명적 좌파는 오늘날 제국주의의 동역학을 참을성 있게 설명하고 반제국주의 정치를 제시할 수 있어야 한다.

정치적 혼란에 빠진 좌파들

현재 대부분의 좌파는 우크라이나 전쟁에 관해 이것과는 사뭇 다른 정치적 태도를 보이고 있다. 국제적으로 서방과 (한국 같은) 친서방 나라에서 활동하는 좌파는 대부분 러시아 제국주의에만 초점을 맞춘 채 서방 지배계급의 관여 문제를 회피하는 기회주의적 태도를 보이고 있다. 혁명적 좌파는 이런 태도와 단호하게 논쟁해야 한다. 즉, 서방 제국주의가 나토 확장을 통해 이번 전쟁의 발발을 위한 조건을 조성하고 확전 가능성을 키우고 있는 책임이 있다고 주장해야 한다. 혁명적 좌파는 분명하고 단호하게 말해야 한다. "전쟁에 반대한다", "러시아군은 침공을 중단하고 철수하라", "나토도 동부·중부 유럽에서 철수하고 갈등을 키우지 마라", "확전에 반대한다" 하고 말이다. 서방의 경제제재도 전쟁 관여의 한 형태다. 이는 나토에 의한 확전 가능성을 키우고, 이 전쟁에 책임이 없는 러시아 대중에게 고통을 주기 때문에 분명하게 반대해야 한다.

오늘날 혁명적 좌파가 반전운동을 건설해야 하는 상황은 2003년 미국의 이라크 전쟁에 맞서 국제 반전운동이 일어나던 때와는 많이 다르다. 현재의 운동은 분열해 있는데, 개혁주의자들이 보이는 태도 때문에 특히 그렇다. 지금의 국제 반전운동, 특히 서방에서 벌어지는 전쟁 반대 집회들 중에는 서방의 제재나 나토의 비행 금지 구역 설정을 요구하는 경우가 많다. 그러나 이런 요구들은 전쟁을 멈추려는 바람과 달리 확전 가능성을 키울 것이다. 일부 개혁주의자들은 공공연히 나토에 의한 확전을 지지하고 있다. 키어 스타머가 이끄는 영국 노동당이 대표적 사례다. 그래서 노동당 지도부는 조금이라도 서방에 비판적인 주장을 하는 사람들을 마녀사냥하고 있다. 노동당 좌파는 거기에 순순히 굴복했다. 이라크 전쟁 때 노동당의 상당한 일부가 제러미 코빈 등을 중심으로 전쟁에 반대한 것과는 대조적이다.

이런 문제점은 지난 7~8년간 발전해 온 추세와 결합돼 있다. 바로 권위주의적 우파나 극우가 부상하는 가운데 자유주의자들과 좌파들이 정치적 대립을 '권위주의 대 자유주의'의 구도로 보고 여기서 자유주의자들을 지지하는 것이다. 이것은 유럽 좌파에 한정된 얘기가 아니다. 오카시오코르테스 등 미국 민주당 좌파이자 사회민주주의자들이 트럼프의 부상에 대응하면서 보인 태도이기도 하다.

이제 서방 좌파들은 비슷한 구도로 푸틴에 맞서다 보니 사실상 또는 노골적으로 서방 지배자들을 지지하는 경향을 보이고 있다. 이런 경향은 좌파 정치에 매우 해악적인 영향을 끼치고 있다. 기회주의적으로 침묵을 지키는 쪽도 있다. 예컨대 독일 좌파당 내 스탈린주의적 전통을 물려받은 인사들이 그런 태도를 보이고 있다. 그러나 독일 정부의 대대적 군비 증강 계획으로 첨예한 논쟁이 벌어지고 있는 상황에서 그런 태도는 큰 문제다. '나토 확장 반대, 독일 연방군 증강 반대'라는 좌파당 입장이 당 안팎의 이의 제기에 무방비 상태로 노출되게 내버려 두는 효과를 내기 때문이다.

한편, 일부 좌파들은 2010년대에 러시아를 제국주의로 보지 않고, '적의 적은 친구'라는 논리에 입각해 미국 제국주의의 대항마로 봤다. 그래서 이번 전쟁에서는 그들이 러시아를 비판하더라도 사람들의 신뢰를 얻지 못하고 있다. 터키(나토 회원국이다)나 아프리카 등 영미권과 유럽을 벗어나면 좌파들 사이에서 오히려 러시아에 대한 지지가 두드러지는 곳도 많다고 한다. 그 나라들의 반전운동 안에서는 서방의 위선과 책임만 지적되고, 이번 전쟁이 강대국 간 경쟁 체제에서 비롯한 것이라는 점은 간과되는 탓에 혁명적 국제주의자들이 그런 점을 논쟁해야 했다. 이처럼, 나라마다 좌파가 직면한 상황은 다를 것이다.

각국 혁명가들이 반전운동에 취할 태도와 강조점이 정확히 무엇이어야 할지는 나라마다 다를 수 있다. 이것은 전술적 판단에 달린 문제다. 예컨대, 베를린에서 열린 수십만 명 규모의 대규모 시위는 서방의 제재에 지지를 보내거나 혼란된 태도를 보였지만, 러시아의 침공과 독일 정부의 군비 증강 모두에 반대했다. 그런 점에서 이 시위는 단순히 푸틴만을 규탄하는 시위와는 달랐다. 그래서 독일의 혁명가들은 이 시위에 함께하면서 모순을 비집고 들어가 사람들을 설득하려 했다. 반면, 한국에서는 제재 동참과 군수품 지원이 정부가 확전 가능성에 일조하고 있는 주된 방식이기에 제재 반대가 핵심적 요구일 수 있다.

요컨대, 지금은 반전운동의 규모뿐 아니라 정치적 혼란 면에서도 2003년 이라크 전쟁 때와 다르다. 그러나 이번 전쟁이 제국주의 간 충돌이라는 점은 시간이 갈수록 더 분명해질 것이다. 혁명적 좌파는 분명한 반제국주의 정치를 바탕으로 반전운동을 건설하려 해야 한다.

이 전쟁이 일으킬 사회·경제적 파장에도 주목해야 한다. 우크라이나가 주요 곡물 수출국인 만큼 개발도상국과 빈국의 식료품 가격이 급등하고 있다. 이미 팬데믹으로 발생한 공급 대란 때문에 인플레가 가속돼 많은 사람들이 생활에 압박을 받고 있었다. 여기에 전쟁의 여파로 에너지 가격도 오르고 있다.

제재는 러시아뿐 아니라 서방의 대중에게도 영향을 주고 있다. 벌써 우크라이나를 위해 허리띠를 졸라매라는 얘기가 나오고 있다. 이런 상황에서는 지배계급이 위기의 비용을 노동계급에 떠넘기기가 쉬워진다. 이 점을 주의해야 한다. 전쟁의 참상뿐 아니라 그것이 국내에 초래한 결과에 대한 분노가 늘어날 수 있고 노동계급 투쟁에 어떤 식으로든 영향을 줄 것이다. 장기적으로는 군비 증강과 확전의 논리도 전쟁에 대한 환멸을 낳는 데서 일정한 구실을 할 테지만, 경제제재는 훨씬 즉각적으로 영향을 줄 수 있다.

난민 문제를 연결하는 것도 중요하다. 당장은 서방 정부들도 우크라이나 난민에 대한 동정 여론과, 확전을 정당화하는 데 유용하다는 점 때문에 난민을 끌어안고 있는 것처럼 보인다. 그러나 이런 태도는 오래가지 않을 것이고, 우크라이나인들도 서유럽의 다른 난민들과 같은 운명에 처하게 될 것이다.

한편, 이 전쟁에는 환경적 측면도 있다. 우크라이나는 핵발전소 원자로가 15기나 있는 곳이다. 더구나 미군은 단일 조직으로서는 세계에서 가장 많은 온실가스를 배출하는 거대한 '기후 악당'이다. 이는 꽤나 기본적인 사실이지만 종종 간과된다. 요컨대, 전쟁은 기후변화 전선에서 재앙적 결과를 가져올 것이다. 푸틴이 제재에 대응해 핵전력 경계 태세를 높인 바로 그날 '기후변화에 관한 정부 간 협의체IPCC'가 새 보고서를 발표했다. 기후변화가 이미 인간 사회에 심각한 피해를 낳고 있고 그 피해는 향후 악화될 것이라는 내용이다.

각국의 사회주의자들은 반전운동을 성공적으로 건설해 자국 지배자들에 맞선 계급투쟁 건설로 나아가야 한다. 제국주의 전쟁에 맞선 혁명적 사회주의자들의 전통적 구호들, 즉 "주적은 국내에 있다", "워싱턴도 모스크바도 아닌 국제사회주의"는 제국주의 강대국들이 충돌하는 상황에서 계급적 입장을 견지하기 위한 것임을 명심해야 한다.

출처: 〈노동자 연대〉 신문(대표 집필 이원웅), "이렇게 생각한다: 우크라이나 전쟁과 혁명적 좌파의 과제", 〈노동자 연대〉 409호(2022년 3월 22일).

우크라이나 전쟁에 관한 국제사회주의경향 성명

1. 2월 24일 러시아의 우크라이나 침공은 제국주의적 공격이자 우크라이나인들의 자결권을 침해하는 행위다. 우크라이나인들에게 이 전쟁은 국민 방위 전쟁이다. 동시에, 미국의 주도로 나토로 조직된 서구 제국주의 열강에게 이 전쟁은 러시아를 상대로 한 대리전이다. 이 전쟁은 옛 식민지에 대한 제국주의적 침공이자, 미국과 러시아가 각각 자기 동맹국들을 데리고 벌이는 제국주의 간 충돌이다. 우리는 양측의 제국주의 강대국 모두를 규탄한다. 우리는 우크라이나인들에게 연대를 표하며, 그들이 침공에 맞서 저항할 권리를 지지한다. 그러면서도 나토와 나토의 동진東進에 반대한다.

2. 제국주의 간 충돌이라는 이 전쟁의 성격은 우크라이나 정부의 정책에서도 확인된다. 그 정책은 바로 서방을 군사적 충돌에 끌어들이는 것이다. 이것이 우크라이나 정부가 줄기차게 요구하는 나토에 의한 우크라이나 영공 비행 금지 구역 설정이 진정으로 뜻하는 바다. 비행 금지 구역이 설정되면 필연적으로 나토군과 러시아군이 충돌할 것이다. 그런 전쟁은 양측이 핵 공격을 주고받는 상황으로 확대될 위험이 있다. 단지 러시아 대통령 푸틴의 직접적인 핵 보복 위협 때문만이 아니라, 러시아가 재래식 전력에서 보이는 우위 때문에라도 그런 위험이 있는 것이다. 미국과 러시아는 압도적인 핵무기 강대국들이다. 둘의 전쟁은 인류 대부분을 절멸시키고, 살아남은 소수는 끔찍한 조건에서 연명하게 만들 것이다.

3. 이런 무시무시한 전망이 대두한 책임은 전적으로 상호 적대하는 제국주의 열강에 있다. 미국과 그 동맹국들은 유라시아 대륙 서부에서 지배력을 확대하고 관철시키려고 러시아 국경 쪽으로 나토와 유럽연합을 동진시킨 책임이 있고, 러시아와 그 동맹국들은 이 과정을 저지한다며 전쟁·정복·점령을 감행한 책임이 있다. 확전의 악순환을 제국주의 경쟁 열강 모두가 키우고 있다. 그리고 이 모든 일에 우크라이나인들이 이용당하고 있는 것이다. 모든 관련국 노동자들은 서방 제국

주의와 러시아 제국주의 어느 쪽에서도 득을 볼 수 없다.

4. 따라서 우리는 요구한다.

- 교전을 즉각 중단하고 러시아군은 우크라이나에서 철수하라!
- 나토군은 중부·동부 유럽에서 물러나라!
- 우크라이나로의 무기 수송 반대한다!
- 대對러시아 제재 반대한다!
- 러시아·나토 모두 확전 말라!
- 군비경쟁 중단하라! 그 막대한 돈을 전쟁과 무기가 아니라 기아, 기후 위기, 빈곤, 불평등을 해결하는 데 써라!
- 우크라이나의 외채 1130억 달러를 탕감하고, 우크라이나인들에게 신속히 인도적 지원을 보내라!

5. 군사적 확전에 대한 러시아의 죄과는 명백하다. 그러나 이 전쟁에 직접 참전하지 않겠다고 결정한 나토도 사실 충돌을 위험하게 키우고 있다. 우크라이나에 대한 무기 공급은 러시아의 맞대응을 부를 것이다. 러시아 기관들과 기업들에 대한 경제제재는 다른 수단에 의한 전쟁 행위일 뿐이다. 제재는 언제나 민간인을 타격한다. 제재는 푸틴의 국수주의 선전이 들어맞는 것처럼 보이게 하며 푸틴이 대중의 지지를 모으

는 데 일조한다. 미국과 유럽연합이 국제 금융 시스템에 대한 지배력을 이용해 러시아 중앙은행의 외환 보유고 접근을 차단하자, 푸틴은 핵전력 경계 태세를 높이는 것으로 대응했다. 평화적으로 러시아를 굴복시킨답시고 경제적 압박에 기대다가는 오히려 거대한 재앙을 부를 수 있다. 제재와 금수 조처는 더한층의 확전으로 가는 초기 단계일 뿐이며, 군사적 수단이 동원되는 것으로 귀결되기 십상이다. 1990년 이후의 이라크, 1992년 이후의 유고슬라비아·세르비아, 1992년 이후의 소말리아, 1992년 이후의 아이티, 1999년 이후의 아프가니스탄, 2006년 이후의 조지아, 1992년·2011년 이후의 리비아, 2014년 이후의 예멘이 바로 그런 사례였다. 최근 미국의 거의 모든 군사작전에서 나타난 패턴은 뚜렷했다. 바로 '제재 후 폭격'이었다.

6. 우리는 나토의 군비 증강에도 반대한다. 예컨대 독일 정부는 약 1000억 유로 규모의 '방위'비 추가 지출을 결정했고, 폴란드는 병력을 두 배로 늘리고 군비를 국내총생산의 3퍼센트까지 늘리기로 결정했다. 유럽연합이 군사화해야 한다는 압력이 광범하다. 우리는 이 모든 것에 반대한다. 전쟁이 벌어지고, 세계적 빈곤이 만연하고, 기후 위기가 깊어지고, 학교·병원에서 저임금 문제와 시설 노후화가 심각하고, 열악한 주

택과 주택난으로 평범한 사람들이 고통받는 이런 시기에 나토가 군비 지출을 국내총생산의 2퍼센트까지 늘리는 것에 우리는 반대한다. 이 군사화·전쟁 정책의 비용은 노동자와 그 가족들이 치르게 될 것이다.

7. 이 전쟁이 주되게는 유럽·미국·캐나다가 관여하는 전쟁이라는 점을 지적할 만하다. 중국은 러시아를 조건부로 지지했지만, 페르시아만 연안국들, 인도, 인도네시아, 멕시코, 남아프리카공화국 등 많은 개발도상국과 빈국들은 편들기를 거부하고 있다. 이처럼 러시아와 서방은 지역적 분쟁을 둘러싸고 전 인류의 생존을 위협하는 역겨운 짓을 벌이고 있는 것이다.

8. 이 전쟁은 막대한 경제적 비용을 부를 것이다. 우크라이나인과 러시아인에게만 국한되는 얘기가 아닐 것이다. 전쟁으로 에너지·식량 가격이 급등해, 이미 30년 이래 최고 수준인 인플레이션이 더한층 심해지고 있다. 각국 중앙은행이 금리 인상과 양적완화 축소를 강행하려는 것은 이 위기에 아무 책임이 없는 노동 대중에게 위기의 비용을 떠넘기려는 일이다. 게다가 러시아와 우크라이나는 주요 식량 생산국이다. 그들의 전쟁으로 더 많은 개발도상국과 빈국 사람들이 굶주리게 될 것이다.

9. 이 전쟁 때문에 우크라이나 안팎에서 난민이 속출했다. 여러 나라의 수많은 평범한 사람들이 이 난민들에게 머물 곳을 내주겠다고 나섰다. 몇몇 유럽연합 회원국들이 드러낸 비교적 따뜻한 환대는 그동안 이주민·난민을 들이지 않으려고 '요새화된 유럽'을 쌓아 오던 것과 극명하게 대비된다. 우리는 요구한다. 우크라이나 난민의 입국을 환영한다! 그리고 모든 난민과 이주민에게 국경을 개방하라! 우리는 러시아인에 대한 인종차별이 커지는 것에도 반대한다. 얼마 전까지만 해도 러시아 부호들을 환대하던 정치인들이 위선적이게도 러시아인에 대한 인종차별을 조장하고 있다. 또, 우리는 우크라이나와 그 인접국인 폴란드 등지에서 벌어지는 흑인 차별에도 반대한다. 이런 나라들에서 아프리카인들은 피난처 찾기를 거부당하고 있다.

10. 2003년 이라크 침공에 맞서 거대하게 일어난 국제적이고 대중적인 반전운동은 지난 15년 동안 세가 줄어 왔다. 세계 평화에 대한 주된 위협이 군사 대국들의 경쟁에서 온다는 명확한 정치적 인식을 바탕으로 이제 이 운동은 다시 부활해야 할 것이다. 냉전 때 그랬던 것처럼, 자국 핵무기를 먼저 폐기하라고 요구하는 '일방적 핵 폐기 운동'이 다시금 중요해졌다. 나토는 확장돼서는 안 되고 해체돼야 한다.

11. 러시아의 반전운동은 특별히 중요하다. 우리는 시위 참가자들의 용기에 경의를 표하며, 이 재앙적인 전쟁을 겪으면서 시위가 불어나기를 바란다. 이들은 전 세계적 연대를 받아 마땅하다.

12. 환경적 측면에서도 이 전쟁은 재앙이다. 경쟁하는 군사 기구들은 어마어마한 양의 온실가스를 배출한다. 에너지 공급 교란은 석유 증산을 부추기고 있고 핵에너지 의존을 키울 수도 있다. 핵무기는 아무리 제한적으로 사용된다 해도 복합적인 환경 오염을 초래할 것이다. 게다가 이 전쟁은 세계경제의 탈脫탄소화라는 시급한 과제에 쓰일 자원과 역량을 낭비하는 짓이다. 푸틴이 핵전력 경계 태세를 내린 2월 27일에 발표된 '기후변화에 관한 정부 간 협의체'의 최신 보고서는 기후변화의 파괴적 결과가 이미 인류 사회에 영향을 미치고 있으며 향후 더 큰 피해가 예상된다고 경고했다. 사회주의자들은 반전운동과 기후 운동을 결합시키려 애써야 한다.

13. 이 전쟁은 세계 자본주의 체제가 효용을 다했음을 또다시 알리는 독촉장과도 같다. 자본주의가 인류에 약속할 수 있는 것은 전쟁, 환경 파괴, 질병, 빈곤 같은 것들로 갈수록 좁혀지고 있다. 사회주의자들은 반전운동이든, 기후 운동이

든, 반反파시즘 운동이든, 작업장 내 임금 인상 투쟁이든 의회 바깥과 작업장에서 행동을 건설하고, 그럼으로써 사회주의 네트워크와 조직을 건설하고 강화해야 할 과제가 있다. 우리는 이 지구에서 자본주의라는 저주를 씻어 낼 국제 사회주의 혁명의 실현에 일조하는 데 다시금 헌신할 것이다. 독일 혁명가 카를 리프크네히트가 제시한 구호 "주적은 국내에 있다"가 우리의 좌우명이어야 한다.

출처: The Coordination of the International Socialist Tendency, "IST statement on the war in Ukraine", https://internationalsocialists.org(15 March 2022).

찾아보기

ㄱ

국가보안위원회(KGB) 37, 220, 221

국가자본주의 24, 26, 31, 62, 106, 220, 232, 322, 323

국제통화기금(IMF) 43, 46, 58, 121, 192, 333

ㄴ

남중국해 27, 51, 182

냉전 19, 24, 25, 27, 34, 50, 107, 134, 135, 137, 143, 144, 151, 154, 162, 166, 177, 192, 193, 204, 205, 208, 209, 214, 215, 231, 232, 323, 335, 347

노멘클라투라 31

ㄷ

데탕트 24, 211

도네츠크 39, 40, 45, 46, 68, 70, 78, 110, 111, 122~125, 156, 195, 224, 241, 296

독일 22, 25, 27~29, 34, 42, 48, 55, 76, 88, 105, 114, 116, 125, 129, 135~137, 139, 144, 145, 164, 166, 181, 191, 194, 202, 203, 205, 209~212, 227~231, 250, 277, 283, 288, 289, 318, 323, 324, 326~328, 336, 339, 340, 345, 349

돈바스 43, 45, 59, 77, 106, 110, 122, 142, 242, 296

동구권 25, 32, 39, 108, 134, 138, 145, 217

ㄹ

러시아제국(1721~1917년) 28, 35, 104, 113, 118, 124, 319

레닌, 블라디미르(Lenin, Vladimir) 28, 29, 55, 57, 72, 106, 113, 117, 189, 196, 198, 202, 205, 210, 211, 213, 227~229, 236, 243, 253, 254, 259, 323, 324, 327, 329, 331, 333

루한스크(루간스크) 45, 46, 68, 70, 78, 110, 111, 122, 123, 125, 156, 195, 224, 241, 296

룩셈부르크, 로자(Luxemburg, Rosa) 202, 213, 228, 324

리프크네히트, 카를(Liebknecht, Karl) 55, 228, 324, 326, 327, 328, 329, 349

ㅁ

마르크스, 카를(Marx, Karl) 202, 255, 259

마리우폴 18, 124, 171, 243, 287, 316

마이단 시위 43, 44, 109, 110, 120~126, 128, 249

메이슨, 폴(Mason, Paul) 13, 14, 19, 20, 67, 86, 188~198, 201

민스크협정 45, 46, 126, 196, 282

ㅂ

반데라, 스테판(Bandera, Stepan) 29, 58, 128, 130

베트남전쟁 20, 72, 211, 319, 329

볼셰비키 28, 29, 57, 104~106, 113~118, 228, 236, 331

부시, 조지 H W(Bush, George H W) 25

부시, 조지 W(Bush, George W) 26, 41, 80, 191, 287

블레어, 토니(Blair, Tony) 37, 278, 287

비행 금지 구역 48, 162, 170, 218, 235, 272~275, 278, 280, 311, 312, 338, 343

ㅅ

사우디아라비아 21, 27, 50, 53, 98, 178, 200, 204, 305, 306, 337

상시 군비 경제 25, 57

소련 13, 14, 24, 25, 29, 30, 32, 34~36, 58, 85, 105~108, 123, 134, 135, 143~146, 152, 153, 164, 166, 192, 193, 195, 204, 205, 210, 211, 216, 220, 221, 223, 229~232, 234, 240, 297, 300, 319, 320, 322, 323

스타머, 키어(Starmer, Keir) 54, 87, 90, 198, 233, 325, 338

스탈린, 이오시프(Stalin, Joseph) 29, 30, 58, 106, 118, 144, 164, 211

스탈린주의 25, 31, 58, 65, 109, 191, 322, 339

ㅇ

아슈카르, 질베르(Achcar, Gilbert) 13, 14, 20, 199~206, 207~213

아조우 연대 59, 128, 129

아프가니스탄 26, 37, 47, 54, 75, 79, 87, 147, 152, 156, 160, 194, 201, 204, 205, 274, 279, 286, 317, 319, 320, 345

야누코비치, 빅토르(Yanukovych, Viktor) 39, 40, 42~44, 59, 109, 110, 120, 121, 123, 128, 240, 241

옐친, 보리스(Yeltsin, Boris) 31, 36, 37, 80, 108, 221~223, 278

오렌지 혁명(2004년) 38~42, 109

오바마, 버락(Obama, Barack) 51, 152, 191, 224, 287

올리가르히 20, 31, 38, 40, 44~48, 58, 75, 88, 120, 121, 131, 196, 221, 222, 261, 266

'우파 구역' 44, 124, 129

유럽연합(EU) 19, 20, 24, 25, 33, 35~38, 40, 42~45, 47, 49, 52, 54, 60, 71, 73, 76, 78, 97, 109, 110, 121, 123, 125, 126, 135, 136, 138, 145, 146, 165, 166, 169, 170, 173, 176, 177, 190~194, 199, 217, 222, 224, 241, 246, 264, 272, 291, 296, 310, 325, 336, 343, 345, 347

유럽중앙은행 49, 194

유셴코, 빅토르(Yushchenko, Viktor) 39, 40, 42, 59, 128

이라크 15, 21, 25, 26, 37, 54, 76~78, 81, 88, 93, 95, 140, 146, 156, 160, 177, 201, 212, 217, 267, 268, 273, 274, 279, 286, 287, 317, 320, 338, 340, 345, 347

인플레이션 31, 52, 120, 265, 267, 346

일본 22~25, 49, 177, 182, 211, 230, 288, 292, 296, 310, 313, 314

ㅈ

전쟁저지연합(영국) 54, 82, 87, 90, 91, 100, 198, 208, 233

제1차세계대전 27, 28, 54, 55, 105, 113~115, 202, 203, 205, 210, 212, 213, 228~229, 253, 259, 288, 289, 318, 319, 323, 326, 329, 331

제2차세계대전 12, 22, 25, 27, 29, 58, 107, 144, 164, 183, 192, 210, 213, 229~232, 250, 286, 288, 316, 323, 329

젤렌스키, 볼로디미르(Zelensky, Volodymyr) 46~48, 78, 111, 125, 127, 129, 131, 132, 151, 162, 170, 218, 235, 241, 253, 272, 278, 282, 283, 300, 310~314, 332

조지아(그루지야) 36, 39, 41, 42, 47, 84, 121, 135, 138, 146, 164, 216, 224, 345

중국 19, 23, 26, 27, 50, 51, 60, 74, 79, 97, 118, 146, 148, 149, 161, 171~178, 180~182, 184, 186, 190~192, 194, 197, 198, 200, 201, 203, 204, 209, 211~213, 217, 232, 235, 237, 292, 298, 301, 303, 310, 313, 314, 322, 323, 336, 337, 346

진영 논리 19, 83, 84, 86, 207, 208

ㅊ

체첸 19, 36, 37, 56, 58, 84, 124, 134, 216, 223, 278, 325

ㅋ

코빈, 제러미(Corbyn, Jeremy) 54, 87, 90, 91, 233, 338

크림반도 43, 45, 56, 68, 75, 80, 84, 86, 108, 110, 123, 124, 127, 135, 137, 144, 146, 156, 208, 216, 224, 241, 280

클리프, 토니(Cliff, Tony) 87, 208, 210, 232, 322, 323

클린턴, 빌(Clinton, Bill) 33, 34, 51, 145, 192, 193

키예프(키이우) 29, 44, 56, 66, 70, 77, 82, 86, 105, 109, 116, 121, 128, 142, 155, 242, 316

ㅌ

테러와의 전쟁 26, 58, 191, 215, 216, 236, 287

트로츠키, 레온(Trotsky, Leon) 28, 29, 55, 105, 106, 115, 118, 230, 236, 255, 316

티모셴코, 율리야(Tymoshenko, Yulia) 40, 42, 59

ㅍ

파시즘 90, 188, 198, 217, 218, 229~231, 349

포로셴코, 페트로(Poroshenko, Petro) 45, 46, 129, 241

폴란드 28, 29, 32~34, 42, 48, 71, 93, 99, 105, 111, 114, 117, 128, 142, 147, 168, 170, 193, 199, 214, 274, 276, 277, 303, 305, 309, 317, 336, 345, 347

ㅎ

히틀러, 아돌프(Hitler, Adolf) 29, 30, 83, 210, 230